… und fahr'n wir ohne Wiederkehr

Fritz Blankenhorn

… und fahr'n wir ohne Wiederkehr

Von Ostpreußen nach Sibirien 1944–1949

Weltbild

Einkaufen im Internet:
www.weltbild.de

Lizenzausgabe für Weltbild GmbH & Co. KG,
Werner-von-Siemens-Str. 1, 86159 Augsburg

Umschlaggestaltung: Büro 18, Friedberg (Bayern)
Umschlagmotiv: ullstein bild - Backstein
Abb. im Text mit freundlicher Genehmigung des Waxmann Verlages aus:
Klaus Sasse, Bilder aus russischer Gefangenschaft.
Erinnerungen und Fotos aus Jelabuga und anderen
sowjetischen Lagern 1945 – 1949, Münster 1999;
Foto des Autors: © Silke Steinmayer
Satz: Datagroup int. SRL, Timisoara
Druck und Bindung: CPI Moravia Books s.r.o., Pohorelice
Printed in the EU
978-3-8289-5888-3

2019 2018
Die letzte Jahreszahl gibt die aktuelle Lizenzausgabe an.

Für meine Kinder
Annegret und Bettina
und meine Enkel
Kathrina und Matthias

Inhalt

I | Kriegszeiten

Unterwegs 13
Augustow 27
Ruhe vor dem Sturm 39
Bartenstein 52
Katharina fragt 82
So fing es an 84
Führerbefehl 89
Kobbelbude 94
Das schwarzweißrote Band 107
Die Festung Königsberg 115
Der Kampf ist zu Ende 125

II | Gefangenschaft

Wehe den Besiegten 137
Das erste Lager 148
Nach Osten 155
Jelabuga 161
Im Waldlager 178
Wieder in Jelabuga 202
Selenodolsk 209
Sibirien 240
Und noch ein Jahr 275
Heimkehr 308

Der Autor 1944

Fritz Blankenhorn war über 80 Jahre alt, als er 2004 seine Erinnerungen an die Jahre der Kriegsgefangenschaft veröffentlichte. Das Buch wurde ein großer Erfolg und hat bereits zahlreiche Auflagen erlebt. Nach dem Krieg war er über 30 Jahre lang als Verlagsgrafiker und Buchgestalter tätig. Fritz Blankenhorn ist am 22. April 2011 im Alter von 89 Jahren gestorben.

Nachtposten im März

Wildgänse rauschen durch die Nacht
Mit schrillem Schrei nach Norden –
Unstete Fahrt! Habt acht, habt acht!
Die Welt ist voller Morden.

Fahrt durch die nachtdurchwogte Welt,
graureisige Geschwader!
Fahlhelle zuckt, und Schlachtruf gellt,
weit wallt und wogt der Hader.

Rausch' zu, fahr' zu, du graues Heer!
Rauscht zu, fahrt zu nach Norden!
Fahrt ihr nach Süden übers Meer –
Was ist aus uns geworden!

Wir sind wie ihr ein graues Heer
und fahr'n in Kaisers Namen,
und fahr'n wir ohne Wiederkehr,
rauscht uns im Herbst ein Amen!

Walter Flex

I | Kriegszeiten
September 1944 bis April 1945

Im Feldzug gegen Polen 1939 gab es
10 000 deutsche Gefallene
700 000 polnische Kriegsgefangene

Im Feldzug gegen Frankreich 1940 gab es
27 000 deutsche Gefallene
1,9 Millionen alliierte Kriegsgefangene

Im Feldzug gegen Russland gab es 1941
160 000 Tote auf deutscher Seite
3,5 Millionen russische Kriegsgefangene,
davon sind 2 Millionen verhungert

Bei der Kapitulation von Stalingrad 1943 gerieten
91 000 deutsche Soldaten in Gefangenschaft,
6000 überlebten

Unterwegs

Über der Tür der kleinen polnischen Bahnstation hängt ein schmutzig weißes Schild mit einem unaussprechlichen Namen. Ein Wort mit achtzehn oder zwanzig Buchstaben. Ich kurbele das Fenster unseres Zugabteils herunter und werfe einen Blick auf meinen Marschbefehl:

»Stimmt. Das muss es sein.«

Franz guckt auf seine Uhr.

»Halb vier. Wann sind wir eigentlich heute Morgen losgefahren?«

»So um halb acht.«

»Allmählich geht mir die blöde Fahrerei auf den Wecker.«

Gerd hat sich schon den Seesack aus dem Gepäcknetz geholt.

»Also raus!«

Unser Zug hat nur den einen Personenwagen. Dahinter hängen zwei geschlossene Güterwaggons und ein offener, darauf zwei LKWs mit Tarnanstrich. Außer uns dreien steigt niemand aus. Die Lokomotive faucht, der Heizer lehnt sich aus dem Führerstand und schaut in den blassblauen Septemberhimmel.

»Frontleitstelle« steht an der Tür des kleinen, niedrigen Dienstzimmers. Links an der Wand ein Gewehrständer mit drei Karabinern.

Der Unteroffizier wuchtet sich aus seinem Sessel hinter dem Schreibtisch hoch und nimmt Haltung an.

»Die Herren kommen aus Freising?«

Die Herren – das sind wir. Drei Leutnants, frisch von der Waffenschule in Frankreich und nun, Ende September 1944, wieder auf dem Weg vom Ersatztruppenteil zur Front.

»Genau«, sagt Gerd, »und wir müssen zum Artillerieregiment der 367. Division.«

»Sie werden dort erwartet«, verrät uns der Unteroffizier und haut einen Stempel auf unsere Marschbefehle. »Aber der LKW, der Sie hinbringt, kommt erst morgen früh. Sie müssen hier übernachten. Fragen Sie mal die Schwestern nebenan, vielleicht haben die noch eine Suppe für Sie.«

Die »Karbolmäuschen«, wie die Schwestern vom Roten Kreuz in der Soldatensprache heißen, versorgen uns mit Kaffee und Erbsensuppe. Die ist zwar dünn, weil sie hier in der Küche auch nichts anderes haben als die Suppenwürfel von Knorr, aber dampfend heiß, und der Muckefuck ist es auch.

Seit acht Tagen sind wir nun schon unterwegs – oder sind es sogar schon neun? – und leben von der Marschverpflegung, die uns der Fourier in der Freisinger Kaserne mitgegeben hat: für jeden zwei Kommissbrote und eine Dose mit Schmalzfleisch. Die Dose könnte ich doch nach Hause schicken, bildete ich mir zunächst ein. Hatte ich nicht auf meinem letzten Heimaturlaub erlebt, wie sparsam Mutter mit den Zuteilungen auf der Lebensmittelkarte umgehen musste, jetzt im fünften Kriegsjahr? Und hier plötzlich die Aussicht auf eine ganze Kilodose Schmalzfleisch! Ein Traum, unerreichbar für einen Beamtenhaushalt in einer Kleinstadt! Ich selber, da war ich sicher, würde mich schon durchschlagen die zehn Tage mit meinen Kommissbroten und dem

Schlag Suppe, den die Rotkreuzschwestern hier und da auf den Bahnhöfen an die durchfahrenden Soldaten verteilten. Ob er mir nicht ausnahmsweise die volle, noch geschlossene Dose geben könne, fragte ich den Fourier und blinzelte ein bisschen mit dem rechten Auge. Aber der schüttelte mit dem Kopf: Für die zehn Tage stünden mir exakt neunhundertfünfzig Gramm zu. Griff zum Dosenöffner, bog den Deckel hoch, nahm mit dem Löffel fünfzig Gramm heraus und schob mir die offene Dose hin.

Wir werfen unsere Klamotten im Nebenzimmer auf die Bettstellen mit den prall gefüllten Strohsäcken.

»Machen wir 'n Stadtbummel?«

»Welche Stadt? Meinst du die paar Häuser hinterm Bahnhof? Meinetwegen. Irgendwie müssen wir die Zeit ja rumkriegen.«

Die Dorfstraße runter. Kein Mensch zu sehen, nur ein Panjewagen mit einem halb schlafenden Bäuerlein klappert über das Pflaster. Die kleine weiß gekalkte Kirche auf dem Dorfplatz.

Die Eingangstür an der Seite neben dem winzigen Spitzbogenfenster ist nur angelehnt. Drinnen müssen sich unsere Augen erst an das Dunkel gewöhnen. Durch die matten Fensterscheiben fällt spärliches Abendlicht. Der Altar liegt schon ganz im Dunkeln, davor glüht das Rot des ewigen Lichts in der kleinen goldenen Laterne. Auf der linken Seite ein schwarzer eiserner Ständer mit heruntergebrannten Kerzen, daneben ein Holzkasten. Ich nehme eine Kerze heraus, entzünde sie mit meinem Feuerzeug und stecke sie neben die anderen in den Eisenständer. Für wen soll sie brennen?

In den Holzkasten lege ich einen Geldschein aus meinem Brustbeutel, ohne darauf zu achten, was er wert ist. Der Herr Pfarrer wird sich freuen.

Nicht zum ersten Mal stehe ich in Uniform vor solch golden schimmerndem Altar! Damals, gleich nach meiner Rekrutenzeit, drüben in Frankreich, in der Dorfkirche von Arques-la-Bataille an der Kanalküste. In Notre-Dame in Paris. Ein Jahr später in der ausgebrannten Schlosskapelle von Zarskoje Sselo vor den Toren von Leningrad. Und zuletzt vor dem Altar der hl. Anna in der Kathedrale von Reims.

Überall habe ich meine Kerzen angezündet, habe vergessen, wo ich mich gerade befand, weil ich mit meinen Gedanken bei den Menschen war, die ich lieb hatte und die in diesem Augenblick so unerreichbar weit weg waren. Immer glaubte ich ganz fest daran, dass sie genau in diesem Augenblick, da die Kerzenflamme aufleuchtete, auch an mich denken würden. Und wenn wir Soldaten uns auch Mühe gaben, in den Kirchen und Kapellen unsere Schritte zu dämpfen, so habe ich doch immer noch das leise Klirren unserer genagelten Stiefel auf den Steinfliesen und Marmorplatten im Ohr, so wie jetzt gerade, als Franz ein paar Schritte durch den Mittelgang auf die Empore zu macht und mich aus meinen Träumen reißt.

Wohin auf die Reise soll ich meine Gedanken schicken? Wo sollen sie meinen Bruder suchen, der nun auch schon ein Jahr Soldat ist? Wo mag meine Schwester sein? Irgendwo in einem Luftschutzbunker in Berlin, wenn die Sirenen heulen und die Bomber die Stadt in ein Inferno von brennenden und rauchenden Trümmern verwandeln? Wie sollen ihre Gedanken hierher finden in die kleine Dorfkirche mitten in Polen?

Hinter mir, oben auf der schmalen Empore, wird es hell. Franz hat einen Lichtschalter entdeckt, nun leuchtet eine schwache elektrische Birne über dem Spieltisch der Orgel.

»Ist nicht verschlossen«, ruft er zu mir herunter. »Kannst du Orgel spielen?«

»Nein«, sage ich, »tut mir Leid, nur Klavier.«

»Aber ich kann ein bisschen«, meint Gerd, der neben mir steht.

»Dann komm rauf! Hier liegen auch Noten. Bach. Is aber 'ne kleine Orgel, nur ein Manual. Ich seh auch keinen Schalter. Muss man wohl Bälge treten. Ich geh mal nach hinten gucken.«

Ich drücke mich in eine der engen Holzbänke. Oben tönt die Orgel, erst leise, dann stärker, hört unvermittelt auf. Gerd beugt sich über die Brüstung:

»Du, Fritz, die Taste mit dem ›d‹ klemmt.«

»Hab ich schon gemerkt«, rufe ich zurück. »Vergiss die Taste, außer uns dreien hört doch keiner zu.«

Die Kerzen vor mir flackern ein bisschen, Orgelklang hängt in der kühlen Luft.

Wo bin ich? Wie komme ich hierher?

Ziemlich genau vor einem Jahr habe ich noch vor Leningrad gelegen. Da war ich schon drei Jahre lang Soldat und gehörte als Obergefreiter zum »Rückgrat der Armee«, wie man in der Landsersprache die alten Soldaten nannte. Und ›alt‹ nannte man sie auch, wenn sie erst zweiundzwanzig Jahre alt waren. Obergefreiter wäre ich wohl sicher geblieben, wenn die hohe Führung nicht irgendwann gemerkt hätte, dass es an Offizieren fehlte. So landete ich Anfang Dezember mit einem ganzen Haufen bisher unentdeckter »Talente«, die man aus den Artillerieverbänden zusammengekratzt hatte, auf der Waffenschule von Suippes-Mourmelon in Frankreich. Während ich bis dahin Kanonen lediglich von der Theorie her gekannt hatte, weil in meiner Beobachtungsabteilung nur das Scherenfernrohr und die Schusstafel zu unserem Handwerkszeug gehörten, musste ich nun lernen, wie ein Geschütz in der Praxis funktioniert. Und weil eine Feldhaubitze sechs Pferde braucht, um überallhin zu kommen, musste ich bei der bespannten Artillerie reiten lernen. Für mich als Stadtjungen blieb aber auch später bei der Truppe ein Pferd immer ein wildes Tier.

Wir verplemperten viel Zeit mit sinnlosen Taktikaufgaben, weil man der Meinung war, wir könnten demnächst in die Lage kommen, ein Bataillon – ein ganzes Infanteriebataillon! – führen zu müssen. Dabei wäre es sicher viel nötiger gewesen, uns beizubringen, wie man als »Vorgeschobener Beobachter« in unbekanntem Gelände ohne Landkarte das Feuer seiner Batterie lenkt.

Da wir »Alten« offensichtlich »wat besser« waren – wie wir Rheinländer sagen – als die jungen Sprinter, die vor uns die Waffenschule absolviert hatten, bekamen wir zum Schluss glänzende Beurteilungen und wunderten uns nur noch, wie man in einem Vierteljahr eine solche Karriere machen konnte. Wir waren tatsächlich Leutnants.

Erst heute – nach fünfzig Jahren – wird mir bewusst, dass diese Abkommandierung zur Waffenschule einer der großen Glücksfälle meines Lebens gewesen ist. Während wir drüben in Frankreich »Taktik« büffelten, brach im Januar 1944 vor Leningrad der große Sturm los. Zwei Jahre lang hatten wir dort eine relativ ruhige Stellungsfront gehabt, und bis auf den kleinen Marchinski, der durch einen Granatsplitter ums Leben kam, keine Verluste. Keiner von uns hat sich vorstellen können, dass es dieser eingekesselten Millionenstadt Leningrad mit ihrer Unzahl von verhungerten und erfrorenen Menschen, über deren Leidensweg wir deutschen Soldaten uns keine Gedanken machten, dass es dieser Stadt gelingen könnte, sich ein solches Potenzial an Menschen, Waffen und Material zu bewahren, dass unter der Gewalt ihrer Offensive die deutsche Einschließungsfront schon am ersten Tag überrannt wurde. Unser Artillerieleitstand in dem kleinen Bunker mit einer Decke aus einer doppelten Lage von Holzstämmen lag damals nur fünfhundert Meter hinter der vordersten Linie.

Ob ich lebend aus diesem Chaos herausgekommen wäre?

Die Kerzen sind heruntergebrannt und verloschen. Oben auf der Empore knipst Gerd das elektrische Lämpchen aus, ich höre seine genagelten Stiefel die knarrenden Stufen der Wendeltreppe herunterkommen. Es ist ganz dunkel geworden in dem niedrigen Kirchenraum, nur da vorn glüht der winzige rote Lichtpunkt.

Drüben in der Bahnstation tasten wir uns in unser Zimmer, ziehen Stiefel und Uniformjacke aus, legen uns so – halb angezogen – auf den Strohsack und ziehen die schwere, kratzige Pferdedecke über den Kopf. Soldaten können überall und zu jeder Zeit schlafen ...

»Was steht eigentlich auf deinem Marschbefehl?«, frage ich den Franz neben mir. Wir sitzen, an die Rückwand des Führerhauses gelehnt, auf der Ladefläche des LKWs, der uns heute Morgen um zehn abgeholt hat, und strecken die Beine aus. Es geht über Asphalt und Schottersteine, durch Wälder mit buntem Herbstlaub, vorbei an Wiesen und abgeernteten Feldern.

»Zweite Batterie«, sagt Franz.

»Also erste Abteilung. Ich muss zur sechsten, also zur zweiten Abteilung. Und du, Gerd?«

»Zur zwölften Batterie.«

»Donnerwetter, zur zwölften? Das ist doch Schwere Artillerie? Die mit den 15-cm-Haubitzen? Ich hab noch nie so einen Brummer aus der Nähe gesehen. Hoffentlich hält dein Trommelfell das aus.«

Gerd grinst.

»Dafür sind die aber auch motorisiert. Das ist doch was anderes als ihr mit euren Hottehüs. Wie viel von diesen Viechern gehören überhaupt zu einer Batterie? Hundertzwanzig?«

»Mindestens.«

»Hundertzwanzig Pferde, um vier leichte Spritzen samt Anhang durch die Gegend zu bewegen? Na, dann viel Vergnügen.«

Der LKW rumpelt und schaukelt, weil der Fahrer versucht, den Schlaglöchern auszuweichen.

»Dann werden wir uns wohl so bald nicht wieder zu sehen kriegen«, sage ich.

»Wenn überhaupt.«

»Schade. War 'ne gute Zeit mit euch.«

»Kammer wohl sagen.«

»Fast ein ganzes Jahr.«

Franz ist der Erste, der aussteigen muss. Eine halbe Stunde

später schnappt sich Gerd seine Klamotten und klopft mir auf die Schulter:

»Mach's gut, alter Junge. Und halt die Ohren steif.«

»Du auch.«

Einen Augenblick steht er noch am Straßenrand und winkt mir nach. Dann bin ich allein.

Nicht lange, eigentlich gerade nur lange genug, um mir bewusst zu werden, dass jetzt gleich ein ganz neuer Abschnitt meiner Soldatenzeit beginnen wird. Neue Menschen. Kein Gesicht, das mir vertraut ist. Hundertdreißig Soldaten, drei Geschütze und hundertzwanzig Pferde in einer Batterie – so heißt die Einheit einer Kompanie bei der Artillerie –, von der ich nur in der Theorie weiß, wie sie funktioniert. Ich bin nun seit über vier Jahren Soldat, aber noch immer fühle ich mich im Innersten als der Obergefreite mit dem Doppelwinkel am linken Ärmel. Wie oft habe ich die Hacken zusammengeknallt: »Jawohl, Herr Unteroffizier!« und »Zu Befehl, Herr Leutnant!« Nun trage ich selbst die glatten Offiziersschulterstücke und die Silberkordel an meiner Feldmütze. Noch immer ist es nicht selbstverständlich für mich, wenn junge Soldaten und andere, die zehn Jahre älter sind als ich, wenn Unteroffiziere und altgediente Wachtmeister – so heißen die Feldwebel bei der Artillerie – vor mir Haltung annehmen. Es wird Situationen geben, wo sie von mir erwarten, dass ich ihnen sage, wo es langgeht in diesem unbekannten fremden Land mit den unendlichen Wäldern. Polen. Ostpreußen. In einer Kriegsphase, in der es nur noch um Rückzug und Katastrophenbewältigung geht. Wo das

Ende absehbar ist. Wenn wir nur einmal darüber nachdenken würden. Aber auch Nachdenken ändert nichts an unserer Situation ...

»Wir sind da!« Der Fahrer ist aus seinem Führerhaus gesprungen und lässt die hintere Klappe der Ladefläche herunter.

»Geh'n Sie schon mal vor, Herr Leutnant, da hinüber zu dem Blockhaus. Da sitzt der Abteilungsstab. Ich bringe Ihre Klamotten.«

Auf dem freien Platz vor dem Haus, unter einem alten Baum, steht ein langer Tisch mit Bänken an der Seite. Ordonnanzen räumen Essgeschirr beiseite. Eine Gruppe von Offizieren, plaudernd in lockerer Runde. Zigarettenrauch steigt in die Luft des warmen Septembernachmittags. Eine große, breitschultrige Gestalt hat mich entdeckt und kommt mit strahlendem Gesicht und ausgestreckter Hand auf mich zu. An der rechten Seite des Uniformrockes blitzt das Deutsche Kreuz in Gold, eine hohe Tapferkeitsauszeichnung, die unter alten Soldaten mehr gilt als das Ritterkreuz.

Der Kommandeur.

»Herzlich willkommen in unserem Kreis! Sie sind der neue Leutnant, nicht wahr? Wir haben Sie schon erwartet.«

Ich mache meine Meldung, die rechte Hand an der Feldmütze.

»Danke, Leutnant. Ich bin Major Hartmann.« Er fasst mich am Ärmel:

»Kommen Sie, ich möchte Sie mit meinen Offizieren bekannt machen. Wir haben gerade eine Lagebesprechung gehabt. Das passt gut, so haben Sie gleich alle beisammen.«

Ich werfe einen kurzen Blick in die Runde. Alle sind älter als ich. Alle tragen maßgeschneiderte Uniformröcke aus dem feinen silbergrauen Stoff, der schon seit zwei Jahren nicht mehr hergestellt wird, und elegante Reitstiefel aus weichem Leder. Die meisten duzen sich untereinander, das habe ich gleich gehört. Dies ist kein zusammengewürfelter Haufen, in den ich da geraten bin, keine Truppe, die aus zerschlagenen und dezimierten Divisionen des vergangenen Sommers hastig zusammengeschustert wurde. Vor mir steht eine Gruppe von erfahrenen und erprobten Offizieren. Alle haben das schwarzweißrote Band des EK II im Knopfloch, die meisten das EK I an der linken Seite des Waffenrocks, einige das Verwundeten-, andere das Sturmabzeichen.

Ich bin mit meinen dreiundzwanzig Jahren wieder einmal der Jüngste. Ich trage eine Feldbluse aus grobem Tuch, ohne jede Auszeichnung, wenn man einmal von dem schmalen Band der Medaille »Winterschlacht im Osten« absieht, das allen Soldaten verliehen wurde, die den schlimmen Winter 1941/42 in Russland mitgemacht haben.

Ein Dutzend Namen schwirrt mir um den Kopf. Alle drücken mir freundlich die Hand.

»Und dies« – der Major geht mit mir auf einen schmalen, drahtigen Mann mit lebhaften Augen zu –, »dies ist Ihr neuer Batteriechef, Hauptmann Vogt. Herr Vogt, ich übergebe Ihnen Ihren neuen Leutnant zu treuen Händen.« Der Hauptmann setzt ein gewinnendes Lächeln auf und gibt mir die Hand.

»Freue mich, dass Sie endlich da sind, Leutnant.«

Auch er trägt das Deutsche Kreuz in Gold.

»Aber nun wollen wir einen ordentlichen Schluck trinken.«

Eine Ordonnanz reicht ein Tablett mit bis zum Rand gefüllten Schnapsgläsern herum. Der Major strahlt. Der Krieg ist ganz weit weg.

Ach du lieber Gott, denke ich, das fängt ja gut an. Seit der Scheibe Kommissbrot mit dem verdammten Schmalzfleisch heute früh habe ich nichts gegessen. Alle stehen im Kreis und prosten mir zu.

»Und jetzt essen Sie erst mal was Ordentliches.« Der Major guckt mich an. »Sie sehen ja richtig blass aus. Na ja, ist ja auch kein Wunder. Das letzte halbe Jahr auf der Waffenschule und beim Ersatzhaufen immer nur Verpflegungsstufe drei, nicht wahr? Das kann ja nichts werden. Passen Sie ein bisschen auf ihn auf, Herr Vogt, dass der Junge was zwischen die Rippen kriegt!« Er lacht.

Dann sitze ich an dem langen Tisch und kämpfe mit einem randvollen Teller. Entenbraten. Richtige Kartoffeln. Dicke, fette Soße. Die Ordonnanz stellt mir ein großes Glas Bier hin.

Das kann nicht gut gehen. Das Schmalzfleisch von heute Morgen fing schon vor zwei Stunden an, in meinem Bauch zu rumoren, als der LKW uns durch die Gegend schaukelte ...

»Lassen Sie sich nicht stören!« Auf der anderen Seite des Tisches steht mein neuer Chef. »Es ist jetzt fünf Uhr. Ich möchte vor Einbruch der Dunkelheit in der Batterie sein. Wir reiten in einer Viertelstunde.« Seine Stimme klingt scharf und bestimmt. »Die Pferde stehen drüben am Haus. Unteroffizier Schröder kümmert sich um Ihr Gepäck.«

Und dann reiten wir durch die Dämmerung. Erst ein Stück Straße, dann über Feldwege, durch einen Wald, zuletzt querfeldein. Erst Trab, dann Galopp. Eine halbe Stunde lang Galopp. Bis mitten hinein in die Feuerstellung. Puh!

Da steht der Spieß, neben ihm ein hünenhafter Oberwachtmeister. Der Hauptmann springt vom Pferd, wirft einem Soldaten die Zügel zu, macht drei schnelle Schritte.

»Was Neues, Laas?«

»Zu Befehl, nein, Herr Hauptmann. Keine besonderen Vorkommnisse.« Der Hüne, offensichtlich der Batterieoffizier, legt die Hand an die Mütze. Der Hauptmann steht schon einen Schritt weiter links vor dem Hauptwachtmeister. Das geht alles ruck, zuck hier.

»Kronenmacher, ich bringe den Neuen mit, Leutnant Blankenhorn. Kümmern Sie sich ein bisschen um ihn.« Und mit einer Kopfdrehung zu mir: »Wir sehen uns morgen früh um sieben drüben in meinem Bunker. Gute Nacht.«

Weg ist er.

Der Spieß ist – genauso wie der Batterieoffizier – mindestens einen halben Kopf größer als ich, und beide sind sicher schon Anfang oder Mitte dreißig. Ich gebe ihnen die Hand und sage, dass ich schon in diesen ersten Stunden das sichere Gefühl habe, in einem guten Haufen gelandet zu sein, und dass ich darüber sehr glücklich bin. Die beiden strahlen.

»Wenn Herr Leutnant noch einen Wunsch haben ... jederzeit ...« Der Spieß redet mich in der dritten Person an. Das müsste er nicht, schon gar nicht einem so jungen Offizier gegenüber, wie ich es bin. Aber er lässt mich spüren, dass er wohl weiß, was ›alte Schule‹ ist.

»Ich brauche Ihre Hilfe, Hauptwachtmeister«, sage ich. »Mein Magen rebelliert. Zehn Tage Marschverpflegung und kalten Kaffee, und heute Mittag beim Kommandeur fetten Entenbraten und frisches Bier. Sie verstehen?«

»Und jetzt Dünnschiss, gelt?« Kronenmacher macht ein sorgenvolles Gesicht. »Kein Wunder.« Sofort regt sich in ihm die mitfühlende Seele. Schließlich ist der Spieß die »Mutter der Kompanie«.

»Ich schicke Ihnen gleich den Sani mit Kohletabletten. Aber jetzt zeige ich Ihnen erst mal Ihr Nachtlager.«

Augustow

Ein strahlend blauer Himmel, über den weiße Wolken ziehen. Sonne über Tal und Hügel, über dem dunklen Tannenwald, dem herbstlichen Rot und Braun der Buchen und dem hellen Gold der Birken. Links von der Straße lassen uralte Trauerweiden am Seeufer ihre Äste ins Wasser hängen. Vogelstimmen. Ab und zu fliegen ein paar Enten vom glitzernden Wasserspiegel auf. Kein Geschützdonner, kein Flieger am Himmel. Ein Bild des Friedens.

Erster – oder zweiter? – Oktober 1944 in Ostpreußen an der Grenze nach Polen. Vor knapp einer Stunde sind wir von der Feuerstellung losmarschiert. Der Batterieoffizier hatte gerade angefangen, die Stellung am Rande eines verlassenen Dorfes einzurichten, da hat mich der Batteriechef schon mit zwei Funkern losgeschickt. Auftrag: Meldung beim Kommandeur auf dem Abteilungsgefechtsstand. Dort Einweisung in die Lage und weiterer Einsatzbefehl. Wo ich den Gefechtsstand finde? Der Hauptmann zieht mit dem Finger einen Kreis auf der Landkarte, in der ich gerade die Lage der Feuerstellung markiert hatte:

»Etwa hier. Müssen Sie mal sehn.«

Also erst mal querfeldein bergab. Unten auf der Landstraße links und im Halbkreis um den See herum.

Der Wind weht recht frisch, wir haben unsere Mäntel an. Was man so alles mitschleppt: Dietz und Föckesberger, die beiden Funker, haben ihre schweren Tornisterfunkgeräte auf dem Rücken, Patronentaschen und Brotbeutel am Koppel, Karabiner umgehängt. Dazu Stahlhelm und Gasmaske wie ich auch. Ich als »Vorgeschobener Beobachter« trage noch meine Kartentasche mit den VB-Utensilien um den Hals, dazu das Fernglas. Am Feldriemen – als Offizier habe ich nicht mehr das schwarze, mit Schuhwichse blank gewienerte Koppel, auf dessen Schloss die Worte »Gott mit uns« eingeprägt sind, sondern einen hellbraunen Lederriemen mit einer Messingschnalle – am Feldriemen also wenigstens nicht die schwere 08-Pistole der Unteroffiziere, sondern die leichtere Walther PPK, die zur Offiziersausrüstung gehört.

Die Uferböschung an der linken Seite wird jetzt steiler, die Straße steigt an und verschwindet nach der nächsten Kehre oben im Wald. Kein Mensch unterwegs, kein Bauer, kein Pferdewagen, kein Soldat.

Wir reden wenig. Ich habe die beiden Funker erst heute Morgen kennen gelernt, als der Führer der Nachrichtenstaffel sie mir zuteilte: Dietz hat den Gefreitenwinkel am linken Ärmel, und Föckesberger ist Kanonier, also noch nicht lange Soldat. Kein Wunder: Er ist Jahrgang 27, wie er mir gerade gesagt hat, also gerade achtzehn. Und Dietz ist sicher auch nicht älter als zwanzig.

Nicht einfach für mich, all die neuen Gesichter auseinander zu halten und die vielen Namen auswendig zu lernen. Ist doch erst drei Tage her, dass ich hier bei diesem Haufen gelandet bin. Für die einhundertzwanzig Mann der Batterie gab es bis jetzt nur einen einzigen Offizier. Das war der Batteriechef, Hauptmann Vogt. Nun ist da plötzlich ein zweiter, ein junger Leutnant, frisch von der Waffenschule. Jeder in der Batterie, der ihn einmal gesehen hat, kennt ihn natürlich und erwartet, dass er von ihm mit Namen angeredet wird, spätestens, wenn er ihm zum dritten Mal über den Weg läuft. Disziplin, Gehorsam, Ehrenbezeigung, Haltung annehmen – das ist selbstverständlich, in vier Kriegsjahren eingeübt und klappt wie am Schnürchen: »Jawoll, Herr Leutnant«, »Zu Befehl, Herr Leutnant«, »Melde gehorsamst, Herr Leutnant«. Aber hinter dieser Fassade spüre ich doch die prüfenden Blicke. Diese Einheit, in die es mich da verschlagen hat, besteht zum großen Teil aus altgedienten Soldaten, von denen nicht wenige schon über dreißig sind. Na ja, werden sie sagen, wieder so ein Grünschnabel. Kennen wir ja: sechs Wochen Rekrut, schon Reserveoffiziersbewerber, weil er Abitur hat, ein Vierteljahr an die Front, dann ab zur Waffenschule. Und – zack – nach nicht einmal einem Dreivierteljahr ist er Leutnant. Und älter als zwanzig ist er auch nicht, so jung wie er aussieht.

Hinter der nächsten Straßenbiegung auf der linken Seite ein allein stehendes Haus. Hirschgeweih über der Eingangstür. Zehn, zwanzig Soldaten auf dem Vorplatz. Der Gefechtsstand? Hoffentlich. Alles wuselt durcheinander wie in einem Ameisenhaufen. Keiner nimmt von uns Notiz. Ich halte den Ersten an:

»Ist das hier der Abteilungsgefechtsstand?«

»Jawoll, Herr Leutnant.«

Na, siehste wohl.

»Wo finde ich Major Hartmann?«

»Is drin, Herr Leutnant.«

Auf dem Flur kommt er mir schon entgegen. Ich mache

meine Meldung. Wir treten zusammen hinaus auf den Vorplatz. Jetzt müsste er mich eigentlich in die Lage einweisen. Ich nehme die Karte aus der Tasche. Wo ist die eigene vordere Linie? Welche Kompanie liegt im Abschnitt? Wie heißt der Kompaniechef? Wo hat er seinen Gefechtsstand? Muss ich doch wissen als Vorgeschobener Beobachter. Hab ich doch so gelernt auf der Waffenschule. Aber ich komme gar nicht dazu, auch nur eine Frage zu stellen. Er winkt ab:

»Passen Sie auf, Leutnant. Wir sind dabei, hier abzubrechen. Befehl vom Regiment.«

Hab ich ja Schwein gehabt, denke ich, dass ich ihn noch hier erwische. Eine halbe Stunde später, und ich hätte lange suchen können.

»Wir warten nur noch auf den Adju und Leutnant Beck. Die habe ich mit dem Kübelwagen losgeschickt. Sollen erkunden, ob die Straße nach Augustow noch frei ist.«

Nach Augustow? Aber da kommen wir doch gerade her, denke ich. Ich gehe rüber zu meinen Funkern.

»Nehmt die Kisten runter, Jungs. Wir warten erst mal hier.«

Da kommt der Kübelwagen schon die Straße hochgebrummt und hält direkt vor uns. Die beiden Offiziere – Stahlhelm auf, Maschinenpistole in der Hand – springen heraus:

»Herr Major, wir sind da nicht durchgekommen. Haben aus dem Wald linker Hand ziemliches Feuer gekriegt.«

Feuer gekriegt? Wieso denn das? Wir sind doch eine ganze Stunde lang auf dieser Straße hierherauf gelaufen? Da hätten wir den beiden doch begegnen müssen? In der kurzen Zeit kann sich doch nicht so viel ändern? Wo sollen denn da auf einmal Russen herkommen? Haben wir mal wieder Glück gehabt? Oder sind die beiden auf einer ganz anderen Straße gefahren?

Ein Mann kommt vom Seeufer den steilen Hang herauf, ziemlich außer Atem. Jawohl, da unten lägen ein paar Kähne. Jawohl, auch Riemen. Der Major ist ein Mann schneller Entschlüsse:

»Mal herhören! Der Russe hat hinter uns zugemacht. Die Straße nach Augustow ist nicht mehr frei. Bleibt nur der Rückweg quer über den See ans andere Ufer. Unteroffiziere und Mannschaften gehen mit Waffen und Gerät in die Ruderboote. Die Offiziere schwimmen. Noch Fragen?«

Keine Fragen. Keine Zeit für Fragen. Eigene vordere Linie? So was gibt's wohl nicht mehr. Letztes Jahr vor Leningrad habe ich die eigene Infanterielinie noch mit einem dicken blauen Stift in die Lagekarte eingezeichnet. Ich muss umlernen. Hier ändert sich die Lage von einer Stunde zur anderen. Ich werfe noch einen Blick auf die Karte. Augustow? Das ist doch das Dorf, wo meine Batterie liegt? Die Luftlinie von hier zu unserer Feuerstellung geht quer über den See. Und der ist an dieser Stelle sicher achthundert Meter breit. Offiziere schwimmen! Kann ja lustig werden.

Jetzt aber nichts wie los. Funkgerät auf den Buckel und den Hang hinunter. Wir sind zwar nicht die Ersten unten am Ufer, aber im zweiten Boot erwischen meine beiden einen Platz. Im Nu ist der Kahn voll. Ich drücke Dietz noch schnell mein Fernglas und Föckesberger meine Kartentasche in die Hand und werfe den Stahlhelm ins Boot.

»Sie warten am anderen Ufer, bis ich komme, klar?«

Ich stehe mit den Stiefeln im Wasser und gebe dem Kahn einen Schubs, damit er vom Ufer loskommt. Ob die beiden in dem Durcheinander und der Schreierei gehört haben, was ich ihnen zugerufen habe?

Ich mache einen Schritt zurück ans Ufer und drehe mich um. Da stehen vier nackte Männer im Wasser. Vier? Natürlich, der Nachrichtenoffizier gehört ja auch noch zum Abteilungsstab. Den hab ich vorhin in dem Durcheinander gar nicht bemerkt. Einer von den vieren zieht gerade noch seine Unterhose aus. Die Herren haben sich um die Ausführung des Befehls »Mannschaften und Gerät in die Boote« nicht gekümmert, denke ich. Das überlassen sie den Unteroffizieren. Ich habe keinen Unteroffizier dabei, musste ich halt selber dafür sorgen, dass die Jungens gut wegkamen. Jetzt bin ich spät dran.

Koppel ab, Mantel aus, Feldmütze in die Manteltasche. Feldbluse aus, Armbanduhr in die Brusttasche zum Soldbuch. Stiefel aus, Strümpfe rein. Reithose aus, Unterwäsche zusammengerollt. Die Klamotten in den Mantel gewickelt, Leibriemen mit der Pistole drumrum und festgezurrt. Fertig.

Wohin damit? Da liegt noch ein Kahn und will gerade ablegen. Ich springe barfuß die paar Schritte hinüber und drücke einem wildfremden Soldaten das Paket in die Hand.

Die nackten Männer hinter mir stehen schon bis zum Bauch im Wasser, die Erkennungsmarke an der Schnur um den Hals blinkt in der Sonne.

Jetzt erst spüre ich, wie eiskalt das Wasser um meine Beine ist. Kein Wunder Anfang Oktober. Aber zum Überlegen bleibt keine Zeit. Der Erste da vorn schwimmt schon. Ich werfe mich ins Wasser. Das schließt sich wie Eisenringe um meine Brust und nimmt mir für eine Sekunde den Atem. Ich versuche, zu den anderen aufzuschließen, aber mit meinem braven Brustschwimmen komme ich gegen die kraftvollen Kraulstöße der vier da vorne nicht an. Im Gegenteil. Der Abstand wird immer größer. Der Letzte dreht sich noch einmal zu mir um und winkt mit einer Hand. Dann bin ich allein.

Der Himmel wölbt sich blau über mir. Die Sonne scheint und vergoldet das Herbstlaub der alten Bäume am Seeufer linker Hand. Rechts zieht langsam eine kleine Insel vorbei. Schilf. Ein paar Weidenbüsche. Das Ufer vor mir ist weit weg, nur ein Strich am Horizont. Ich hab mich ein bisschen an die Kälte gewöhnt. Ich schwimme.

Das also ist mein erster Einsatz an der Front. So habe ich mir das nicht vorgestellt. Wieso hat der Russe »hinter uns zugemacht«? Wir haben doch gar nichts bemerkt, als wir vor zwei Stunden auf der Landstraße hergelaufen kamen. Aber der Adjutant und der Ordonnanzoffizier sind erfahrene Leute und haben beide das EK I. Die geraten sicher nicht ohne Grund in Panik. Die fahren doch auch lieber im Kübelwagen, als dass sie hier durch den eiskalten See schwimmen. Irgendwas muss da gewesen sein. Jedenfalls hat der Kommandeur ihre Meldung ernst genommen. Und was ist jetzt mit dem Kübelwagen? Der kann doch nicht über den See schwimmen. Und auf der Straße kommt er nicht durch. Haben sie den einfach stehen gelassen? Steht der jetzt einsam und allein auf dem Platz vor dem Forsthaus? Nicht meine Sorge.

Endlich das Ufer. Schlammiger Boden unter den Füßen. Als ich aus dem Wasser steige, spüre ich den kalten Wind auf der nassen Haut. Kein Mensch weit und breit. Ich hab doch wohl ziemlich lange gebraucht für die Strecke. Nun sind die anderen alle weg.

Aber direkt vor mir am Abhang liegt unter einer alten Weide das Paket mit meinen Klamotten. Gott sei Dank. Ich friere wie ein Schneider. Also schnell die Schnalle des Feldriemens aufgemacht und rein in die Klamotten. Feldmütze aus der Manteltasche auf die nassen Haare, Armbanduhr übers Handgelenk. Viertel vor zwölf. Den Mantel an, den Leibriemen umschnallen.

Die Pistole ist nicht mehr da.

Das gibt's doch nicht. Meine Walther PPK.

Weg.

Verdammte Scheiße.

Langsam wird mir klar, was da passiert ist: die fremden Soldaten, denen ich voller Vertrauen das Bündel mit meinen Klamotten gegeben habe. Ich, der Leutnant, den niemand kennt. Der eine Walther-Pistole hat. Die Waffe, von der jeder Soldat träumt. Und hier die Gelegenheit, sie sich unter den Nagel zu reißen. Die Versuchung ist zu groß. Ein prüfender Blick rundum. Ein schneller Griff. Keiner hat's gesehen ...

Meine Pistole ist weg.

Verdammt unangenehme Geschichte für einen jungen Offizier, der gerade erst zwei Tage bei seiner neuen Truppe ist.

Ich mache mich auf den Weg. Hinter dem ersten Hügel taucht die Feuerstellung auf. Der Spieß empfängt mich mit der Wodkaflasche in der Hand.

»Da sind Sie ja. Nun trinken sie erst mal 'nen Schnaps, Herr Leutnant. Sie sind ja völlig durchgefroren.«

»Sind Dietz und Föckesberger da?«, frage ich.

»Seit einer halben Stunde. Alles in Ordnung. Haben mir schon erzählt, dass Sie durch den See geschwommen sind.«

»Und warum haben die nicht am Ufer auf mich gewartet, wie ich's ihnen gesagt habe?«

Kronenmacher zuckt mit den Schultern.

»Müssen Sie die beiden selber fragen. Aber nun kommen Sie erst mal in die Küche und essen was Ordentliches.«

»Danke, Hauptwachtmeister, gleich. Erst beim Chef zurückmelden.«

Der steht hinten beim ersten Geschütz und redet mit dem Batterieoffizier. Jetzt hat er mich entdeckt und kommt mit seinem zackigen Gang auf mich zu. Ich mache meine Meldung.

»Danke, Leutnant. Was Besonderes?«

Durch den See geschwommen? Brauche ich ihm gar nicht zu erzählen. Nichts Besonderes. Interessiert ihn nicht.

Die Pistole.

Zornesfalten auf seiner Stirn.

»Geklaut? Wem haben Sie die Pistole gegeben?«

»Einem Soldaten in dem letzten Kahn.«

»Name?«

»Weiß ich nicht.«

»Haben Sie sich das Soldbuch zeigen lassen?«

»Nein, Herr Hauptmann.«

»Sehen Sie zu, dass Sie sie wiederkriegen. Wie, ist mir egal.«

Wie, ist mir egal. Wie oft habe ich das in den letzten Jahren zu hören gekriegt.

»Herr Hauptmann ...«

Er lässt mich nicht zu Wort kommen.

»Schnappen Sie sich ein Fahrrad und fragen Sie bei den anderen Batterien nach und beim Abteilungsstab, ob jemand Ihre Pistole an sich genommen hat.«

So ein Blödsinn. Als alter Soldat weiß er natürlich genau, dass das nichts bringt. »Organisieren« gehört zum täglichen Handwerkszeug des Soldaten. Und je besser es jemand versteht, an Sachen heranzukommen, die die anderen nicht haben und die ihm das Leben erleichtern, umso höheres Ansehen hat er bei denen, die dafür zu dumm oder zu ungeschickt sind.

Geklaut? Nö. Nur besorgt. *Organisiert.*

Ich fange an, meinen Chef zu hassen. Mich mit dem Fahrrad rumschicken zu den anderen Batteriechefs und zum Adjutanten. Das ist demütigend. Und eine Schikane. Er will diesem jungen Grünschnabel zeigen, was eine Harke ist. Und wie man in seiner Batterie zu funktionieren hat.

Aber zuerst lasse ich mir die beiden Funker kommen.

»Habe ich Ihnen heute Morgen nicht befohlen, am Seeufer auf mich zu warten?«

»Jawoll, Herr Leutnant.«

»Haben Sie heute Morgen gehört, was ich gesagt habe?«

»Jawoll, Herr Leutnant.«

»Und warum sind Sie trotzdem einfach losgelaufen?«

»Ich hab gedacht ...«

»Sie sollen nicht denken. Sie sollen einen Befehl ausführen. Das Denken überlassen Sie mal den Pferden, die ham die größeren Köppe.«

Wie oft hab ich mir diesen blöden Satz anhören müssen. Jetzt sage ich ihn selbst.

Aber ich weiß ja, weshalb die beiden nicht gewartet haben: Angst haben sie gehabt, mutterseelenallein da an dem Ufer zu bleiben, während alle anderen nichts Eiligeres zu tun hatten, als zu ihrem Haufen abzuhauen. Wer weiß, was die beiden in den letzten Monaten des überstürzten Rückzuges schon erlebt haben.

»Ist Ihnen doch klar, dass Sie drei Tage in den Bau gehen, wenn ich eine Meldung mache wegen Nichtausführung eines Befehls«, sage ich und mache ein strenges Gesicht.

»Jawoll, Herr Leutnant.«

Jawoll, jawoll, jawoll.

Ich weiß, wie ihnen zumute ist. Ich habe auch mal drei Tage im Knast gesessen. Schon vier Jahre her, aber vergessen hab ich es nicht. War genauso jung und unerfahren wie die beiden hier vor mir. Sie tun mir Leid. Ich werde keine Meldung machen. Aber sie noch ein bisschen im Ungewissen lassen.

»Wegtreten.«

Die Tour zu den anderen Batterien bringt natürlich nichts. Die Chefs sind sehr freundlich und hören sich meine Geschichte an.

»Ich sehe an Ihrer Spange«, sagt einer und deutet auf das schwarzweißrote Band der Medaille »Winterschlacht im Osten« auf meiner Feldbluse, »dass Sie schon länger Soldat sind. Dann wissen Sie, dass ein Verhör meiner Leute in einer solchen Sache ohne Ergebnis bleiben würde. Wenn Sie mir keinen Namen nennen können ... Tut mir Leid, Leutnant.«

Am nächsten Morgen erscheint der Spieß, zusammen mit dem Waffenmeister.

»Wir bringen Ihnen eine neue Pistole, Herr Leutnant.«

»Der Chef ...«, sage ich.

»Ich weiß«, Kronenmacher lächelt nachsichtig. »Der Chef ist ein Hitzkopf. Sie kennen ihn noch nicht. Er wollte unbedingt eine Meldung ans Regiment machen. Grobe Fahrlässigkeit und so weiter. Na ja, ich hab's abgebogen.«

Der Waffenmeister zieht eine funkelnagelneue Walther PPK samt Lederetui aus der Tasche.

»Bitte, Herr Leutnant.«

»Danke, Wachtmeister«, sage ich, »da haben Sie mir aber doll geholfen.«

Der Waffenmeister strahlt übers ganze Gesicht.

»Is doch kein Problem, Herr Leutnant.« Er kneift das rechte Auge zu. »'ne Pistole ha'ck doch immer in mein' schwarzen Bestand. Wär doch gelacht.«

Ruhe vor dem Sturm

Der Spuk von Augustow ist vorbei. Was da wirklich passiert ist, lässt sich nicht mehr klären. Ob der Kübelwagen den Russen in die Hände gefallen ist? Keiner denkt mehr darüber nach. Schon am nächsten Tag kommt der Befehl vom Regiment: Stellungswechsel der ganzen Abteilung in den Raum Filipow. Also zieht die Batterie in langer Kolonne auf schmaler Landstraße durch Wald und Feld die dreißig Kilometer nach Nordwesten. Willkommene Gelegenheit, mich mit der Struktur der Einheit vertraut zu machen, deren Schicksal von jetzt an auch meines sein wird. Ich rede, während wir im Schritt nebeneinanderher reiten, mit dem Futtermeister und dem Munitionsstaffelführer, mit den Geschützführern und dem B-Offizier – der, genau wie der Batterieoffizier, noch immer nach dem alten Reglement so heißt, obwohl die Stelle aus Mangel an Offizieren schon längst mit einem Wachtmeister besetzt ist –, frage allen ein Loch in den Bauch und bitte sie, mir zu helfen, weil so vieles neu für mich ist. Alle sind freundlich zu mir, offen, hilfsbereit:

»Kein Problem, Herr Leutnant. Können Se doch nich alles wissen, wenn Se von der Beobachtungsabteilung kommen. Waffenschule? Is doch alles theoretischer Kram. Kennen wir doch.«

Links von der Straße auf einer Anhöhe ein Bauernhof, verlassen, wie die meisten hier im Grenzgebiet zu Polen. Wo die Leute sind, die hier gewohnt haben? Wachtmeister Machold, der neben mir reitet, zuckt mit den Schultern.

Die Front, die noch vor wenigen Wochen dreißig, vierzig Kilometer weit weg war, ist nahe gerückt. Die Bauersleute sind wohl längst auf der Flucht nach Westen.

Der Spieß und der Futtermeister blinzeln sich zu und galoppieren, ohne lange zu fragen, übers Feld auf den einsam daliegenden Hof zu. Es knallt ein paar Mal. Da kommen sie auch schon wieder zurück. Jeder hat ein totes Schwein vor sich quer über dem Sattel liegen. Der Küchenbulle wird sich freuen ...

Abends gegen fünf: Ganze Batterie haaalt! Mitten auf der Straße steht der Ordonnanzoffizier der Abteilung vor seinem Kübelwagen. Hat er den doch noch gerettet? Oder hat er einen neuen besorgt? Absitzen. Einweisung in die neue Stellung anhand der Karte. Fünf Minuten später sitzt der Batteriechef schon wieder im Sattel und streckt den rechten Arm in die Luft:

»Batterietrupp zu mir!«

Im Nu ist die kleine Gruppe auf ihren Pferden zur Stelle. Auf der Hinterhand kehrt und los im Galopp. Etwas anderes kennt der Hauptmann anscheinend nicht. Staub hängt über der Schotterstraße. Die Gruppe eng beisammen, ich mittendrin. Weg von der Straße. Querfeldein. Aus den Wiesen steigt Nebel auf. Dämmerung. Galopp. Über Gräben, über Hecken, über Drahtzäune. Dass man ein Pferd so beanspruchen kann. Ich lasse die Zügel lang. Wenn der Gaul nun in ein Maulwurfsloch tritt und stürzt? Und ich mit? Stahlhelm auf dem Kopf, Kartentasche und Fernglas um den Hals, Gasmaske am Band über der Schulter und – seit gestern – auch noch die Maschinenpistole. Die Wiesen und Hecken neben mir verschwimmen in nebligem Grau. Galopp, Galopp. Nur nicht den Anschluss an die Gruppe verlieren.

Endlich Laufgräben. Die neue Stellung. Absitzen. Drei Soldaten sammeln die Pferde ein. Leise Befehle. Den Zickzackgraben hinauf auf die Hügelkuppe. Unterstände. Bunker. Ein Beobachtungsstand. Die neue B-Stelle.

Zwei Tage später habe ich mit meinem VB-Trupp meine eigene VB-Stelle eingerichtet, knapp einen Kilometer rechts von der B-Stelle des Chefs. Sie liegt nicht oben auf dem Kamm der Hügelkette, sondern am Vorderhang, in der zweiten Linie der Infanteriekompanie, der ich zugeteilt bin – genau nach Heeresdienstvorschrift und wie ich es auf der Waffenschule gelernt habe. Das Scherenfernrohr ist im Giebel eines kleinen, halb zerschossenen Bauernhauses installiert. Freier Blick über die ganze Talebene nach Osten. Neben mir der braune Bakelitkasten des Feldtelefons mit der Kurbel. Unten neben der schmalen Stiege die beiden Funkgeräte. Schröder und seine beiden Strippenzieher haben gestern den ganzen Tag bis in die Nacht die Telefonleitungen gelegt, eine rüber zur B-Stelle des Chefs, die andere zur Feuerstellung, die im Schutz der Hügelkette einen Kilometer hinter mir liegt. Die »Feuerstellung« ist der Kern der Batterie, der Platz, auf dem unsere drei Feldhaubitzen stehen.

Heute Morgen gehe ich mit dem Kompaniechef, Oberleutnant Malchow, durch den vordersten Graben seines Abschnitts. Ich habe Glück: Malchow ist kein junger, schneidiger Berufsoffizier wie mein Batteriechef. Er ist sicher schon Mitte dreißig, Lehrer von Beruf, Reserveoffizier wie ich, ein besonnener Mann, immer darauf bedacht, seinen Haufen ohne Verluste durch diesen Schlamassel zu bringen. Das EK I, das Infanteriesturmabzeichen und das Verwundetenabzeichen sind für ihn eher Begleiterscheinungen von Situationen, durch die man einfach hindurchmuss.

Ich nehme das Fernglas vor die Augen.

»Und wo verläuft nun die vorderste russische Linie?«

»Sehen Sie den Waldrand da drüben?«

»Aber der ist doch mindestens sechshundert Meter weit weg«, sage ich.

»Richtig. Aber weiter vorn in dem Gelände gibt's noch einzelne Schützenlöcher. Man sieht allerdings keine Bewegung, auch dahinten am Waldrand nicht. Ich habe nachts Doppelposten eingeteilt. Wir müssen vorsichtig sein.«

Er macht mich mit seinen Zug- und Truppführern bekannt, alles gestandene Feldwebel und Unteroffiziere mit dem schwarzweißroten Band im Knopfloch. Die atmen hörbar auf, als sie das Rot an meinem Kragenspiegel sehen:

»Gott sei Dank, die Artillerie ist da!«

Nun fühlen sie sich geborgen wie in Abrahams Schoß. Wenn sie wüssten, wie verdammt wenig Munition wir noch für unsere Haubitzen haben! Und keine Aussicht auf Nachschub! Zwei Schuss hat mir der Chef gestern bewilligt zum Einschießen des Sperrfeuers. Zwei Schuss! Sieben Schuss braucht man mindestens, haben wir auf der Waffenschule gelernt. Ich wundere mich nicht, dass ich, auch wenn ich mit der Stoppuhr in der Hand den ersten Abschuss verfolge, keinen Aufschlag da drüben sehe und nur ein paar Sekunden später ein dumpfes »Wumm« höre. Der Schuss lag zu weit. Aber auch beim zweiten Schuss mit dem Kommando »Vierhundert Meter abbrechen!« sehe ich nur ein helles Wölkchen aus dem Wald aufsteigen. Ich müsste mindestens noch ein- oder zweimal eine kürzere Entfernung einstellen lassen, damit die Batterie im Ernstfall wirklich ein Sperrfeuer vor die eigene Linie legen kann. Aber der Chef am Telefon ist kurz angebunden:

»Schluss! Mehr gibt's nicht!«

Der Oktober mit seinem klaren Himmel neigt sich dem Ende zu. Links von uns, weit weg in der Romintener Heide, ist Geschützdonner zu hören. Die russische Offensive. In unserem Frontabschnitt bleibt es ruhig. Ab und zu detoniert eine russische Granate irgendwo im Gelände. Dann müssen zwei von meinen Jungens los und die zerschossene Telefonleitung flicken. Ich drehe mein Scherenfernrohr von links nach rechts und wieder zurück. Drüben am Waldrand regt sich nichts.

Unsere Pferde stehen weit hinten im Tross. Hier vorne können wir sie nicht gebrauchen. Ab und zu holt mich der Spieß in einer zweispännigen Kutsche ab, wenn er mich in der Schreibstube braucht, um irgendwelchen Formularkram abzuzeichnen. Der Wagen gehört natürlich nicht zu unserem offiziellen Fuhrpark, den hat er in irgendeiner verlassenen Remise »gefunden«. Aber es macht ihm offensichtlich Spaß, dem jungen Leutnant, der so etwas natürlich nicht gelernt hat, zu zeigen, wie man mit lässig geführten Zügeln zweispännig durch die Gegend kutschiert. Im Tross, der noch hinter der Feuerstellung seinen Platz gefunden hat, zeigt er mir stolz die Unterstände, die seine Leute in dem verlassenen Bauernhof für die hundertzwanzig Pferde eingerichtet haben, die Werkstätten für Schuster, Schneider, Sattler, die Waffenmeisterei, die Schmiede. Alles picobello in Ordnung. Die Jungens sind alle patent.

Sie suchen die umliegenden Höfe nach verlassenem Vieh ab,

die Küchenbullen – alle gelernte Metzger – schlachten, machen Wurst und hängen sie in die frisch installierte Räucherkammer, weil sie den Ehrgeiz haben, dass jeder zu Weihnachten eine Extrawurst bekommt. Der Waffenmeister erzählt mir hinter vorgehaltener Hand, dass er im Nachbarhof eine kleine Schnapsbrennerei entdeckt hat:

»Jeder kriegt zu Weihnachten eine halbe Flasche.« Er grinst. »Aber nicht dem Chef verraten! Überraschung!«

Sie holen Getreide aus den Scheunen und setzen die Dreschmaschine in Gang: Hafer für die Pferde. Zwar hat die Oberste Führung den Batterien das vierte Geschütz abgenommen, um neue Einheiten aufstellen zu können, aber der Chef, das Schlitzohr, hat die sechs Pferde, die dazugehören, behalten und auf die drei verbliebenen Haubitzen verteilt. Nun fahren wir achtspännig. Da kann der Futtermeister ruhig die Lafetten bis obenhin mit Hafersäcken voll packen: Mit acht Pferden vor dem Geschütz kommen wir überall durch.

Ich bin ziemlich beeindruckt und sage es den Männern auch. Sie strahlen, und Berger, der Fourier, lässt zum Abschied die Sirene der Dreschmaschine pfeifen.

Der November kommt mit Nebel und den ersten Schneeflocken. Jeden Abend, wenn es dunkel geworden ist, schickt mir der Chef einen Unteroffizier und zwanzig Mann aus der Feuerstellung hoch. Sie bringen Spaten, Schaufeln und zugeschnittene Baumstämme mit und bauen mir neben dem Haus einen Bunker. Es kann nicht mehr lange dauern, bis es auch in unserem Frontabschnitt aus sein wird mit der Ruhe, die uns schon längst unheimlich geworden ist. In dem Haus wären wir beim ersten Feuerüberfall verloren.

»Da ist der Kompaniechef am Apparat, Herr Leutnant, und will Sie sprechen.« Schröder gibt mir den Hörer.

»Malchow. Guten Morgen, Herr Blankenhorn.« Wir sagen nie »Heil Hitler«, wenn wir unter uns sind. »Ich habe ein paar Sachen vom Regiment hier liegen. Sollten wir mal drüber sprechen. Kommen Sie mal rüber? Ich schicke Ihnen jemand, der Sie abholt.«

Draußen liegt schon Schnee, aber der Himmel ist heute klar. Ich gehe hinter dem Soldaten durch den Laufgraben, der sich gleich unterhalb meiner VB-Stelle zwischen ein paar kleinen Häuschen, Ställen und Schuppen hindurchzieht, bis er ins freie Feld mündet. Zum Gefechtsstand des Kompaniechefs sind es nur ein paar hundert Meter. Stille. Kein Laut weit und breit.

Plötzlich ein leiser, dumpfer Schlag. Der Soldat vor mir sinkt zusammen. Ich springe einen Schritt vor, um ihn aufzufangen, aber er liegt schon am Boden. Ich beuge mich über ihn:

»Hat's dich erwischt?«

Er nickt.

»Wo?«

Er deutet auf seinen Rücken.

Ich ziehe ihm die Feldbluse aus. Über das Unterhemd läuft quer über den Rücken eine rote Spur. Streifschuss.

Verdammt.

Jetzt erinnere ich mich: Da vorne an der Hausecke stand ein Pappschild:

»Achtung! Feindeinsicht!«

Wir haben nicht darauf geachtet.

Ein Sprung in die Deckung.

Ich mache dem Jungen – ich weiß nicht einmal seinen

Namen – einen Notverband aus dem Verbandspäckchen, das ich seit fünf Jahren in meiner linken Brusttasche trage, ohne es je gebraucht zu haben. Er legt seinen Arm um meine Schulter, ich nehme seine Knarre.

»Geht es?«

Er nickt.

Malchow schüttelt mit dem Kopf, als wir bei ihm ankommen. In seinen Augen spüre ich einen stummen Vorwurf. Später, als ich allein zu meiner VB-Stelle zurückgehe, verfluche ich meine Unachtsamkeit. Da drüben, hundert oder gar zweihundert Meter vor ihrer Stellung am Waldrand, hat sich ein russischer Scharfschütze gut getarnt in einem Schützenloch postiert, hat geduldig Stunde um Stunde durch sein Zielfernrohr geguckt und auf diesen Augenblick gewartet. Hätte er nur eine halbe Sekunde früher reagiert, der Junge vor mir wäre tot gewesen.

Und zwei Sekunden später hätte es mich erwischt.

Es ist noch einmal gut gegangen. Der Soldat sei schon mit dem Sani unterwegs zum Hauptverbandsplatz, hat mir Malchow gesagt, als er mir beim Abschied die Hand drückte.

Da vorne steht das Pappschild. Ich ducke mich und springe die zwanzig Schritte wie ein Hase.

Wir sind in den neuen Bunker umgezogen. Ziemlich eng hier unten für uns sechs. Aber relativ sicher. Der Feldofen aus Eisenblech muss dauernd mit Holz oder Torfbrocken gefüttert werden, weil er die Wärme nicht hält.

Dass man Torf zum Heizen verwenden kann, habe ich bis jetzt nicht gewusst. Aber jedes Mal, wenn ich später – auch noch nach vielen Jahren – irgendwo den typischen Geruch von bren-

nendem Torf in die Nase bekomme, bin ich im Geist wieder in dem kleinen Bunker an der polnischen Grenze.

Die Karbidlampe auf der winzigen Tischplatte faucht. Tag und Nacht lösen wir uns alle zwei Stunden am Scherenfernrohr ab, das immer noch oben in dem Hausgiebel steht, und ziehen den schweren Fahrermantel enger um die Schultern, denn durch die leeren Fensterhöhlen pfeift der Wind.

Es geht auf Weihnachten zu. Wir schreiben Briefe nach Hause und reißen den Essensträgern die Post aus den Händen, wenn sie abends nach Einbruch der Dunkelheit die Kanister mit Suppe und heißem Kaffee bringen und Kommissbrot, Schmalz und Dosenwurst, Tubenkäse und Zigaretten auf den Tisch legen.

Das ist nun das fünfte Weihnachten, das ich als Soldat erlebe. Das erste damals in Frankreich an der Kanalküste, das zweite vor Leningrad. Urlaubssperre, schon seit ein paar Wochen. Das dritte – 1942 – ist mir in besonderer Erinnerung: Heimaturlaub! Endlich! Am 19. Dezember hatte uns der Spieß in Pawlowsk am südlichen Stadtrand von Leningrad den Urlaubsschein in die Hand gedrückt. Weihnachten würden wir zu Hause sein! Ganz sicher! Aber daraus wurde nichts. Der Zug brauchte fünf Tage und Nächte bis zur deutschen Grenze. Am Heiligen Abend standen wir in Tauroggen unter der Dusche in der Entlausungsstation und sangen »Stille Nacht, heilige Nacht«. Als ich endlich nach Hause kam, war Weihnachten längst vorbei. 1943 wieder in Frankreich, auf der Waffenschule. Und jetzt hier an der polnischen Genze.

Der Christbaum hat nur vier kleine Äste und drei Kerzen. Mehr Platz ist nicht im Bunker. Der Chef ist da gewesen, und Kronenmacher hat jedem sein Päckchen in die Hand gedrückt: die Extrawurst, die halbe Flasche Korn und ein großes Stück Streuselkuchen. Wir sitzen auf unseren Pritschen, lesen zum zweiten Mal die Briefe von zu Hause und knabbern an den »Plätzchen«, die Mutter geschickt hat.

Die Feldpost funktioniert immer noch. Eigentlich ist es ein Wunder. Immer noch versorgt uns die Schreibstube jeden Monat mit einer Päckchenmarke. Doch die Zeiten, in denen man mit dieser Marke ein 1000-Gramm-Päckchen verschicken konnte, sind längst vorbei. Nur noch hundert Gramm sind zugelassen. Aber was kann die Heimat ihren Soldaten an der Front überhaupt noch schicken, jetzt im fünften Kriegsjahr? Sie haben doch selbst nichts. Es treibt mir die Tränen in die Augen, wenn ich daran denke, wie Mutter aus ihren knappen Zuteilungen das bisschen Mehl, den Zucker und den Löffel Fett zusammenkratzt, um mir zu Weihnachten diese lächerlichen paar Kekse zu schicken.

Am 13. Januar 1945 bricht die sowjetische Winteroffensive in Ostpreußen los. Sieben russische Armeen mit fünfundfünfzig Divisionen durchbrechen im Norden die deutsche Front bei Gumbinnen und stoßen in Richtung Königsberg vor. Gleichzeitig greifen sechs Armeen und fünf Panzerkorps hundert Kilometer südlich von uns bei Ostrolenka an. Der Schlachtenlärm dringt Tag und Nacht über die riesige Entfernung bis zu uns. Nur in unserem Abschnitt bleibt es so ruhig wie die ganzen Wochen zuvor. Wir kommen uns vor, als säßen wir im windstillen Zentrum eines Taifuns. Aber lange können wir hier nicht mehr bleiben, darüber sind wir uns im Klaren. Und wirklich: Schon nach einer Woche muss sich der Befehlshaber der 4. Deutschen Armee entschließen, unsere weit zurückhängende Front hier bei Filipow zurückzunehmen. Denn wenn sich die beiden russischen Stoßkeile hinter unserem Rücken vereinigen, ist die ganze Armee eingekesselt. Dann sind wir verloren.

Am Morgen des 21. Januar ist die Batterie auf einem schneebedeckten Feld neben der Feuerstellung angetreten. Wir warten auf den Chef. Da kommt er. Meine Kommandos hallen über das weite Feld:

»Sechste Batterie – stillgestanden! Richt euch! Augen gerade – aus! Zur Meldung die Augen – links!«

Ich mache eine Wendung nach links. Drei Schritte auf den Chef zu. Rechte Hand an den Stahlhelm:

»Melde gehorsamst, Herr Hauptmann: Sechste Batterie mit einem Offizier, dreiundzwanzig Unteroffizieren und fünfundneunzig Mann wie befohlen vollzählig angetreten!«

Der Hauptmann gibt mir die Hand:

»Danke, Leutnant! Lassen Sie rühren!«

Wie auf dem Kasernenhof.

Kurze Ansprache.

Rückzugsbefehl. Schwere Zeiten bevor. Mut nicht verlieren. Pflicht erfüllen. Immer tapfere Soldaten gewesen. Weiter so. Heimat verteidigen. Der Führer und unser geliebtes deutsches Vaterland. Dreifaches Sieg Heil, Sieg Heil, Sieg Heil.

Blick auf die Uhr. Und zu mir:

»Batterie marschiert in einer halben Stunde.«

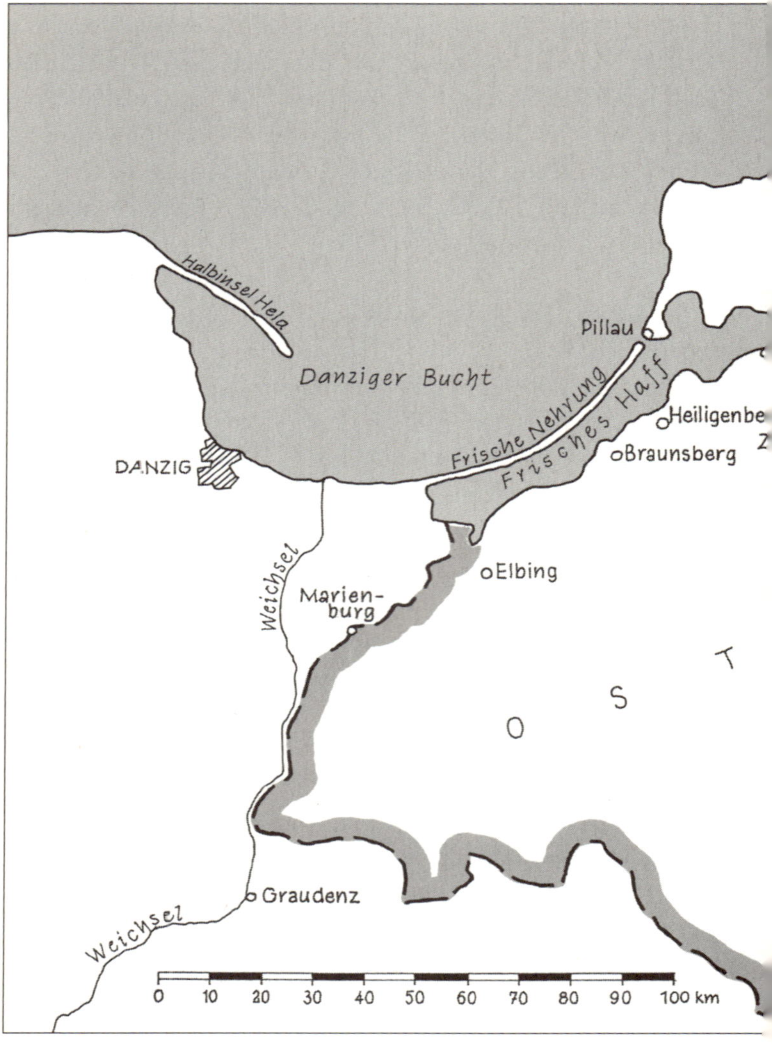

Mein Weg von der Ostgrenze Ostpreußens bis nach Königsberg

Kurische Nehrung
Kurisches Haff
Tilsit
Memel
KÖNIGSBERG
Pregel
Insterburg
PREUSSEN
Goldap
Mauer see
Filipow
Rastenburg
Lötzen

Bartenstein

»Fertig, Schröder?«

»Alles klar, Herr Leutnant!« Der Unteroffizier wirft noch einen Blick auf den voll gepackten Pferdeschlitten und nimmt den Gaul am Halfter. Ich schaue auf die Uhr: gleich halb acht. Es ist noch nicht richtig hell.

»Also los!«

Knarrend setzt sich der schwere Schlitten in Bewegung, den Hohlweg hinunter, der aus dem Wald auf die Landstraße führt. Ich gehe mit Schröder, dem Fernsprechtruppführer, voraus. Einer aus der kleinen Gruppe führt den Gaul, die drei anderen laufen hinterher. Alle sind noch etwas verschlafen, keiner redet.

Unten treffen wir auf die breite Straße, die schnurgerade von links kommt, an dieser Stelle eine leichte Linkskurve macht und dann weiter geradeaus bis zum Horizont läuft, der in bleichem Dunst zerfließt. Wir schwenken nach rechts und reihen uns in eine Kolonne von Menschen und Wagen ein, die sich nach Westen bewegt. Ein grauer Bandwurm ohne Anfang und Ende. Schwere Bauernwagen rumpeln auf eisenbeschlagenen Rädern, hochbepackt mit Hausrat, Säcken, Bettzeug, Federkissen in karierten Bezügen. Dazwischen Planwagen. Die sind besser dran, da ist das Bettzeug geschützt gegen die Nässe und die wirbelnden Schneeflocken. Oben auf dem Querbrett sitzen Frauen, dick vermummt in Mäntel und Jacken, haben grobe Wollstrümpfe an und hohe Stiefel. Um den Kopf

Tücher und Schals, die gerade noch Augen und Nasenspitze freilassen. Pelzhandschuhe. Ob hinter ihnen unter der schützenden Plane Kinder schlafen? Die Männer laufen neben den Pferden her. Die brauchen keine Führung, denn es gibt nur diese eine Marschrichtung. Müde graue Gesichter. Weißer Reif in den Augenbrauen und in den Bärten. Sie haben den Rand ihrer Pelzmützen über die Ohren heruntergezogen, den Kragen der Pelzmäntel hochgestellt und die Hände mit den Handschuhen in den Manteltaschen vergraben oder auf die Seitenstange des Wagens gelegt. Wie alt mögen sie sein? Fünfzig? Sechzig? Mindestens, denn sonst wären sie doch Soldaten, oder der Führer hätte sie jetzt, wo es dem Ende zugeht, doch noch zum Volkssturm geholt?

Wo kommen sie alle her, die Menschen, die da noch hinter uns auf der Landstraße unterwegs sind? Wenn ich mich umdrehe, kann ich kein Ende der Kolonne sehen. Aber waren wir nicht die letzten Soldaten, als wir heute Morgen die Stellung am Waldrand aufgegeben haben? Hinter uns kommt doch nichts mehr, die letzten Infanteristen marschieren mit uns, einzeln oder in kleinen Gruppen zwischen und neben den Gespannen der Zivilisten.

Jeder Kilometer, den wir hinter uns lassen, wird Niemandsland. Hinter uns kommt nur der Russe. Heute schon? Oder erst morgen? Links von uns, weit unten im Süden von Ostpreußen, dort, wo am 13. Januar die russische Winteroffensive bei Ostrolenka losbrach, ist die russische Armee inzwischen schon viel weiter nach Westen vorgestoßen. Und rechts von uns, oben im Norden, rollen Stalins Panzerdivisionen in Richtung Königsberg. Irgendwann werden sie versuchen, den

Kessel Ostpreußen dichtzumachen. Irgendwann? Lange kann das nicht mehr dauern.

Keiner weiß etwas Genaues, die Zivilisten nicht und wir Soldaten auch nicht. Ich bekomme keine Zeitung in die Hand, ich höre kein Radio, es gibt nur Vermutungen und Parolen. Nicht einmal eine Übersichtskarte von Ostpreußen ist zu haben. Den genauen Verlauf der Katastrophe in diesem Winter 1945 werde ich vielleicht später einmal mühsam aus Berichten und Dokumentationen rekonstruieren müssen. Wenn ich sie überlebe.

Dabei ist es noch gar nicht lange her, dass es strikte Befehle vom Gauleiter Koch für die Zivilbevölkerung gab: Hier bleiben, keiner darf das Land verlassen. Der Führer und unsere tapferen Soldaten werden Ostpreußen verteidigen. Und jetzt plötzlich der Befehl zur Flucht nach Westen. Was mag vorgestern oder vielleicht sogar erst gestern in den Menschen vorgegangen sein, die heute hier gegen Kälte, Müdigkeit und wirbelnde Schneeflocken kämpfen?

Wir marschieren auf der Landstraße. Das heißt: Marschieren, wie es Soldaten gewohnt sind, kann man das eigentlich nicht nennen. Wir bewegen uns voran. Schon über eine Stunde. Grau. Alles grau. Die Straße: ein anthrazitfarbenes, schnurgerades Band bis zum Horizont. Die kahlen Bäume rechts und links am Straßenrand: grüngrau mit schwarzen Ästen gegen den bleiernen Himmel. Weiß glänzt nur der Schnee auf den weiten Flächen beiderseits der Straße. Geht in den Mulden in ein milchiges Hellgrau über, so wie die Büsche und Hecken da drüben oder die Waldkulisse auf der anderen Seite, die – noch weiter weg – schon fast im Nebel verschwindet. Die Sonne ist nicht zu sehen.

Von vorn kommt ein scharfer Wind. Wirbelt in Abständen immer wieder Wolken von Schnee ins Gesicht. Aber der Schnee bleibt nicht liegen auf der Straße. Was soll er ausrichten gegen die Räder der schweren Wagen, gegen die Pferdehufe, gegen die Schuhe der Zivilisten und die Stiefel der Soldaten, gegen die Lafetten der Geschütze und die Ketten der Panzer und Sturmgeschütze?

Der Unteroffizier, ein paar Schritte vor mir, bleibt stehen:

»Herr Leutnant, wie weit ist es denn noch bis Bartenstein?«

»Ich denke, vielleicht fünfzehn Kilometer.«

»Das schafft der Gaul nicht. Den schweren Schlitten auf dem blanken Asphalt.«

Schröder hat Recht. Was tun? Soll ich Stahlhelm, Karabiner, Maschinenpistole, Fernglas und die VB-Tasche mit den Unterlagen herunternehmen und den Schlitten am Straßenrand stehen lassen? Gut, die zwei Tornisterfunkgeräte könnten wir notfalls schleppen. Aber die anderen Klamotten, das ganze Fernsprechzeug, die Apparate, die Stangen und die Kabelrollen mit kilometerweise Telefondraht?

»Und das haben Sie einfach da liegen lassen?«, würde mich heute Abend der Batteriechef fragen. »Einfach so? Ohne Feindeinwirkung? Sind Sie wahnsinnig? Dafür stellt Sie der Kommandeur vors Kriegsgericht!«

Schröder macht ein ernstes Gesicht, soweit man das unter der Kapuze des Tarnanzuges erkennen kann.

»Wir brauchen einen Wagen«, sage ich. »Aber woher nehmen?«

»Mal sehen«, meint er.

Rechts von der Straße zeichnen sich auf einer Anhöhe die

Umrisse eines Bauernhofs ab. Sieht aus, als wenn da keiner mehr wäre. Wir scheren aus der Kolonne aus, ziehen mit dem Schlitten den Fahrweg hinauf, auf dem noch dicker Schnee liegt, und halten auf dem Innenhof.

Alles still. Kein Mensch zu sehen.

Die Jungens verschwinden im Stall und kommen mit einem Leiterwagen zurück. Kunert zieht das Pferd aus der Deichsel des Schlittens und spannt es vor den Wagen. Die anderen laden, ohne viel zu reden, die Klamotten um.

Da geht die Tür des Wohnhauses auf. Im schwachen Licht der Flurbeleuchtung steht ein Mann; er füllt die ganze Türöffnung aus.

»Was macht ihr da?«, brüllt er und kommt mit großen, staksigen Schritten auf uns zu.

»Sei-d ihr verrickt jeworden?«, schimpft er in seinem breiten ostpreußischen Dialekt, »ihr könnt doch nich einfach den Wagen wechnehmen! Ihr seid doch anständije deitsche Soldaten!«

»Wir brauchen den Wagen«, sagt Schröder ungerührt.

Der Alte versteht die Welt nicht mehr. »Und wie sollen wir hier vom Hof wechkommen? Wir haben nur den einen Wagen!«

Ich spüre einen Stich im Herzen. Mit steifen Fingern versuche ich, unter der Tarnjacke zwei Knöpfe meiner Feldbluse zu öffnen, um an meinen Brustbeutel zu kommen.

»Wir geben Ihnen hundert Mark für den Wagen.«

Ich kann dem Alten nicht in die Augen sehen. Der lässt den Schein in den Schnee fallen und spuckt drauf.

»Ich brauch kein Jeld. Was soll ich mit Jeld?«

»Wir lassen dir ja den Schlitten da«, sagt Schröder.

Die Jungens sind fertig mit dem Umladen. Der Wagen ruckt an. Wir lassen den Alten stehen und ziehen wieder hinunter zur Landstraße. Hinter mir höre ich von oben noch eine Frau, die irgendwas ruft. Ich drehe mich nicht um.

Auf der Straße geht nichts mehr. Von fern her tönt dumpf Motorengeräusch.

»Rechts ran!«, schreit jemand. Dann geht's durch die ganze Kolonne: »Rechts ran!«

Bis eben noch hat sich kein Mensch darum gekümmert, wo man lief. Es gibt nur eine Marschrichtung – nach Westen. Langsam rollen die schweren Wagen unter die Chausseebäume am Straßenrand. Jetzt wird das Brummen stärker. Und da kommen sie uns entgegen: drei Sturmgeschütze. Breite, bullige Kolosse mit einem kurzen, dicken Geschützrohr an der Frontseite, geballte Kraft aus zig Tonnen Stahl und Eisen. Mit ohrenbetäubendem Krach ziehen sie an uns vorbei. Die Ketten rasseln über den Asphalt, die Dieselmotoren dröhnen, aus dem Auspuff steigt eine blaue Qualmwolke in die eisige Winterluft, es stinkt nach Dieselöl. In der offenen Klappe des ersten Geschützes steht der Kommandant der Gruppe, die Arme auf die Panzerabdeckung rechts und links gestützt.

Wie ein Ruck geht es durch die Kolonne, die am Straßenrand hält. Es ist, als ob die Menschen plötzlich aus ihrer Lethargie erwachen. Ein paar Männer winken dem Kommandanten zu, einige klatschen in die Hände. Der Soldat in der Luke winkt zurück, legt die Hand an die Mütze.

So plötzlich, wie er kam, ist der Spuk vorbei. Das Brummen der Motoren wird leiser, nur der Dieselgestank hängt noch in der Luft. Wo die drei Ungetüme wohl hinwollen? An die Front? Wo ist hier noch eine Front? Langsam setzt sich unsere Kolonne wieder in Bewegung. Die Landstraße, immer noch schnurgerade, nimmt kein Ende. Mit dem Wagen geht es jetzt natürlich besser als mit dem Schlitten heute Morgen, das Pferd zieht seine Last ohne Probleme.

»Lassen Sie die Jungs aufsitzen«, sage ich zu Schröder, »sie sollen sich abwechseln, jeder eine Stunde, da können sie noch ein bisschen pennen. War ja nicht doll mit dem Schlafen letzte Nacht.« Sicher, die beiden Fernsprecher sind gestandene Soldaten: Klinger trägt den Gefreitenwinkel am linken Ärmel, Kunert ist Obergefreiter, gehört also zum »Rückgrat der Armee«, wie die Landser zu denjenigen sagen, die schon länger als zwei Jahre Soldat sind. War ich ja auch, ehe ich auf die Waffenschule geschickt wurde. Er ist sicher schon über dreißig und hat – wie der Unteroffizier – das EK-Band im Knopfloch. Ein ruhiger, zuverlässiger Mann, der nicht viel redet. Aber die zwei Kleinen, die Funker, sind Jahrgang 26, also noch nicht einmal neunzehn, Bauernjungs aus Bayern, gerade vom Ersatztruppenteil gekommen. Manchmal machen sie den Eindruck, als würden sie gar nicht begreifen, was da um sie herum passiert. Begreife ich denn, was geschieht?

Gestern waren wir den ganzen Tag unterwegs und sind erst abends spät in die Stellung gekommen. Stellung? Eigentlich war das nur ein Hohlweg an einem Waldrand. Alle hundert Meter hatten Männer vom Volkssturm oder Hitlerjungen mit Spitzhacke und Spaten eine Ausbuchtung in den gefrorenen Boden der Böschung gehauen, für ein MG-Nest oder einen mit ein paar Baumstämmen abgedeckten Unterstand. Wir spannten das Pferd aus, banden es an einen Stamm und hängten ihm den Hafersack um. Der Unteroffizier lud mit den beiden Funkern die schweren Kästen der Funkgeräte vom Schlitten, stülpte sich die Kopfhörer über die Ohren und versuchte, Verbindung mit der Batterie zu bekommen. Dann erschien Oberleutnant Malchow.

»Schicken Sie nachher noch zwei Leute mit dem Essenskanister rüber zum Kompaniegefechtsstand. Ich denke, dass dann die Feldküche mit der Verpflegung da ist.«

Der Chef der Infanteriekompanie, dem ich seit Filipow zugeordnet bin, kümmert sich rührend um unsere kleine Gruppe, die er ja auch mitverpflegen muss. Das Essen kam tatsächlich. Wir löffelten unsere Suppe, spülten die Kochgeschirre und den Essenskanister notdürftig mit dem Rest des Kaffees aus dem zweiten Kanister, wickelten uns in Decken und Zeltplanen und legten uns zum Schlafen in den Schnee. Wir waren todmüde.

Mitten in der Nacht rüttelt jemand an meiner Schulter. Vor mir steht der Posten der Infanteriekompanie mit Stahlhelm und Karabiner, eingemummt in den schweren Fahrermantel, der fast bis zum Boden reicht.

»Was ist los?«, frage ich, noch halb im Schlaf.

Der Mann ist ganz verstört: »Panzer, Herr Leutnant. Der Russe.«

Ich springe auf, werfe die Decke weg. »Wo?«

»Dahinten. Hören Sie es nicht? Die Motoren.«

Ich horche in die Richtung, in die er zeigt. Mein Blick geht über das weite schneebedeckte Feld vor uns bis hinüber zum Waldrand, der mindestens achthundert Meter entfernt ist.

Der Mond wirft sein bleiches Licht auf das Land. Alles ist still. Links, schon im Nachbarabschnitt, steigt ab und zu eine weiße Leuchtkugel in den Nachthimmel.

»Sie spinnen«, sage ich, »beruhigen Sie sich! Ich höre nichts.«

»Doch, Herr Leutnant, ich hab's gehört. Motoren.«

Diese panische Angst vor den russischen Panzern, denke ich. Ich selbst habe ja noch keinem T34 gegenübergestanden, aber er vielleicht. Das lähmende Gefühl der Ohnmacht vor diesen Feuer speienden Ungeheuern, die unaufhaltsam auf einen zu und über einen wegrollen. Das muss doch zur Zwangsvorstellung werden: Motorengeräusch – das sind Panzer ...

»War vielleicht ein LKW unten auf der Landstraße?«, sage ich. »Wie spät ist es überhaupt?«

»Halb drei, Herr Leutnant.«

»Wann werden Sie abgelöst?«

»Um drei.«

»Na ja, wird schon noch rumgehen, die halbe Stunde.«

Es will gar nicht richtig hell werden heute. Muss doch bald Mittag sein. Der Himmel immer noch grau in grau. Immer noch Schnee in der Luft. Bitterkalt. Der kleine Föckesberger sitzt auf dem Wagen und kaut. Ich merke, dass ich Hunger habe.

»Gibst du mir auch ein Stück Brot runter?« Er säbelt eine Scheibe Kommissbrot ab, legt ein Stück Wurst drauf.

»Haben wir auch noch was zu trinken?«

Er beugt sich vor, gibt mir das Brot mit der Wurst runter, dann die Feldflasche: »Kaffee is noch warm von heute Morgen. Ich hab die Flasche inne Decke gewickelt.«

Der kleine Föckesberger ist mein »Bursche«. Ich habe mich anfangs nur schwer an diese Einrichtung gewöhnen können. Viereinhalb Jahre lang habe ich als Soldat nur »jawohl« gesagt, die Befehle anderer Leute ausgeführt und im persönlichen Bereich für mich selbst gesorgt. Nun gut: Dass ich keinen Bammel mehr zu haben brauche vor den Appellen in Waffen und mit allen Klamotten bis hinunter zum Zeltpflock und dem Beutel mit der eisernen Ration, der immer mitgeschleppt und nie gebraucht wird – das ist schon eine Erleichterung. Aber dass jemand meine Stiefel putzt und mein Kochgeschirr ausspült, geht mir immer noch gegen den Strich. Na ja, es ist nun mal so üblich: Jeder Offizier muss einen Burschen haben – der »brave Soldat Schwejk« hat den Typ unsterblich gemacht. Hermann, der Bursche meines Hauptmanns, passt genau in diese Rolle. Er packt seinen Chef in Watte und bemuttert ihn von vorne bis hinten, Tag und Nacht. Der kleine Föckesberger macht es nicht mit großer Begeisterung, die paar Mark, die er alle zehn Tage von mir dafür kriegt, interessieren ihn eigentlich auch nicht, aber einer muss es ja schließlich machen. Und er weiß wenigstens, wo mein großes Gepäck ist, wenn ich mal ein frisches Hemd brauche.

Dass das alles noch funktioniert. Heute Morgen – es war noch dunkel – kamen die beiden Jüngsten gerade mit ihrem Kanister vom Kaffeeholen zurück, Schröder saß am Funkgerät und hatte endlich eine Verbindung mit der Batterie aufgebaut, ich wischte mir mit einer Hand voll Schnee durchs Gesicht, um wach zu werden, da stand der Kompaniechef vor mir.

»Guten Morgen, Herr Blankenhorn!«

»Guten Morgen, Herr Malchow!«

Wir tippen immer nur mit dem Zeigefinger an die Feldmütze – wie früher, bevor dieser blöde General Fromm, Befehlshaber der Ersatztruppe, nach dem Hitler-Attentat vom 20. Juli letzten Jahres den »Deutschen Gruß« – mit erhobenem rechtem Arm – als »Symbol der Ergebenheit für unseren Führer« auch bei der Wehrmacht einführte ...

»Gut geschlafen? War ja ruhig heute Nacht.« Er lächelte sogar ein bisschen. »Also, ich breche hier ab. Befehl vom Regiment. Wir marschieren um acht.«

»Ich auch«, sagte ich. »Gerade ist der Funkspruch von der Batterie gekommen. Die macht Stellungswechsel und marschiert nach Bartenstein. Für morgen früh ist Verladen angesagt. Dann geht's mit der Eisenbahn weiter nach Westen.«

»Dann sehn Sie mal zu, dass Ihnen der Zug nicht vor der Nase wegfährt.« Er lachte. »Machen Sie's gut. Wir sehen uns sicher irgendwo unterwegs.«

Ich werde ihn nicht wieder sehen. Noch heute werden die drei Infanterieregimenter der Division zum Einsatz an der Front im Norden von Königsberg in Marsch gesetzt, wo der russische Angriff offenbar unaufhaltsam nach Westen rollt. Aber das erfahre ich erst später und eher durch Zufall.

Die Kolonne auf der Straße kommt nur langsam voran. Man muss aufpassen, dass man nicht in einen Zustand gerät, in dem einem alles gleichgültig wird. Heute Nacht haben wir ja Glück gehabt, dass wir ein paar Stunden schlafen konnten. Meistens war das nicht drin. Da sind wir in endloser Kolonne durch mondhelle Nächte marschiert und haben im Morgengrauen eine notdürftig vorbereitete Stellung bezogen, um sie am selben Abend wieder zu räumen. Ich erinnere mich, dass die Straße einmal zwischen zwei riesigen schneebedeckten Ebenen hindurchführte. Das müssen zugefrorene Seen gewesen sein. Ich war zu müde, um auf der Landkarte nach den Namen zu suchen. War mir auch egal. Es gibt so viele Seen in Ostpreußen.

Meine Batterie mit dem Chef, den drei Haubitzen und allem, was so dazugehört, marschiert weit voraus. Ich habe sie seit dem letzten Appell vor einer Woche noch nicht wieder gesehen. Inzwischen ist es Ende Januar.

»Wie weit ist es denn noch bis zu dem Kaff, wo wir hin sollen?«, fragt Schröder, der neben mir hertrottet. Ich krame die Landkarte aus der Tasche und versuche festzustellen, wo wir gerade sind. Nicht einfach. Wann sind wir zuletzt durch ein Dorf gekommen?

»Ich denke, dass wir gegen Abend in Bartenstein sind. Wenn wir nicht hier auf der Straße irgendwo hängen bleiben.«

»Ist das ein Dorf?«

»Das soll eine richtige Stadt sein«, sage ich, »den Namen habe ich schon gehört. Muss sogar einen Bahnhof haben, sonst könnten sie uns ja nicht verladen.«

»Hoffentlich finden wir die Batterie wieder. In dem Durcheinander. Die Stadt wird doch voll von Flüchtlingen sein«, meint er, legt einen Schritt zu und fängt ein Gespräch mit zwei jungen Mädchen an, die vor uns auf der Straße laufen. In langen Hosen, die sie in die Stiefel gesteckt haben, mit dickem Wintermantel, Schal um den Hals, Wollmütze, Rucksack auf dem Rücken. Bald höre ich Fetzen einer lebhaften

Unterhaltung und lautes Lachen. Eine dreht sich um, dann bleiben die drei stehen, bis ich herankomme. Rote Backen von der Kälte, blitzende Augen. Hübsche Dinger.

»Ist das euer Wagen da vorne?«, frage ich.

»Nein.«

»Sind das nicht eure Leute?«

»Nein.«

»Seid ihr etwa allein unterwegs?«

»Ja.«

Und dann erzählen sie ganz munter, die Eltern seien noch auf dem Hof. Der Großvater habe sie schon mal losgeschickt heute Morgen. Zur Sicherheit. Ob sie denn wüssten, wo sie hinwollten? Ja, natürlich, zu Verwandten. Sie nennen den Namen eines Dorfes weiter westlich, das ich nicht kenne. Doch, etwas zu essen hätten sie im Rucksack, und Geld hätten sie auch. Sie scheinen das Drama, das sich hier abspielt, eher als großes Abenteuer zu betrachten.

»Und jetzt tun ihnen die Füße weh«, sagt Schröder. »Dürfen sie auf unserem Wagen sitzen, Herr Leutnant?«

Die Mädchen haben mich bis jetzt kaum beachtet, auch als ich sie nach dem Woher und Wohin fragte. Bin halt ein Soldat wie die vielen anderen auch, die hier marschieren. Alle sehen sie gleich aus in den grauen Winterjacken und den schmutzig weißen Schneehemden darüber, deren Kapuzen sie tief ins Gesicht gezogen haben. Keiner kann sehen, dass ich darunter eine Feldmütze mit einer schmalen silbernen Litze trage. Und mit dem Rangabzeichen, dem Querbalken auf dem linken Ärmel meiner Tarnjacke, kennen sich die wenigsten Zivilisten aus. Aber jetzt, wo das Wort Leutnant fällt, haben die Mädchen nur noch Augen für mich.

»Na, dann los«, sage ich, »setzt euch auf den Wagen. Wenn es nicht zu viel für den Gaul wird.«

»Danke, Herr Leutnant!« – »Vielen Dank, Herr Leutnant!«

Schröder guckt schon ganz komisch.

»Wo sind eigentlich Klinger und Dietz?«, frage ich ihn.

»Eben waren sie noch da.«

Typische Landserantwort auf die Frage eines Vorgesetzten.

»Ich habe gefragt, wo sie sind.«

Schulterzucken.

»Weiß ich nicht.« Der Unteroffizier guckt sich um.

»Da kommen sie ja.«

Jetzt sehe ich sie auch. Von ganz dahinten traben sie im Eiltempo heran, einer hat einen Karton unter dem Arm.

»Und?« Ich mache ein strenges Gesicht und gucke die beiden fragend an.

»Dahinten lag doch 'n LKW im Graben. Wir wollten nur mal gucken, was da drin war.«

»Und?«

»Voll mit Zigaretten! Bis oben hin! Gucken Se mal!«

Klinger hält mir den Karton unter die Nase.

»Dem wird wohl der Sprit ausgegangen sein. Da hat der Fahrer ihn einfach stehen gelassen. Und die Zivilisten haben ihn in den Graben gekippt, weil er ihnen im Weg war.«

»Bitte, Herr Leutnant!« Dietz hält mir eine Schachtel hin.

›Haus Bergmann Privat‹ steht auf dem Deckel. Die feine ›Bergmann Privat‹ in der flachen blauen Zehnerpackung mit den zwei stilisierten Männerköpfen, vier Pfennig das Stück. Dietz räumt seine Jacken- und Hosentaschen aus.

Lauter Schachteln mit ›Bergmann Privat‹. Die haben wir schon lange nicht mehr zu sehen gekriegt. Blieben wohl alle in den Offizierskasinos hängen. Oder die Herren Zahlmeister haben sie selbst geraucht. Wir kannten nur »Eckstein«. Dreieindrittel Pfennig. Oder »Juno«. Dick, rund, ohne Mundstück. Die mit dem Werbespruch: »Janz Berlin is eene Wolke, janz Berlin raucht Juno.« Wir rauchen von jetzt ab nur noch die feine ›Bergmann Privat‹.

Die Tage sind so kurz im Januar. Um fünf ist es schon dunkel. Wir marschieren immer noch. Endlich, endlich vor uns die Stadt. Die schwarze Silhouette der Häuser gegen den letzten hellen Schimmer am Abendhimmel. Auf der Straße staut es sich; alle wollen sie in die Stadt. Die Flüchtlinge, die Wagen, die Soldaten. Wie sollen wir unsere Batterie finden? Drüben, fünfzig Meter links von der Straße, ein schwaches Licht aus dem Fenster eines Bauernhofes.

»Wissen Sie was, Schröder?«, sage ich, »wir ziehen erst mal mit dem Wagen da hinüber in den Hof. Hier kommen wir keinen Schritt weiter. Lassen Sie die Mädchen zu Fuß weiterlaufen. Die kommen schon durch.«

Überall in dem Bauernhof ist es hell. Aber das sieht man natürlich nicht von außen. Alle Fenster sind abgedunkelt wegen der »Nähmaschine«, dem einmotorigen Russenflieger, der uns jede Nacht nervt, weil er überall da, wo er einen Lichtschein entdeckt, seine Splitterbomben schmeißt.

Schön warm hier drin, riecht nach Kuhstall. Viele Leute. Zivilisten, Soldaten, alles durcheinander.

»Also, Unteroffizier, Sie bleiben mit den Leuten hier. Ich gehe allein in die Stadt. Wenn ich die Batterie gefunden habe, komme ich zurück und hole Sie. Klar? Und passen Sie auf die Klamotten auf.«

»Zu Befehl, Herr Leutnant, alles klar.«

Ich mache mich auf den Weg. Draußen ist es stockdunkel, der Mond versteckt sich hinter Wolken. Vorne auf der Landstraße ist alles voller Flüchtlingswagen. Ein paar Männer stehen noch in kleinen Gruppen zusammen, die glimmende Zigarette in der hohlen Hand. Ab und zu flammt für eine Sekunde ein Feuerzeug auf. Worüber mögen sie reden, in ihrem breiten, langsamen Ostpreußisch? Fällt ihnen gerade ein, was sie unbedingt hätten mitnehmen müssen, aber vergessen haben in der Hektik des plötzlichen Aufbruchs heute Morgen? Oder war es gestern, oder vorgestern? Eine Ewigkeit her: vorgestern ... Und wie wird es weitergehen morgen? Es gab doch schon einmal so eine Situation, ist gar nicht lange her. Oktober, November letzten Jahres, bei der ersten großen russischen Offensive. Da waren sie doch schon einmal auf der Flucht. Vielleicht nicht sie selbst, vielleicht Freunde. Aber sicher haben sie davon gehört. Aber dann hat sich die Lage noch einmal stabilisiert, und sie sind zurückgekehrt auf ihre Höfe.

Die Männer treten von einem Fuß auf den anderen, der Atem steht in der Luft, es ist immer noch bitterkalt.

Auf dem Landweg nach Westen zurück ins Reich? Und wie lange soll das dauern? Tage? Wochen? In dem Schleichtempo wie heute? Über verstopfte Straßen? Und wenn der Russe hinter uns mit seinen Panzern und der motorisierten Infanterie schneller ist als wir mit unseren schwerfälligen Pferdewagen?

Wissen die Männer, dass es keinen Landweg mehr ins Reich gibt? Dass der Russe in diesen Tagen Ende Januar 1945 an der Weichsel schon bis zur Ostsee durchgestoßen ist? Woher sollen sie es wissen, ich weiß ja auch nichts Genaues.

Unter den Planen der Pferdewagen schlafen die Frauen, die Kinder und Enkel.

Hinter dem Stadttor eine andere Welt. Die Straßen leer und verlassen. Offensichtlich hat man die Flüchtlingswagen gar nicht erst in die Stadt hineingelassen, damit das Chaos nicht noch größer wird. Nur jede zweite oder dritte Straßenlaterne brennt und wirft einen schwachen Lichtkreis auf das Pflaster. Der Mond, der jetzt wieder zwischen den ziehenden Wolken hindurchscheint, taucht die Fassaden der alten Bürgerhäuser in ein blasses Blau. Hier und da ein gelber Lichtschein durch die Ritze eines Fensterladens. Ein Bild wie von Spitzweg, denke ich einen Augenblick.

Und wo soll ich hier meine Batterie finden? Ob es am Marktplatz eine Frontleitstelle gibt? Wo ist der Marktplatz? Vielleicht ist es besser, gleich zum Bahnhof zu gehen. Da wollen wir doch morgen früh verladen. Wie komme ich zum Bahnhof? Den Nächsten, den ich treffe, muss ich fragen.

Ein Soldat kommt mir auf meiner Straßenseite entgegen. Ich verlangsame meinen Schritt. Er bleibt vor mir stehen.

»Herr Leutnant?«

Ich denke, ich träume.

»Menschenskind, Krüger! Das gibt's doch nicht! Wo kommen Sie denn her?«

»Vom Bahnhof. Wir haben schon mal die Geschütze verladen. Den Rest machen wir morgen früh.«

»Und wo ist die Batterie?«

Er zeigt über die Schulter: »Dahinten, zehn Häuser weiter. Ich bringe Sie hin.«

Es ist nicht zu fassen. Zwei Minuten später gehen wir durch einen hohen Torbogen in einen Innenhof.

»Parole?«, ruft der Posten. Dann erkennt er mich: »Da sind Sie ja.«

»Wo ist denn der Chef?«, frage ich ihn.

»Oben, im Salon.«

Im Salon? Wir steigen die Treppe in dem großzügigen, jedoch nur spärlich beleuchteten Treppenhaus hinauf. Oben klopft Krüger an eine Tür. Er öffnet, ohne das »Herein!« abzuwarten.

»Bitte, Herr Leutnant.«

Rings um mich blendende Helligkeit. Ich kneife die Augen zu. Wo bin ich? Ein großer Raum. In der Mitte hängt unter einer prächtigen Stuckdecke ein Kristallleuchter mit einem Dutzend Glühbirnen. Alte Möbel aus dunklem Holz mit spiegelnden Glastüren säumen die Wände. Vor mir eine lange Tafel. Mattschimmerndes weißes Tischtuch, blauweißes Porzellangeschirr, Teller, Schalen, Schüsseln. In silbernen Leuchtern brennen honigfarbene Kerzen. Wein in Kristallgläsern. Mitten auf dem Tisch eine Schale mit Blumen.

Träume ich? Das ist doch nicht wirklich? Das ist doch Film.

Aber da sitzen sie doch alle auf den Stühlen mit den hohen Lehnen: das halbe Unteroffiziers-Corps der Batterie. Gleich hier vor mir die Geschützführer und noch ein paar Unteroffiziere, dann – immer schön nach der Rangfolge – die Wachtmeister. Alle frisch rasiert. Ganz hinten links der Spieß.

Auf der anderen Seite – zwischen dem Batterieoffizier, Oberwachtmeister Laas, zur Linken und einer jungen Dame zur Rechten – der Batteriechef in seinem besten Waffenrock. Das Deutsche Kreuz in Gold an der rechten Seite unterhalb der Brusttasche glänzt wie frisch geputzt. Am Kopfende der Tafel in einem Armsessel thront eine Dame mittleren Alters, offensichtlich die Hausherrin.

Man scheint gerade mit dem Abendessen fertig zu sein. Die Bestecke liegen, wie es sich gehört, auf den Tellern, die weißen Servietten sorgfältig zusammengelegt daneben. Man reicht Zigaretten herum, hier und da blitzt ein Feuerzeug auf, Gläser klingen. Lebhafte Unterhaltung. Keiner hat gehört, dass wir angeklopft haben. Erst jetzt wendet sich ein Kopf nach dem anderen zur Tür, ein bisschen erstaunt, als wollten sie sagen: Ach, da ist er ja. Den hatten wir ganz vergessen.

Wach auf, sage ich zu mir, du kannst hier nicht in der Tür stehen bleiben, du musst jetzt was tun, irgendwas, auch wenn es sich nicht gehört, dass du mit deinen verdreckten Reitstiefeln hier auf dem Teppich stehst, in deiner grauen Winterjacke, ungewaschen und mit Dreitagebart. Der Chef, der gerade mit seiner jungen Tischdame scherzt, bemerkt mich erst, als ich ihm gegenüber auf der anderen Seite der Tafel stehe und mit der Hand an der Feldmütze meine Meldung mache. Er scheint nicht sehr überrascht zu sein. Eher habe ich den Eindruck, als finde er es selbstverständlich, dass ich ihm hier abends um halb zehn in diesem Aufzug entgegentrete. Er steht noch nicht einmal auf.

»Danke, Blankenhorn«, sagt er und wendet sich der Dame am Kopfende der Tafel zu.

»Gnädige Frau, darf ich Ihnen meinen VB-Offizier vorstellen: Leutnant Blankenhorn.«

Ich gehe die zwei Schritte auf die Hausherrin zu, die in ihrem dunkelgrauen Seidenkleid mit der blitzenden Diamantagraffe an der linken Schulter, mit der dreireihigen Perlenkette und dem schmalen, ebenmäßigen Gesicht unter dem hochgesteckten Haar wie das Bild eines niederländischen Malers wirkt.

»Guten Abend, Herr Leutnant«, sie reicht mir die Hand, »wie schön, dass Sie da sind.«

»Guten Abend, gnädige Frau.«

Sie wirft einen Blick nach links: »Das ist Ingrid, meine Tochter.«

Das Mädchen blickt mich mit strahlenden Augen an. Dieses Blitzen in Mädchenaugen, wenn das Zauberwort Leutnant fällt, habe ich heute doch schon einmal gesehen.

Der Chef lässt mich gar nicht zur Besinnung kommen.

»Machen Sie sich ein bisschen frisch und kommen Sie gleich in die Runde.«

Ich versuche, ihm zu erklären, dass meine Leute draußen vor der Stadt auf mich warten. Aber er winkt ungeduldig ab. Ich kenne ihn inzwischen, bei ihm muss alles ruck, zuck gehen.

»Sagen Sie Unteroffizier Mink Bescheid« – Mink sitzt unten am Ende der Tafel –, »der soll sie holen.«

»Bitte um Entschuldigung, Herr Hauptmann, aber ...« – die Unteroffiziere in meiner Nähe werden aufmerksam – »draußen vor der Stadt herrscht mittleres Chaos. Mink wird die Leute nicht finden. Ich muss sie schon selber holen. Außerdem hab ich's ihnen versprochen.«

Den letzten Satz überhört er. Das ist kein militärischer Umgangston. Aber er lenkt ein.

»Also gut, reiten Sie mit ihm raus. Er soll sie herbringen. Aber Sie selbst kommen gleich zurück.«

Wir reiten durch die Nacht.

An der Stelle, wo ich sie vor einer Stunde verlassen habe, sitzen meine fünf Hansel in der Scheune um ein offenes Feuer. In ihrer Mitte zwei schwarz verrußte dampfende Töpfe. Sie begrüßen uns ohne besondere Begeisterung. Ich habe den Eindruck, sie würden am liebsten hier bleiben. Schön warm, ringsherum genug Stroh zum Schlafen.

»Also, Jungs«, sage ich, »auf geht's! Ich habe die Batterie gefunden.«

»Nun setzen Sie sich erst mal hin, Herr Leutnant, und essen Sie was!«

Schröder angelt ein Stück Fleisch aus dem einen Topf und reicht es mir auf einem Kochgeschirrdeckel rüber. Gänsekeule.

»Wo habt ihr das denn her?«

»Lief draußen rum.« Kunert grinst. »Hier sind auch Kartoffeln.«

Bisschen zäh, das Fleisch. Na ja.

Ich gehe allein durch die Nacht zurück in die Stadt, durch die stillen Straßen in unser Quartier. Oben auf dem Flur treffe ich auf den Futtermeister. »Haben Sie zufällig einen Rasierapparat greifbar?«, frage ich ihn. »Meine Sachen sind noch draußen auf dem Wagen.«

»Klar, Herr Leutnant. Einen Augenblick.« Die Jungens

sind schon alle in Ordnung. Aus dem Hahn im Bad kommt sogar warmes Wasser.

Im Salon sind die Stimmen inzwischen lauter geworden. Das Licht ist nicht mehr so blendend hell, hat wohl einer den Kronleuchter halb ausgeknipst. Blauer Zigarettenrauch liegt über den silbernen Leuchtern mit den Kerzen, die nun halb heruntergebrannt sind und von denen ich die letzten drei am anderen Ende der Tafel gerade noch als helle Pünktchen erkennen kann. Der Chef, aufgekratzt, in lebhafter Unterhaltung mit dem kessen jungen Mädchen, residiert in der Runde wie der Soldatenkönig inmitten seiner Generäle im legendären Tabakskollegium. Als ich mich zurückmelde, winkt er nur lässig mit der Hand. Weiß der Teufel, wie er es angestellt hat, in diesem vornehmen Haus Quartier zu machen. Und schlafen die vielen Männer später alle hier? Gibt's da so viele Zimmer? Vielleicht sogar Betten?

Die Dame des Hauses parliert mit dem Hauptwachtmeister. Kronenmacher ist nicht der Typ von Spieß, der brüllend über den Kasernenhof läuft und jeden zur Sau macht, der ihm in die Quere kommt, sondern ein richtiger Herr, gut aussehend, ein bisschen grau schon an den Schläfen. Kein Problem für ihn, hier gepflegte Konversation zu betreiben. Als er mich bemerkt, steht er auf und rückt den Stuhl zurecht, den er an seiner rechten Seite für mich freigehalten hat.

»Bitte, Herr Leutnant!« Er schenkt mir ein Glas Wein ein.

»Wie schön, dass Sie nun endlich da sind!« Die Dame in dem grauen Seidenkleid schaut mich an – und gleich regt sich der Mutterinstinkt:

»Haben Sie überhaupt schon etwas gegessen?«

Ihr Mann, denke ich, steht sicher auch als Offizier irgendwo an der Front. Aber vielleicht hat sie ja auch noch einen Jungen, der Soldat ist wie ich, wer weiß, wo.

»Danke, gnädige Frau«, sage ich, »die Jungs haben mich draußen vor der Stadt versorgt. Aber« – ich suche ein bisschen nach den passenden Worten – »ich möchte Ihnen gern sagen, wie glücklich ich bin, dass ich hier bei Ihnen sein darf.«

Sie lächelt und hebt mir ihr Glas entgegen.

Wo nimmt diese Frau die Contenance her, die Ruhe, einen ganzen Abend im Kreis wildfremder Soldaten zu verbringen? Weiß sie nicht, dass wir auf einem Pulverfass sitzen? In zwei, spätestens drei Tagen wird es hier keinen deutschen Soldaten mehr geben. Da werden auf dem Marktplatz russische Panzer stehen. Und von der Straße unten werden russische Soldaten durch den Hof stürmen, die Treppe hinauf, die Tür eintreten und diesen weiß gedeckten Tisch umschmeißen, diese Stühle mit den hohen Lehnen, und werden mit dem Lauf ihrer Maschinenpistolen die Glasscheiben der Schränke einschlagen, um an die silbernen Leuchter und Schalen zu kommen, die hier vor uns auf dem Tisch stehen. Vielleicht wird gar nichts mehr übrig bleiben von diesem Haus als Schutt und rauchende Trümmer. Warum sind diese Frauen noch hier? Können sie sich nicht trennen von dem Haus und seinen Schätzen, von dieser Stadt? Müssten sie nicht längst fort sein, auf dem Weg nach Westen? Wie die Unzähligen, die draußen vor dem Stadttor in ihren Wagen die Nacht verbringen? Wissen sie nicht, was Frauen und Mädchen erwartet, wenn sie russischen Soldaten in die Hände fallen? Reicht ihre Kraft nicht, sich die Katastrophe vorzustellen, die da auf sie zukommt?

Der Spieß dreht sich zu mir herüber: »Frau von Kranitz wird uns morgen mit ihrer Tochter auf unserem Transport begleiten.«

Ach, so ist das.

Dann ist dies ihr letzter Abend hier? Und sie sitzt ruhig bei uns am Tisch, läuft nicht durch das Haus und überlegt, was sie von all den Sachen mitnehmen könnte, was unverzichtbar ist und was zurückbleiben muss? Geht nicht noch ein letztes Mal durch die Räume, um Abschied zu nehmen? Und das Töchterlein lacht, hört aber kaum noch zu, was der Herr Hauptmann neben ihr erzählt, weil sie, seit ich ihr gegenübersitze, nur noch Augen für den jungen Leutnant hat ...

Frau von Kranitz reißt mich aus meinen düsteren Gedanken.

»Sie sind sicher noch nicht lange Soldat?«

»Nun ja«, sage ich, »wenn ich das halbe Jahr im Reichsarbeitsdienst noch dazurechne, sind's wohl fünf Jahre.«

Das hätte sie nicht gedacht. Wie soll sie auch. Dieser schmale Junge mit seinem kindlichen Gesicht. Und als Einziger in der ganzen Runde hat er noch nicht einmal das leuchtend schwarzweißrote Band des EKs im Knopfloch. Das ist absolut ungewöhnlich: fünf Jahre Soldat und sogar Offizier und an der Front und kein EK. Das unscheinbare schwarze Verwundetenabzeichen und das Sturmabzeichen wird sie kaum bemerkt haben, auch nicht die kleine Spange an meiner Waffenbluse links über der Brusttasche, die verrät, dass ich schon den Winter 41/42 in Russland mitgemacht habe. Schon fünf Jahre Soldat? Dann muss er doch schon älter als neunzehn sein ...

Das Mädchen gegenüber würde so gerne ein bisschen mit dem Herrn Leutnant flirten, aber es ist inzwischen ziemlich laut geworden. Kein Wunder bei den vielen Flaschen, die heute Abend dran glauben mussten und noch müssen. Die Kameraden haben sicher den Weinkeller halb leer gemacht. Warum auch nicht? Soll der Russe den schönen Wein trinken? Die Gläser klingen.

»Leutnant Blankenhorn!« Der Hauptmann hat sein Glas in der Hand: »Prost!« Ich nehme mein noch fast volles Glas, stehe auf, führe es zum dritten Knopfloch: »Sehr zum Wohl, Herr Hauptmann!« Trinke einen kleinen Schluck.

»Ex!«, ruft er herüber.

Wein »ex« trinken? Wo gibt's denn so was? Ich zögere.

»Ex!«, ruft er, laut und ungeduldig.

Wie ich diese verdammten Kasinositten hasse! Ich trinke das Glas aus.

»Übrigens«, kommt es von drüben, »morgen früh sind Sie Verladeoffizier. Der Transport geht um acht.«

Was soll denn das nun wieder, denke ich. Verladeoffizier? Ich verstehe doch von dem Kram gar nichts. Ich weiß doch nicht, wie viele Pferde man in einem Güterwaggon unterbringen kann. Das wissen doch die Unteroffiziere viel besser, soll ich denen dazwischenreden? Da mache ich mich doch nur lächerlich. Und was heißt: morgen früh? Es ist doch schon nach zwölf.

»Zu Befehl, Herr Hauptmann!«

Im Augenblick kratzt es mich wenig, was morgen los ist. Ich bin todmüde, und das blöde heruntergeschüttete Glas Wein beginnt zu wirken. Gerade bekomme ich noch mit, wie Oberwachtmeister Laas etwas zum Chef sagt, der die

Hand ans Ohr hält, weil es so laut ist, und nickt. Der alte Laas steht auf, nimmt Haltung an, rückt den Stuhl beiseite und verschwindet im blauen Zigarettenrauch. Das ist meine Chance, denke ich. Verladeoffizier: ein Grund, hier endlich abzuhauen.

»Na«, sage ich, »dann will ich mich auch noch eine Stunde hinlegen. Bitte Herrn Hauptmann gehorsamst, mich zu entschuldigen.«

Er nickt gnädig. Ich mache eine Verbeugung hinüber zu den Damen. Das Töchterlein schenkt mir noch einen etwas enttäuschten Blick. Hat sie sich das Ende des Abends anders vorgestellt? Ich will Laas noch etwas fragen wegen der Verladerei, aber bis ich draußen bin, ist der schon verschwunden, wer weiß wohin.

Ich drücke auf dem Flur die nächste Türklinke herunter, finde mich in einem kleinen Wohnzimmer wieder und lasse mich in einen der tiefen Polstersessel fallen. Ob die kesse Ingrid nachher den Hauptmann an der Hand nimmt und hinter sich her in ihr Schlafzimmer zieht? So alt ist der ja nun nicht, und vermutlich hat er mehr Erfahrung im Umgang mit Frauen als der junge Leutnant, der ungeachtet seiner dreiundzwanzig Jahre noch gar keine hat ...

Ich habe noch nicht den zweiten Knopf meiner Feldbluse geöffnet, da sinke ich schon abgrundtief in einen traumlosen Schlaf.

Eine Hand berührt meine Schulter. Nur mit Mühe öffne ich die Augen. Der alte Laas beugt sich über mich.

»Tut mir Leid, Herr Leutnant, aber wir müssen.«

»Wie viel Uhr ist es denn?«

»Gleich sieben.«

»Um Gottes willen!« Ich fahre aus meinem Sessel hoch. »Um acht soll doch der Transport gehen?«

»Immer mit der Ruhe.« Laas redet mit mir wie ein Vater mit seinem Kind. »Es ist alles fertig.«

»Die ganze Verladerei?«

»Ja.«

»Das gibt's doch nicht.« Mir wird ganz schwindlig. »Und wann habt ihr angefangen?«

»Och, so um halb sechs rum. Die Geschütze ham wir ja schon gestern Abend verladen.«

»Aber der Alte hat doch heute Nacht gesagt, ich sei Verladeoffizier?«

»Ja schon«, Laas grinst ein bisschen, »aber ich hab Sie lieber noch ein bisschen schlafen lassen.«

Ich schaue ihn dankbar an.

»Nun aber los!«

Feldbluse zugeknöpft, rein in die Winterjacke und die Treppe runter.

Im Hof steht die Kutsche mit den zwei Pferden – die Kutsche, mit der mich der Spieß manchmal von meiner VB-Stelle abgeholt hat. Hat er die doch wirklich bis hierher mitgenommen!

Laas hält die Zügel locker in der Hand, die Pferdehufe klappern über das Kopfsteinpflaster. Es ist ziemlich kalt.

Ein endloser Bahnsteig an einem Abstellgleis.

»Wir gehen nur einmal den ganzen Zug entlang, Herr Leutnant. Personenwagen gibt's nicht, alle Mann also in geschlossenen Waggons, aber wir haben genug Stroh.«

Vor den offenen Waggontüren stehen noch ein paar Soldaten. Die Geschützführer vor den offenen Plattformwagen, die Geschütze sind verkeilt und mit Draht verspannt, die Munitions- und die Fernsprechgerätewagen, alles verstaut, alles verladen, die Pferde scharren in ihren geschlossenen Waggons im Stroh. Und aus der Feldküche steigt Rauch auf. Nicht zu fassen. Wie wenn der General zur Besichtigung erwartet würde. Wo wir vorbeikommen, wird »Achtung!« gerufen, die Leute nehmen Haltung an, die Unteroffiziere treten zwei Schritte vor, machen Meldung. Ich danke, gebe ihnen die Hand und sage ihnen, dass sie das toll gemacht haben. Sie strahlen.

»Wie viele Waggons?«, frage ich. Für die Meldung nachher muss ich ja wenigstens eine Zahl parat haben. Falls der Alte danach fragt.

»Achtunddreißig, Herr Leutnant.«

»Nur unsere Batterie, die verladen wird?«

»Jawohl. Aber der Kommandeur mit dem Abteilungsstab fährt mit uns. Alle Offiziere in dem Waggon da vorne.«

Das hat mir gerade noch gefehlt. Der Kommandeur ist ja in Ordnung. Aber der Adjutant, mit seinem arroganten Ton, im Zivilberuf Juraassessor mit Doktortitel, der Ordonnanzoffizier, den ich nur einmal zu Gesicht bekommen habe, der Oberstabsarzt ... Na ja, er kann nichts dafür, dass er ausgerechnet Facharzt für Hautkrankheiten ist ... Hoffentlich brauche ich ihn nicht einmal wirklich ... Und dann noch der Stabszahlmeister mit seinem dummen Geschwätz. Und mein schneidiger Chef. Alle wissen sie natürlich von der dummen Geschichte mit meiner Pistole, die bei meinem ersten Einsatz im letzten Oktober passierte, als ich noch keine drei Tage bei der Batterie war. Und die den alten Hasen natürlich nie passiert wäre.

Wir machen an der Lokomotive Halt, die schon unter Dampf steht. Ich lege dem Oberwachtmeister die Hand auf den Arm, ich muss zu ihm aufschauen, er ist fast einen Kopf größer als ich.

»Danke, Laas.«

»Schon gut, Herr Leutnant.« Wir drehen um.

Vor einem der Mannschaftswaggons steht Unteroffizier Schröder.

»Na«, frage ich, »sind Sie gestern Abend noch gut in die Stadt gekommen?«

»Mit ein bisschen Ellbogen ging's.«

»Noch etwas, Schröder. Sagen Sie doch dem Föckesberger, er soll meine paar Klamotten zu Ihnen bringen. Ich möchte in Ihrem Waggon fahren. Lassen Sie mir ein bisschen Platz.«

»Jawohl, Herr Leutnant. Klar, machen wir.«

»Hinten kommt der Chef.« Laas deutet auf den Bahnhofsausgang. Ich gucke auf die Uhr: zehn vor acht.

Da kommen sie. Ein ganzer Pulk. Ich lasse sie bis auf dreißig Schritt herankommen. Dann setze ich mich in dem zackigen Schritt in Bewegung, den ich mir für solche Situationen angewöhnt habe. Zwei Schritte links hinter mir der Oberwachtmeister. Der Chef löst sich von der Gruppe, geht auf mich zu, putzmunter, rote Backen von der Kälte. Man merkt ihm nichts an, dabei ist er sicher nicht vor drei ins Bett gekommen ...

Dienst ist Dienst, und Schnaps ist Schnaps. Alte Soldatenregel.

»Melde gehorsamst, Herr Hauptmann ...«

»Danke, Leutnant.« Er gibt mir die Hand.

Nun treten auch die anderen Herren heran. Und mitten

zwischen ihnen die beiden Damen. Die hatte ich ganz vergessen. Lange graue Pelzmäntel mit hochgeschlagenem Kragen über zierlichen Stiefeln. Pelzkappen.

Allgemeines Händeschütteln der Männer, dann stehe ich den beiden gegenüber.

»Guten Morgen, Herr Leutnant.«

In dem Gesicht der Älteren die gleiche Ruhe wie gestern Abend.

»Guten Morgen, gnädige Frau.«

Vor einer halben Stunde hat sie die Tür ihres Hauses abgeschlossen, des Hauses, das sie nie mehr wieder sehen wird, hat den Schlüssel in die Handtasche gesteckt, die sie unter dem Arm trägt, und ist hierher gekommen ... Tochter Ingrid, die Pelzkappe fesch übers Ohr gezogen, scheint das Ganze als großes Abenteuer zu betrachten.

»Ach, unser Herr Leutnant!« Es klingt ein bisschen schnippisch.

Der Pulk steuert auf den Offizierswagen zu, man hilft den Damen beim Einsteigen. Ich trete zurück:

»Wenn Herr Hauptmann mich brauchen: Ich bin im vierten Waggon von hier.«

Ich mache auf dem Absatz kehrt, stehe noch eine Weile vor meinem Waggon auf dem Bahnsteig, bis ich sicher bin, dass keiner mehr draußen ist. Dann hebe ich den Arm.

Die Lokomotive pfeift. Schröder gibt mir die Hand und zieht mich in den Wagen. Einer rollt von innen die schwere Waggontür zu.

Wir fahren.

Katharina fragt

Gestern Nachmittag – ich tippte gerade das Bartenstein-Kapitel auf dem Computer – kam Katharina auf leisen Sohlen aus ihrem Zimmer. Sie wird nun bald dreizehn.

»Hast du so viel zu schreiben, Opa?«, fragte sie. »Was schreibst du da?«

»Was ich so erlebt habe damals, als Krieg war.«

Sie schaute auf den Bildschirm und fing zu lesen an.

»Wieso hast du da eine Batterie gesucht?«

Ich musste lachen.

»Ach Schätzchen, du denkst sicher, ich hätte eine Taschenlampenbatterie gesucht?«

»Klar – was sonst?«

»Also, pass auf«, sagte ich, »du weißt sicher, was eine Kompanie ist. Das ist so ein Haufen von hundert Soldaten mit einem Hauptmann an der Spitze. Nun war ich ja bei der Artillerie, also bei den Soldaten mit den Kanonen. Und da heißt eine Kompanie eben: eine Batterie.«

»Ach so.« Nun musste sie auch lachen.

Pause.

Dann:

»Hast du schon gelebt, als der Hitler da war?«

»Sicher, da war ich so alt, wie du jetzt bist.«

»Ach. Warst du auch in der Hitlerjugend?«

»Natürlich.«

»Was musste man machen, dass man da reinkam?«

»Gar nichts. Alle Kinder zwischen zehn und achtzehn Jahren waren in der Hitlerjugend.«

»Und was habt ihr da gemacht?«

»Ungefähr dasselbe, was ihr heute in der Jungschar auch macht: Lieder gesungen, Geschichten vorgelesen, am Lagerfeuer gesessen, die Jungs haben Sport gemacht und Schnitzeljagd. Und die Mädchen haben getanzt.«

»Und was ist aus dem Hitler geworden?«

»Der hat sich zuletzt umgebracht.«

»Warum das denn?«

»Weißt du, Katharina, das ist eine lange Geschichte. Der Hitler hat damals mit dem Krieg angefangen. Der hat fünf Jahre gedauert ...«

»Fünf Jahre?«

»Ja. Eine lange Zeit. Und ganz zuletzt hat Deutschland diesen Krieg verloren, und alles war kaputt und zerstört. Und da hat der Hitler nicht mehr weitergewusst und hat sich erschossen.«

»Und das schreibst du jetzt auf?«

»So ungefähr. Weißt du, alles kann man nicht aufschreiben. Darüber gibt es auch schon viele Bücher. Aber ein bisschen von dem, was ich selber erlebt habe, möchte ich schon aufschreiben. Damit ihr später, wenn ihr groß seid, nachlesen könnt, wie es eurem Opa damals so ergangen ist ...«

So fing es an

»... man kann sich wieder freiwillig melden ... wir in der ›Kameradschaft Walter Flex‹ (des nationalsozialistischen Deutschen Studentenbundes) *sind uns einig, getreu der studentischen Tradition die Gelegenheit zu nützen ...*

Zwar liegt Vater mit perniziöser Anämie im Krankenhaus. Ich kann ihm nicht zumuten, in seinem Zustand die Sorge um eine – wie ihm sicher erscheint: unnötige – freiwillige Meldung zu übernehmen. Aber warten, bis er gesund ist? Das kann Monate dauern. Bis dahin ist der Krieg vielleicht zu Ende. Muss ich Rücksicht auf Vater nehmen? ... Dieser Krieg ist vielleicht der einzige, den wir miterleben. Nach diesem Krieg gibt es zwei Kategorien Menschen: solche, die dabei gewesen sind, und die anderen, die eben nicht draußen waren. Und zu denen gehören auch diejenigen, die den Krieg dazu benutzten, ihr Studium zu vollenden ... Heute habe ich die Wochenschau gesehen. Deutsche Soldaten marschieren. In Belgien, in Frankreich, Arbeiter, ... alle Berufe ... ich stelle es mir deprimierend vor, später einmal als Architekt auf der Baustelle Arbeiter anzuweisen, die draußen waren und die wissen, dass ich nicht draußen war ... es bleibt mir also nichts anderes übrig, als mich ohne Einwilligung der Eltern freiwillig zu melden ...«

Diese Sätze schrieb ich unter dem Datum 9. Juni 1940 in mein Tagebuch. Ich war achtzehn Jahre alt. Damals wurde man erst mit einundzwanzig Jahren volljährig. So fing es an.

Deutschland. Vaterland. Die Fahne. Glaube. Treue. Gehorsam. Soldaten. Kameraden. Du bist nichts, dein Volk ist alles. Führer, befiehl, wir folgen.

Das war unsere Welt, als wir vierzehn waren.

»Unsre Fahne flattert uns voran.
Unsre Fahne ist die neue Zeit.
Und die Fahne führt uns in die Ewigkeit,
Ja die Fahne ist mehr als der Tod ...«

Wie oft haben wir das gesungen. Mit leuchtenden Augen. Das Lied der Hitlerjugend. Und in den Feierstunden und im Schein der lodernden Feuer:

»Deutschland, heiliges Wort, du voll Unendlichkeit,
über die Zeiten fort seist du gebenedeit.
Heilig sind deine Seen, heilig dein Wald
und der Kranz deiner stillen Höh'n
bis an das grüne Meer.«

Wortgeklingel? Kitsch? Mag sein. Damals war es unsere Welt. Nicht ausschließlich. Es gab noch vieles andere in unserem jungen Leben: die Eltern, die Geschwister, die Schule, Latein und Griechisch, die Freunde, das Zeichnen, die Musik, das Klavier, das Cello. Die Konzerte, Elly Ney und Ludwig Hoelscher, den großen Cellisten, Wilhelm Furtwängler und Hermann Abendroth. Die Tanzstunde, das Abitur. Ein Sommer im Reichsarbeitsdienst.

Dann war plötzlich Krieg.

Und Rudolf Alexander Schröder, der berühmte und verehrte Lyriker, schrieb:

»Heilig Vaterland, in Gefahren
deine Söhne sich um dich scharen.
Von Gefahr umringt, heilig Vaterland,
alle stehen wir Hand in Hand.

Bei den Sternen steht, was wir schwören.
Der die Sterne lenkt, wird uns hören.
Eh der Fremde dir deine Krone raubt,
Deutschland, fallen wir Haupt bei Haupt.

Heilig Vaterland, heb zur Stunde
Kühn dein Angesicht in die Runde.
Sieh uns all entbrannt Sohn bei Söhnen stehn,
du sollst bleiben, Land, wir vergehn.«

Ich ging nach Braunschweig zum Studium. Unsere Soldaten marschierten derweil von Sieg zu Sieg. Polen geschlagen. Die Kapitulation Frankreichs nur noch eine Frage von Tagen, damals im Juni 1940. Mit der Sowjetunion hatten wir einen Nichtangriffspakt. Es gab auf dem europäischen Festland keinen ernst zu nehmenden Feind mehr. Amerika war weit weg. Und England – davon waren wir überzeugt – würde nach der Invasion unserer Truppen spätestens im Herbst besiegt sein. Weihnachten würden alle Soldaten wieder zu Hause sein. Es war Zeit, an die Front zu gehen ...

Hans Baumann, »Dichter der HJ« und Sprachrohr der jungen Generation, schrieb:

»Der helle Tag ist aufgewacht,
nun lasst die Träume in der Nacht,
der Morgen bricht in die Täler.
Der Morgen singt, dass die Erde springt,
der Morgen bricht in die Täler.

Einen Sack voll Haber für mein Pferd,
und was kümmert mich ein warmer Herd,

die Welt ist weit, und wir reiten.
Die Welt ist weit und der Himmel breit,
die Welt ist weit, und wir reiten.

Nun hebt die Schwerter in das Licht,
einen Tapfern lässt der Himmel nicht,
wers ehrlich meint, wird nicht fallen.
Wer es ehrlich meint, ist mit uns vereint,
wers ehrlich meint, wird nicht fallen.

Am Helm macht fester euer Band,
nehmt die Zügel sicher in die Hand,
eure Herzen sollt ihr beweisen!
Eure Herzen fest und dem Feind den Rest,
eure Herzen sollt ihr beweisen!

Einen Kameraden für die Schlacht,
der getreu ist über Tag und Nacht –
und die Erde muss uns gehören.
Wer nicht treu kann sein, muss zum Tod hinein,
und das Leben wird uns gehören!«

»Wers ehrlich meint, wird nicht fallen ...« Wieso das? Wir haben damals über Sinn oder Unsinn solcher Formulierungen nicht nachgedacht. Seit dem verlorenen Ersten Weltkrieg war die Legende von Langemarck lebendig, der zufolge deutsche Studenten in ihren Regimentern mit dem Lied »Deutschland, Deutschland über alles« auf den Lippen in das feindliche Maschinengewehrfeuer und in den Tod gestürmt seien. Heute wissen wir, dass dieser Todesmut der helle Wahnsinn war, aber die Formulierung »getreu der studentischen Tradition« in meinem Tagebuch weist darauf hin, dass wir es damals ernst meinten. In unserer Vorstellung existierte nur diese Alternative: Sieg oder Tod.

Aber wenn man nun nicht gleich sterben würde? Mit einem Bauchschuss im Schnee zwischen den Linien liegen würde und schreien vor Schmerzen, und keiner holte einen da raus? Oder wenn man mit nur einem Bein nach Hause käme? Oder in Kriegsgefangenschaft geriete? Solche Gedanken existierten nicht. Damals nicht.

Führerbefehl

Ich erinnere mich nicht mehr an die Umstände, auch nicht an den Ort, wo wir die Batterie ausgeladen haben. Es gibt keine Notizen und schon gar kein Tagebuch aus jener Zeit. Früher, damals im Sommer 1939 im Reichsarbeitsdienst, habe ich Tagebuch geschrieben. Auch später noch, während des Architekturstudiums an der Technischen Hochschule in Braunschweig und der ersten Jahre meiner Soldatenzeit. Warum ich – nach einer letzten Eintragung am 16. Dezember 1941 – damit aufgehört habe? Ich weiß es nicht mehr. Es gibt noch drei kleine Taschenkalender, in die ich sorgfältig alle Päckchen eingetragen habe, die von zu Hause kamen, und die unzähligen Feldpostkarten und -briefe, die zwischen dem jungen Soldaten in Frankreich, später in Russland, und den Eltern, den Geschwistern und Freunden in der Heimat hin- und hergingen, der Heimat, die so weit entfernt war …

Seit aber im letzten September ein neuer Abschnitt meiner Soldatenzeit begonnen hat, der so ganz anders verläuft als alles, was ich bis dahin erlebt habe, bleibt keine Zeit mehr zum Schreiben. Jeder Tag – besonders in diesen letzten Wochen des Rückzuges in Ostpreußen – bringt neue Herausforderungen, die meine Kraft bis an die Grenze beanspruchen. Was bedeuten mir noch Namen von Dörfern und Ortschaften, durch die wir marschieren, manchmal tagsüber, öfter noch in der Nacht, wenn uns vor Müdigkeit beinahe die Augen zufallen. Und wie oft muss ich jemanden nach dem Datum fragen, wie oft weiß ich nicht, ob wir heute Montag oder Dienstag haben. Auch meinen Fotoapparat, den ich in den ersten Kriegsjahren immer dabei hatte, habe ich in meinem letzten Heimaturlaub zu Hause deponiert. Kein Gedanke mehr an Fotografieren.

Als ich mehr als ein halbes Jahrhundert später über diese Zeit zu schreiben beginne, muss ich mir ein paar Namen und Daten mühsam aus Dokumentationen und Geschichtsbüchern zusammensuchen. Die Ereignisse aber, an die ich mich erinnere und die unvergesslich in meinem Gedächtnis lebendig geblieben sind, kommen mir vor wie die Vulkankegel aus Basalt, die als Zeugen einer bewegten Erdgeschichte hier und dort in einer friedlichen Landschaft stehen ...

Mitten aus dem Marsch heraus kam der Einsatzbefehl. Seit gestern Abend hocken wir zu fünft hier oben in dem kleinen Unterstand. Nun suchen wir schon seit Stunden mit unseren Ferngläsern das schneebedeckte hügelige Land zu unseren Füßen ab, das sich, von Wald unterbrochen, bis zum Horizont erstreckt, über dem heute Morgen eine fahle Sonne aufging. Aber da drüben tut sich nichts. Keine Bewegung, kein LKW, kein Russe.

Dabei hat es in der Nacht eine Schießerei gegeben. Die Kompanie im Graben unter mir hat einen russischen Stoßtrupp abgewehrt. Seit heute Mittag liegt Granatwerferfeuer auf unserer Stellung, und die gut getarnten russischen Artilleriebeobachter schießen sich auf unsere vordere Linie ein. Die Fernsprechleitung zu meiner Batterie ist unterbrochen, und seit einer Stunde bringen meine Funker auch keine Verbindung mehr mit der Feuerstellung zustande.

Da erscheint ein Oberfeldwebel, offensichtlich Zugführer der Kompanie, in deren Abschnitt ich gerade liege, baut sich vor mir auf und legt die Hand an den Stahlhelm.

»Bitte Herrn Leutnant sprechen zu dürfen.«

Schmales Gesicht, tief liegende Augen. EK I, Infanteriesturmabzeichen, Verwundetenabzeichen.

»Stehn Sie bequem, Oberfeld«, sage ich. »Was gibt's?«

»Darf ich fragen, wann Sie die B-Stelle abbauen?«

»Die B-Stelle abbauen? Warum? Ich habe keinen Befehl.«

»Die Sache ist nämlich die, Herr Leutnant: Mein Kompaniechef ist um elf Uhr mit Leutnant Weber vom ersten Zug mit dem Krad losgefahren. Sie wollten erkunden, ob der Weg nach hinten zum Bataillon noch frei ist. Um eins wollten sie wieder zurück sein.« Er guckt auf seine Uhr. »Jetzt ist es gleich halb vier. Sie sind nicht wiedergekommen. Entweder sind sie dem Iwan in die Hände gefallen oder auf dem Rückweg nach hier oben nicht mehr durchgekommen, weil der Russe inzwischen hinter uns zugemacht hat. Vielleicht« – seine Stimme klingt bitter –, »vielleicht hat man vergessen, dass wir noch hier sind.«

»Haben Sie Funkverbindung zum Bataillon?«, frage ich.

»Nein.«

»Anschluss nach links und rechts?«

»Seit zehn Uhr nicht mehr. Deshalb sind die zwei ja losgefahren.«

»Scheißsituation.«

»Eben.«

Pause.

»Sie kennen den Führerbefehl«, sage ich, »kein Meter Boden darf kampflos und ohne ausdrücklichen Befehl aufgegeben werden.«

»Ich weiß, Herr Leutnant. Bloß – bis morgen früh hat uns

hier der Iwan einkassiert. Aber ich gehe nicht in Gefangenschaft. Eher schieße ich mir eine Kugel innen Kopp.«

Pause. Dann:

»Sie sind der einzige Offizier hier oben. Sie müssen entscheiden.«

»Also«, sage ich, »Oberfeld, wir warten bis fünf Uhr. Wenn Ihr Chef bis dahin nicht zurück ist, brechen wir hier ab.«

»Danke, Herr Leutnant.«

Kurz nach fünf ziehen wir los. Durch Laufgräben und Hohlwege, über Sturzäcker und an Waldrändern entlang. Überall, wo die Sonne nicht hinkommt, liegt noch Schnee, der unter den Stiefeln knirscht. Grauer Himmel. Ich trotte als Letzter der Kolonne hinter meinen Funkern her, vor mir zieht die Kompanie im Gänsemarsch zu Tal, mit Waffen und Gepäck beladen. An der Spitze, die gerade um die nächste Waldecke biegt, wird schon jemand sein, der sich auskennt in Schleichwegen. Trotzdem: Die innere Anspannung bleibt. Jeder ist darauf gefasst, dass plötzlich von irgendeiner Seite das Geballer losgeht. Und dann?

Ich sehe nicht den grauen Himmel über mir und nicht den Schnee vor meinen Stiefeln. Ich habe nur düstere Gedanken in meinem Kopf. Die B-Stelle verlassen. Ohne Befehl. Was antworte ich dem Kommandeur, wenn er mich fragt:

»Keine Feindeinwirkung?«

»Nur Artillerie- und Granatwerferfeuer, Herr Major.«

Wenn das nun ein Teil der strategischen Planung war, dass wir da oben noch eine Nacht die Stellung halten? Wenn ein Gegenstoß im Gange war, um die Front wiederherzustellen? Ich höre schon die schneidende Stimme des Majors:

»Sind Sie wahnsinnig? Das ist Feigheit vor dem Feind! Wissen Sie, was das bedeutet?«

Kriegsgericht. Schreckenswort.

Wir marschieren schon bald eine Stunde. Stille. Kein Schuss. Immer noch im Gänsemarsch. ›Wie oft sind wir geschritten auf schmalem Negerpfad ...‹ Warum fällt mir ausgerechnet jetzt das blöde Lied ein? ›Heia, heia, Safari ...‹

Kriegsgericht.

Endlich ein Dorf. Deutsche Soldaten. Ein paar LKWs, Pferdegespanne, ein Kübelwagen. Mitten auf der Dorfstraße steht der Adjutant.

»Endlich«, sagt er, »die Abteilung ist schon seit heute Mittag auf dem Marsch nach Westen.«

Er guckt auf seine Uhr:

»Seit drei Stunden stehe ich hier und warte nur auf Sie.«

Träume ich? Keine Frage nach warum und wieso?

»Ich hatte keinen Befehl, Herr Oberleutnant«, sage ich. Er zuckt mit den Schultern:

»Hauptsache, Sie sind da.« Steigt in seinen Kübelwagen, der mit laufendem Motor neben ihm steht, und hebt den Arm.

»Marsch.«

Kein Kriegsgericht.

Kobbelbude

»Reiten, reiten, reiten, durch den Tag, durch die Nacht, durch den Tag.«

So beginnt »Die Weise von Liebe und Tod des Cornets Christoph Rilke« von Rainer Maria Rilke, die Erzählung, deren Feldpostausgabe – im Kriegsjahr 1942 liebevoll auf vierunddreißig Seiten in Fraktur gesetzt und auf grüngrauem Papier gedruckt – so mancher von uns in seinem Tornister, wohlgehütet wie einen Schatz, mit sich trägt.

Marschieren, marschieren, marschieren, durch den Tag, durch die Nacht, durch den Tag – das ist die vage Erinnerung an diese Wochen im Februar 1945 in Ostpreußen. Von einem geordneten Rückzug konnte keine Rede mehr sein. Keiner von uns hatte noch einen Überblick über die allgemeine Lage oder den Frontverlauf, der täglich, manchmal stündlich wechselte. Kann sein, dass meine Batterie noch geschlossen von einer Feuerstellung zur nächsten marschierte, ich selber als »Vorgeschobener Beobachter« war mit meinen Funkern allen Zufällen des infanteristischen Bewegungskrieges ausgesetzt. Von einem Einsatz als Artillerist, wie ich es auf der Waffenschule gelernt hatte, blieb nichts übrig. Die Munitionsvorräte waren erschöpft, Nachschub gab es nicht. Wir hatten Glück, wenn wir aus einer chaotischen Situation heil herauskamen.

Ziemlich eng hier drin. Der Bunker misst vielleicht gerade zweieinhalb mal drei Meter. Durch die schmale Türöffnung in der Rückwand, die mit einem Sack verhängt ist, geht's in den Laufgraben, der sich knapp unter dem höchsten Punkt der Bergkuppe entlangzieht. In der Wand gegenüber – fast über die ganze Breite – ein zwanzig Zentimeter hoher Sehschlitz in Kopfhöhe.

Ein idealer Platz für einen Artilleriebeobachter. Nur eben wenig Platz für neun Mann. Links vom Eingang hat sich ein Wachtmeister einer fremden Batterie mit seinen zwei Funkern eingerichtet. In der rechten Ecke steht unser Funkgerät. Dietz und der kleine Föckesberger drehen an den Knöpfen, dann summt und fiept es aus dem Kasten. Der ewige Kampf um einen klaren Empfang. Gestern spätabends erschien noch Unteroffizier Schröder, um mit seinen beiden Strippenziehern eine Telefonleitung von der Feuerstellung hier herauf zu legen. Nun steht der braune Bakelitkasten mit der Kurbel neben dem Funkgerät – sehr komfortabel. Jetzt sind wir also zu sechst, dazu die drei fremden Soldaten, und deshalb ist es eben sehr eng hier drin. Hauptsache, wir haben eine Betondecke über dem Kopf, das ist schon mal sehr beruhigend.

Die Landstraße, auf der ich gestern mit der Batterie marschierte, verläuft in nordwestlicher Richtung. »Nach Brandenburg 12 km« stand auf dem Schild am Straßenrand. Brandenburg liegt direkt am Frischen Haff, ungefähr in der Mitte zwischen Heiligenbeil im Südwesten und Königsberg im Nordosten. Und das Haff, das in diesen Tagen Anfang März schon seit zwei Wochen keine tragfähige Eisdecke mehr hat, ist nur durch die schmale Landzunge der Nehrung von der Ostsee getrennt.

Wenn ich kühl überlegen würde, müsste ich aus dem Tempo unseres Rückzuges in den letzten Wochen hier in Ostpreußen schließen, dass es nur noch eine Sache von Tagen, bestenfalls von ein paar Wochen sein kann, bis das hier zu Ende ist. Endgültig. Später werde ich es nachlesen können: »13. März: Russischer Generalangriff auf den Heiligenbeiler Kessel. 17. März: Brandenburg geräumt.« Geräumt. Aufgegeben. Verloren.

Heute ist vielleicht der 6. oder 7. März, und bis Brandenburg sind es gerade noch zwölf Kilometer. Aber wir machen uns keine Gedanken darüber, was morgen sein wird.

Gestern Nachmittag gegen fünf kam – mitten im Marsch – der Einsatzbefehl vom Regiment: die Batterie nach zwei Kilometern da und da in die Feuerstellung, ich mit meinen zwei Funkern auf eine Anhöhe der Hügelkette, die sich rechts von der Straße hinzieht und – nach Nordwesten allmählich abfallend – in das Flachland am Haff-Ufer übergeht. Eigene Hauptkampflinie in der Talsohle auf der östlichen Seite der Hügelkette.

So sind wir hier heraufgekommen und haben diesen Bunker gefunden, als es schon dämmerig wurde. Die eigene vordere Linie: sechzig Meter unter uns im Tal. Irgendwo hinter uns, aber von hier aus nicht zu sehen, muss der Ort Kobbelbude liegen. Bei der ersten Orientierung stelle ich fest, dass zwischen uns und dem nächsten Hügel eine tiefe und ziemlich breite Senke liegt, die nach links auf die Straße zuläuft, von der wir gerade hochgekommen sind. Von hier oben aus und von dem Hügel da drüben könnte man diese Senke sperren. Aber außer uns ist hier keine Menschenseele.

Die Nacht bleibt ruhig. Ich habe die Wachen zwischen uns und den drei fremden Soldaten aufgeteilt. Es reicht, wenn ein Mann auf das Klingeln des Fernsprechers hört und durch die Schießscharte das Gelände unter uns beobachtet.

Ab und zu jagt eine Leuchtrakete in den Himmel, irgendwann hören wir Motorengeräusch. Wir anderen haben uns hingelegt oder sitzen mit dem Rücken an der Wand auf dem Betonboden. Wir sind todmüde, und Soldaten können in jeder Lage schlafen. Die Schießscharte haben wir mit Sackleinen fast ganz zugezogen, damit wir wenigstens für Sekunden im Schein der Taschenlampe einen Blick auf die Uhr werfen können.

Ich werde wach, als sich Krüger neben mir im Schlaf auf die andere Seite dreht. Vor mir steht Schröder, der seit sechs Uhr Wache hat:

»Kommen Sie mal, Herr Leutnant?«

»Was ist?« Ich befreie mich von der Wolldecke und mache die zwei Schritte zu ihm hinüber.

»Seh'n Sie sich das an.« Er deutet in die Ebene vor uns. Da ziehen in der Morgendämmerung einzelne Nebelschwaden von der Küste her übers Land. Dazwischen werden die Äcker sichtbar, oft noch mit Schnee bedeckt, ein paar Sträucher, hier und da eine Hecke, ein einzelner Baum. Uns gegenüber, mit schwarzen Baumkronen gegen den noch dunkelgrauen Himmel, ein lang gestrecktes Wäldchen, parallel zu unserer Hügelkette, etwa achthundert Meter entfernt, nicht tiefer als vierhundert Meter.

Und jetzt sehe ich es auch, sogar mit bloßem Auge: Am vorderen Waldrand stehen russische Panzer zwischen den Bäumen. Man hat sie notdürftig mit ein paar Zweigen und übergeworfenen Netzen getarnt. Und da klettern Soldaten auf den Panzern herum. Ich stelle mein Fernglas scharf auf den Waldrand ein.

»Na?« Der Unteroffizier dreht für einen Augenblick den Kopf zu mir herüber.

»Wie viel?«, frage ich nur.

Er nimmt das Glas wieder vor die Augen. Zählt halb laut: »Zehn, elf, zwölf ..., da links noch zwei ...«

Und auf jedem drei, vier Mann Besatzung, die damit beschäftigt sind, die Tarnnetze herunterzunehmen. Jetzt ist mir klar, woher das Motorengeräusch heute Nacht kam ...

»In spätestens einer halben Stunde ist da unten der Teufel los«, sage ich. Schröder nickt nur. Ich stürze an den Fernsprecher: »Vermittlung! Hören Sie mich? Ich brauche sofort Oberwachtmeister Laas!« Fünf ewige Sekunden, dann die tiefe, ruhige Stimme:

»Oberwachtmeister Laas. Herr Leutnant?«

»Hören Sie zu, Laas« – ich muss mich zwingen, ebenfalls ruhig zu sprechen –, »haben Sie die Karte? Gut. Achthundert bis tausend Meter nordöstlich von meinem Standpunkt lang gestrecktes Waldstück. Haben Sie? Zwei Kilometer lang, etwa vierhundert Meter breit. Ja. Genau. Am vorderen Waldrand russische Bereitstellung. Mindestens vierzehn Panzer beobachtet. Vermutete Begleitinfanterie mindestens Kompaniestärke. Rechnen Sie Feuerkommando und melden Sie Feuerbereitschaft. Schröder macht inzwischen Meldung an die Abteilung.«

Ich haste zurück an die Schießscharte und nehme wieder mein Fernglas. Es ist inzwischen heller geworden, die Nebelschwaden haben sich verzogen. Und jetzt kann ich von hier oben auch die deutschen Linien sehen. Aber was heißt das: die deutschen Linien? Es gibt nicht einmal einen durchgehenden Graben, nur alle zwanzig, dreißig Meter eine schwarze Mulde im schmutzig weißen Schnee. Und in jeder

Mulde liegen vier oder fünf Mann. Alle Augenblicke springt einer aus der Deckung und rennt im Zickzack zum Nachbarloch. Und das alles keine vierhundert Meter von dem Waldrand da drüben entfernt.

»Ist das unsere Hauptkampflinie? Die paar Löcher da unten?«, frage ich den Unteroffizier, der wieder sein Glas vor die Augen genommen hat.

»Scheint so.« Schröder zuckt mit den Achseln: »Arme Schweine.«

Der Fernsprecher klingelt. Laas.

»Befehl ausgeführt. Melde Batterie feuerbereit.« Und nach einer Pause: »Aber keine Feuererlaubnis.«

»Was?«

»Die Abteilung gibt keine Feuererlaubnis.«

Ich bin wie vor den Kopf geschlagen.

»Ist gut, Laas«, sage ich, »verbinden Sie mich mit dem Adjutanten. Denen werde ich schon die Hölle heiß machen.«

Wieder eine lange Minute. Endlich die kühle, immer etwas blasiert klingende Stimme des Adjutanten:

»Oberleutnant Breuer.« Ich schildere ihm kurz die Situation und dann: »Ich bitte dringend um Feuererlaubnis für meine Batterie.«

»Kann ich Ihnen nicht geben«, klingt es ungerührt aus dem Hörer. »Befehl vom Regiment.« Ich spüre eine große Wut in mir aufsteigen und muss mich zu einem ruhigen Ton zwingen.

»Dann bitte ich gehorsamst um die Erlaubnis, Herrn Hauptmann Gerlach sprechen zu dürfen.« Gerlach ist der Regimentsadjutant.

»Bitte sehr. Ich verbinde weiter.« Wieder eine Minute warten, dann:

»Hauptmann Gerlach. Wir haben Ihre Meldung bekommen, Leutnant. Was gibt's Neues?«

»Ich brauche unbedingt vierzig Schuss Munition, Herr Hauptmann. Jetzt sofort.«

»Kann ich Ihnen nicht geben«, kommt es von der anderen Seite. »Munitionssperre.«

»Aber wir haben doch noch Munition!«

»Nicht mehr viel.«

»Wir brauchen sie jetzt, in der nächsten Viertelstunde. Wann sonst?«

»Der General«, erklärt mir der Hauptmann, »erwartet in den nächsten Tagen den russischen Großangriff in unserem Divisionsabschnitt. Dann brauchen wir jede Granate.«

Ich mache einen letzten Versuch:

»Aber wir können doch unsere Leute da unten in den Schützenlöchern nicht im Stich lassen!«

»Mit so einer Situation muss die Infanterie allein fertig werden. Tut mir Leid, Leutnant, ich kann Ihnen nicht helfen.«

Ich lege den Hörer auf. Einen Augenblick bin ich wie gelähmt. Es ist alles so sinnlos geworden. Da ziehen wir seit Wochen mit einem riesigen Aufwand durch Ostpreußen, hundertzwanzig Mann mit hundertdreißig Pferden, mit Munitionswagen und einem Haufen Nachrichtengerät, mit Schreibstube und Feldküche und wer weiß, was sonst noch dazugehört. Und das alles, damit man mit drei lächerlichen Feldhaubitzen schießen kann.

Und wenn es darauf ankommt, haben wir keine Munition.

Die Russen fahren währenddessen mit motorisierten Artillerie-Brigaden auf! Ganze Brigaden, die nur aus Artillerie bestehen! Jede Brigade hat Hunderte von Geschützen. Und Berge von Munition ...

Ich gehe wieder hinüber zu Schröder. Der guckt mich an. Ich zucke mit den Schultern:

»Nichts. Keine Feuererlaubnis.«

Er schüttelt mit dem Kopf. »So ein Wahnsinn. Na ja. Kennen wir ja. Möchte nur wissen, wofür wir überhaupt hier oben hocken.«

Er hat inzwischen die anderen geweckt. Alle rappeln sich auf und packen ihre Klamotten zusammen. Krüger fischt ein halbes Kommissbrot aus dem Brotbeutel und säbelt dicke Scheiben ab.

»Herr Leutnant?« Er hält mir eine Scheibe hin.

»Später«, sage ich. Und zu Schröder:

»Rufen Sie Oberwachtmeister Laas an, damit er Bescheid weiß, dass ich nichts erreicht habe beim Regiment.«

»Aber wir haben doch sicher noch schwarze Munition«, fange ich wieder an, als er vom Telefon zurückkommt. »Der Chef war doch ein alter Fuchs, der hat doch bestimmt heimlich Munition gehortet.«

»Das schon. Aber die ist sicher längst für solche Fälle wie heute draufgegangen.«

Drüben am Waldrand blitzt es auf. Noch ein Blick auf die Uhr: Punkt acht. In der nächsten Minute ist der Wald eine einzige Feuer speiende Front. Die harten Schläge der Panzerkanonen, das Blub-blub der schweren Granatwerfer. Und vom hinteren Waldrand rauschen die Geschosse der Stalinorgeln heran. Die Schützenlöcher unter uns versinken im

Rauch der Einschläge und der Erdfontänen. Die armen Kerle, die da unten den Kopf in die Erde drücken. Und wir können ihnen nicht helfen.

Seltsamerweise kaum Artilleriefeuer. Nur wenige Einschläge hier auf der Bergkuppe. Ich tausche einen Blick mit dem Wachtmeister der anderen Batterie. Uns ist klar, dass die Russen mit ihren Panzern durch die Senke links von uns bis zu der Straße in unserem Rücken durchbrechen werden. Und auch da ist keiner, der sie aufhalten kann. Noch ist die Telefonleitung intakt. Noch kriege ich eine Meldung an die Abteilung durch. Dann wandern die Einschläge unten im Tal weiter nach links, und dann ist die Leitung tot.

Drüben am Waldrand brechen jetzt die T34 aus dem Gehölz, nur zwanzig Meter Abstand zwischen sich. Es sind mehr als vierzehn. Dazwischen die Infanterie. Zwei, drei Wellen hintereinander. Verschwinden im dicken Rauch, der über dem Gelände liegt. Tauchen auf, verschwinden wieder im Qualm. Die Panzer rollen unaufhaltsam vorwärts, rücken jetzt näher zusammen und sind nach ein paar Minuten in der Senke verschwunden.

»Ich haue hier ab.«

Der Wachtmeister mit seinem EK I an der Feldbluse ist offensichtlich nicht zum ersten Mal in einer solchen Situation. Seine Funker haben ihr Gerät schon auf dem Rücken, er selber seine Kartentasche um den Hals gehängt und das Sturmgewehr in der Hand.

»Was soll ich noch hier?« Er ist genauso verzweifelt wie ich. Auch seine Batterie hat noch nicht eine einzige Granate gefeuert. »Ich riskiere doch nicht, dass mich der Iwan hier oben einkassiert.«

»Viel Glück«, sage ich noch, dann sind die drei durch den Vorhang aus Sackleinen verschwunden. Wir sechs sind allein.

»Krüger«, sage ich zu dem Obergefreiten neben mir, »Sie und Kunert bauen die Strippe ab und melden sich in der Feuerstellung. Hoffentlich kommen Sie durch.« Ich trete neben Schröder, der immer noch, die Unterarme auf die Brüstung gelegt, das Gelände durchs Glas beobachtet. »Wie viel Uhr?«, frage ich.

»Halb neun, Herr Leutnant.«

»Haben wir noch Funkverbindung? Gut. Fragen Sie Oberwachtmeister Laas, ob noch Befehle für uns vorliegen. Wenn nicht, melden Sie die B-Stelle ab. Wir gehen auch zurück in die Feuerstellung.«

»Jawoll, Herr Leutnant.« Er ist ganz erleichtert. Endlich, denkt er sicher. Wird auch höchste Zeit.

Heute riskiere ich nicht mehr Kopf und Kragen, wenn ich ohne ausdrücklichen Befehl meinen Platz verlasse. Bei der Abteilung und beim Regiment haben sie jetzt andere Sorgen, wenn ein Dutzend Panzer und ein Bataillon Infanterie durchgebrochen sind und vielleicht in einer halben Stunde vor ihrem Gefechtsstand auftauchen. Da muss ich schon allein zusehen, wie ich mit meinen Hanseln aus dem Schlamassel rauskomme.

Ich suche noch einmal mit dem Fernglas das Gelände ab. Immer noch ziehen Nebelfetzen und Rauchschwaden durch das Tal. Von den Schützenlöchern ist nichts mehr zu sehen. Es ist seltsam still geworden da unten. Ich entdecke einen einzelnen Soldaten, der sich nach links bewegt. Ein Landser, der den ersten Ansturm überlebt hat und nun versucht, wieder

Anschluss an seinen Haufen zu kriegen? Oder ein Nachzügler der letzten russischen Angriffswelle?

Meine Jungens haben das Funkgerät abgebaut und die schweren Kästen auf den Rücken genommen.

»Also los!«

Zuerst laufen wir noch in der Deckung des Laufgrabens, der sich rings um die Bergkuppe zieht. Dann merken wir, dass sich rechts unter uns nichts mehr tut. Kein Gefechtslärm, kein Panzer, kein Mensch. Der Russe muss inzwischen bis zur Verbindungsstraße durchgebrochen sein. Wenn er nicht sogar schon weiter ist. Wir steigen aus dem Graben und laufen querfeldein, immer bergab. Oben war zwar grauer Himmel, aber wenigstens einigermaßen klare Sicht. Je tiefer wir kommen, umso nebliger wird es. Wir müssen aufpassen, dass wir nicht in die falsche Richtung laufen.

Da kommt ein Graben. Und dann stehen wir auf der Straße. Kein Russe, kein Panzer. Drüben auf der anderen Straßenseite haben sich ein paar Landser an die Böschung des Straßengrabens geschmissen, der noch voller Schnee liegt. Wir legen uns dazwischen. Dietz und der kleine Föckesberger nehmen die Kästen des Funkgeräts vom Rücken. Verschnaufpause. Ich werfe einen Blick über den Rand der Straßenböschung. Schwarzer Ackerboden mit Schneeresten. Nebel. Keine fünfzig Meter Sicht.

Was sind das für graue Gestalten, die da aus dem Nebel auftauchen und auf uns zukommen? In den schmutzig weißen Tarnanzügen mit den Kapuzen sehen alle gleich aus. Warum laufen sie so schnell? Und da rollt keine zehn Meter vor mir eine rauchende Eierhandgranate auf mich zu – und ist in der nächsten Sekunde in einer Ackerfurche verschwunden.

Eierhandgranate? Wir Deutschen verwenden doch gar keine Eierhandgranaten?

Die Soldaten kommen in breiter Schützenkette mit der Maschinenpistole im Anschlag im Sturmschritt auf uns zu. Jetzt erkenne ich das kreisrunde Patronenmagazin auf den MPs: Das sind Kalaschnikows.

Das sind nicht unsere Leute.

Das sind Russen.

Ich reiße meine Pistole aus der Tasche und strecke sie dem ersten entgegen. Aber der ist schneller. Noch ehe ich mit dem Daumen den Sicherungsflügel der Pistole umgelegt habe, ist er über mir, schlägt mir hart und gezielt den Lauf seiner Maschinenpistole auf den Unterarm – und stürmt an mir vorbei.

Der ganze Spuk hat nur Sekunden gedauert. Aber es war kein Spuk. Jetzt nicht darüber nachdenken, woher die zwanzig Mann kamen und was das alles zu bedeuten hat. Es ist vorbei.

Rechts von mir nehmen meine drei Jungens den Kopf aus dem Schnee. Schröder hebt die Hand. Alles in Ordnung. Die Funker nehmen ihr Gerät wieder auf und treten auf die Straße.

»Ham wer aber Schwein gehabt«, meint Dietz und nimmt den Karabiner unter den Arm. Wir kümmern uns nicht um die anderen, die da noch an der Straßenböschung liegen, wenden uns nach rechts und marschieren los auf der Straße, die in den Nebel führt. Kein Mensch unterwegs. Nach zwanzig Minuten taucht vor uns die Feuerstellung auf.

Erst als ich beim alten Laas im Unterstand sitze und die Tarnjacke und die verdreckte Hose ausziehe, spüre ich, dass mir der rechte Fuß wehtut. Da fällt mir die verdammte Eierhandgranate wieder ein. Im Stiefel ist ein Loch, und im Fußrücken sitzt ein Splitter. Der Stabsarzt erscheint persönlich und entfernt ihn mit einer Pinzette. Pflaster drauf. Mullbinde. Tetanusspritze. Schon wieder eine, denke ich. Ich habe doch erst vor ein paar Wochen eine gekriegt, damals, als wir in den Feuerüberfall der Stalinorgel geraten sind.

»Geben Sie doch den Stiefel unserem Schuster«, bitte ich den Spieß, der gerade vorbeikommt und erleichtert ist, dass er uns alle heil wiederhat, »er soll einen Flicken draufsetzen.«

»Kommt gar nicht infrage«, bekomme ich zu hören, »Sie können doch nicht mit geflickten Stiefeln rumlaufen, Herr Leutnant. Wir gehen gleich rüber und suchen ein Paar neue raus.«

»Gibt's denn noch neue Stiefel?«, frage ich. »Im fünften Kriegsjahr?«

Kronenmacher ist fast beleidigt.

»Aber selbstverständlich, Herr Leutnant.«

So kam ich im Februar 1945 zu nagelneuen Reitstiefeln aus derbem Rindsleder – so neu, dass sie der Schuster erst noch schwarz einfärben und mit Schuhwichse auf Hochglanz bringen musste.

Ich hab sie viereinhalb Jahre getragen, bis ich im November 1949 endlich aus der Gefangenschaft nach Hause zurückkehrte.

Das schwarzweißrote Band

Der Angriff der Division »Großdeutschland« am 6. März bei Konradswalde, der die eingebeulte deutsche Front wieder begradigen sollte, endete in einem ziemlichen Desaster. Ich saß als VB wieder einmal im Giebel eines zerschossenen Bauernhauses und musste mit ohnmächtigem Zorn mit ansehen, wie der vorbereitende Feuerschlag der Artillerie nach der zwölften Lage wegen Munitionsmangel abgebrochen wurde. Unsere Infanteristen kamen über die weite, deckungslose Schneefläche kaum einen Schritt vorwärts, denn aus dem Gehöft gegenüber schlug ihnen wütendes Abwehrfeuer entgegen. Der Offizier der Waffen- SS mit seinem Ritterkreuz am Hals brüllte durch die Gegend, draußen im Schnee schrie ein Verwundeter:

»Helft mir doch! So helft mir doch!«

Dann traten die Russen zum Gegenangriff an. Wir mussten zurück. Unten auf der Straße empfing mich Kronenmacher mit ernstem Gesicht und der Meldung, der Chef, Hauptmann Vogt, sei verwundet und auf dem Weg zum Hauptverbandsplatz.

»Herr Leutnant«, sagte er, »Sie müssen jetzt die Batterie führen.«

Ich erschrak. Die Batterie führen? Ich, der ich vier Jahre lang als einfacher Soldat nur die Befehle von Vorgesetzten ausgeführt hatte? Eine Einheit mit hundertzwanzig Soldaten, jungen und alten? Und das in der letzten Phase eines so gut wie verlorenen Krieges, wo keiner weiß, ob er den nächsten Tag überlebt?

Aber ich hatte keine Wahl. Und es ging. Einigermaßen wenigstens. Keiner ließ den jungen Leutnant seine Unerfahrenheit spüren.

Alle halfen ihm, wo sie konnten. Trotzdem war ich froh, dass mir nach ein paar Wochen Major Hartmann einen älteren, erfahrenen Offizier aus seinem Stab schickte, um die Führung der Batterie zu übernehmen.

»Ich brauche mal wieder ein paar Unterschriften von Ihnen, Herr Leutnant«, sagte Hauptwachtmeister Kronenmacher gestern am Telefon. »Papierkrieg, Sie wissen ja. Aber solange der Kommandeur noch keinen Nachfolger für unseren Chef geschickt hat, sind Sie halt der einzige Offizier in der Batterie. Ich komme natürlich zu Ihnen raus.«

Nun sitzt er neben mir in meinem Unterstand und nimmt einen Stoß Formulare aus seiner Aktentasche. Die Karbidlampe auf dem Tisch faucht, als ob sie gleich explodieren wollte. Aber sie verbreitet ein helles, tröstliches Licht, anders und besser als die flackernden Flämmchen der Hindenburglichter, die immer so unheimliche Schatten werfen, dass man denkt, man spielt in einem Kriminalfilm. An das Fauchen haben wir uns gewöhnt. Nur ein einziges Mal hat es bei einer Lampe den Bakelitboden rausgehauen. Wahrscheinlich hatten wir zu viel Wasser aufs Karbid gegossen.

»Bitte, Herr Leutnant, hier zu unterschreiben ... und hier auch noch ...« Er drückt mir seinen Füllfederhalter in die Hand.

Er könnte genauso gut sagen: »Junge, unterschreib mal hier!« Würde mich nicht wundern, wo er doch sicher zehn Jahre älter ist als ich und schon Familienvater. Aber er wahrt die Form, in jeder Situation.

»Danke, Herr Leutnant.« Er sammelt die Papiere ein und verstaut sie wieder in seiner Aktentasche.

»Da ist noch etwas, Herr Leutnant.«

Was kommt denn jetzt noch, denke ich. Der Film der letzten Tage rollt vor mir ab: Keine sehr angenehmen Erinnerungen. Irgendetwas schief gelaufen?

»Vorgestern war ja der Kommandeur bei Ihnen«, beginnt der Spieß und stellt seine Aktentasche auf den Fußboden, »vorne im Graben bei der Infanterie.«

»Ja«, sage ich, »stimmt. Und ich habe mich noch bei ihm beschwert, dass ich da vorne nichts sehe, wenn ich nur die Nase über den Grabenrand strecken kann. Früher konnte ich mir meinen Standort so aussuchen, dass ich die beste Sicht hatte. Klar: Als ich mit meinen Funkern da ankam, haben mich die Landser mit Hallo begrüßt als Retter in der Not, aber was kann ich da in dem Loch schon ausrichten. Mal ganz abgesehen davon, dass wir kaum Munition haben.«

»Und was hat er dazu gesagt?«

»Ich solle mich halt als moralisches Rückgrat der Infanterie betrachten. Auf keinen Fall auch nur einen Meter vom genau festgelegten Einsatzort weggehen. ›Sonst reißt Ihnen der General die Schulterstücke runter‹, hat er gesagt. Hat er Ihnen davon erzählt?«

»Nein. Aber sein Adlerauge hat entdeckt, dass Sie noch kein EK haben.«

»Ach so.« Ich bin erleichtert, dass es nichts Schlimmeres ist. »Und?«

»Na ja«, der Hauptwachtmeister macht ein kummervolles Gesicht, »heute Morgen hat er mir am Telefon eine ziemliche Zigarre verpasst. Schlamperei. Unmöglicher Zustand. Ein Offizier seiner Abteilung. Seit einem halben Jahr als VB an der Front im Einsatz. Verwundetenabzeichen in Silber. Sturmabzeichen. Und dann nicht mal das EK zwo. Wieso sich keiner darum gekümmert hätte. Er könne doch nicht überall sein. Na ja, und so weiter.«

Ich zucke mit den Achseln.

»Das kann er Ihnen doch nicht vorwerfen«, sage ich, »das ist doch Sache des Batteriechefs. Der muss die Vorschläge für die Auszeichnungen machen und sie begründen. Nur haben wir dummerweise im Augenblick keinen Chef.«

»Eben. Aber das ist dem Kommandeur egal. Sie kennen ihn ja. Morgen früh, hat er gesagt, will er den Antrag auf dem Tisch haben. Sie müssen mir helfen, Herr Leutnant.«

»Ich? Wieso?«

»Na ja, irgendeine Begründung muss ich doch in den Antrag schreiben, Sie wissen ja: Es muss eine besondere Einzeltat sein, aus eigenem Entschluss und so weiter. Aber ich bin ja nicht da gewesen, wo Sie waren.«

»Ich kann mich doch nicht selber zum EK vorschlagen«, sage ich.

»Sollen Sie auch nicht, Herr Leutnant. Aber irgendetwas wird Ihnen doch einfallen, was ich dem Kommandeur vorlegen kann.«

Seltsame Geschichte. Ich krame in meinem Gedächtnis.

»Vielleicht die Sache vor drei Wochen. Es muss in den ersten Tagen nach unserer Verladeaktion in Bartenstein gewesen sein ...«

»Na sehn Sie«, der Spieß ist ganz erleichtert. »Und was war da?«

Er zieht sein fingerdickes, in Leder gebundenes schwarzes Notizbuch aus der Feldbluse, das berühmte und von allen Rekruten gefürchtete Buch, an dem man, solange es Soldaten gibt, einen Hauptwachtmeister schon von weitem erkennen kann, noch ehe man die zwei Silberstreifen am rechten Rockärmel – die so genannten ›Kolbenringe‹ – entdeckt hat. Das Buch, das immer zwischen dem zweiten und dritten Knopf aus der Feldbluse guckt. Wehe, man landet mit seinem Namen in diesem Notizbuch ...

»Also.« Kronenmacher zückt seinen Bleistift.

Ich berichte ihm, dass ich damals aus eigenem Entschluss die Feuerleitung einer Schweren Haubitzbatterie übernommen hätte – eigentlich, weil ich nicht länger mit ansehen konnte, wie der offensichtlich noch wenig erfahrene B-Unteroffizier seine kostbaren 15-cm-Granaten wahllos in die Gegend setzte. Davon, dass ich ein paar Stunden später viel mehr Mut brauchte, um aus eigenem Entschluss den Befehl zur Räumung der Stellung zu geben, sage ich nichts. Gehört ja auch nicht hierher.

»Aber wann das genau war, weiß ich nicht mehr.«

»Das kann ich nachgucken.« Kronenmacher macht eine Notiz in sein Buch. »War Feindeinwirkung dabei? Sie wissen ja: ›unter Feindeinwirkung‹ gehört dazu.«

»Schon«, sage ich, »Artillerieeinschläge ringsrum und Granatwerferfeuer. Aber wir hatten ja ausnahmsweise an dem Tag eine Betondecke überm Kopf.« Den letzten Satz überhört er.

»Danke, Herr Leutnant.« Er klappt sein dickes Buch zu und schiebt es wieder zwischen die zwei Knöpfe seiner Feldbluse.

Ein paar Tage später erscheint er mit dem kleinen schwarzen Etui und überreicht mir das »Eiserne Kreuz zweiter Klasse«, wie die offizielle Bezeichnung für die Tapferkeitsauszeichnung lautet, die im Landserjargon eben »das EK zwo« heißt:

das kleine schwarze Eisenkreuz mit dem silbernen Rand, der Jahreszahl »1939« und natürlich dem Hakenkreuz in der Mitte. Dazu das schwarzweißrote Band.

»Herr Major Hartmann bedauert, es Ihnen nicht selbst überreichen zu können. Er ist auf dem Weg zum General. Kommandeursbesprechung.«

Mir schon recht, denke ich. So brauche ich wenigstens nicht den ziemlich weiten Weg zum Gefechtsstand zu machen, Stahlhelm auf und umgeschnallt, wie es Vorschrift ist.

Kronenmacher zieht das Band mit dem Kreuz durch das zweite Knopfloch meines Waffenrocks.

»Herzlichen Glückwunsch, Herr Leutnant.«

Das EK zwo wurde nur am Tage der Verleihung getragen, danach fungierte das Band, das schräg im Knopfloch der Feldbluse befestigt war, als Zeichen dafür, dass man es hatte. Ich steckte das kleine schwarze Kreuz in meine Brieftasche zu den paar Fotos von daheim und zu den wenigen Briefen, die ich immer mit mir herumtrug. Irgendwann, als das Ende schon absehbar war, habe ich es mit einem Brief in einem winzigen Päckchen nach Hause geschickt.

Das heißt: Ich habe das Päckchen, mit Anschrift und Feldpostmarke versehen, der Schreibstube übergeben, und die hat es weitergeleitet wie die Karten und Briefe, die wir nach Hause schrieben. Keiner hat darüber nachgedacht, dass die Landverbindung zum Reich längst verloren gegangen war, dass es keine Transportflugzeuge mehr gab und dass die Schiffe, die von Pillau aus auf die gefährliche Reise durch die Ostsee gingen, bis zum letzten Winkel mit Verwundeten und Flüchtlingen beladen waren. Für Säcke mit Feldpost war da kein Platz mehr. Für uns aber war die Feldpost eine Institution, die viele Kriegsjahre hindurch auch unter den schwierigsten Bedingungen reibungslos funktioniert hatte. Wie hätten wir Soldaten draußen und unsere Familien zu Hause anders die Trennung aushalten können, wo wir doch oft ein Jahr lang warten mussten, bis wir endlich wieder mit Urlaub an der Reihe waren?

Nicht vorzustellen, dass es auch mit der Feldpost irgendwann einmal zu Ende sein würde. Ich wusste ja nicht, dass inzwischen auch in meiner Heimatstadt keine Feldpost mehr funktionierte, weil Neuwied längst von den Amerikanern besetzt war.

Irgendwo in einem ostpreußischen Straßengraben, so stelle ich mir vor, liegt mein Päckchen mit dem kleinen schwarzen Kreuz und dem letzten Brief an meine Eltern …

Die Geschichte des schwarzweißroten Bands indessen ist noch nicht zu Ende.

Gleich zu Beginn unserer Kriegsgefangenschaft haben wir nicht nur die Schulterstücke von unseren Uniformröcken entfernt. Viele haben auch ihre Orden und Ehrenzeichen weggeworfen: das EK eins, das ja als Kreuz an der linken Seite des Waffenrocks getragen wurde, die Sturm- und Verwundetenabzeichen und besonders das Deutsche Kreuz in Gold mit dem überdimensionalen Hakenkreuz in der Mitte, weil die Träger befürchteten, bei den russischen Soldaten in den Verdacht zu geraten, besonders schlimme Nazis zu sein, was natürlich Unsinn war.

Auch ich habe mein EK-Band abgetrennt und in die Tasche gesteckt.

Als wir ein paar Wochen später nach Jelabuga in unser erstes Gefangenenlager kamen – ein reines Offizierslager –, trafen wir dort die Überlebenden der Katastrophe von Stalingrad, von denen ein großer Teil dem BDO angehörte, dem »Bund Deutscher Offiziere«, einer Organisation des antifaschistischen »Nationalkomitee Freies Deutschland«.

Das »Nationalkomitee« verwendete in seiner Propaganda die Farben der alten deutschen Fahne, schwarzweißrot, und die Mitglieder des BDO nähten sich ein Stückchen des EK-Bändchens als Abzeichen an die linke Seite ihres Waffenrocks. Mit der Zeit – immerhin lag Stalingrad schon drei Jahre zurück – bekamen diese Bänder Seltenheitswert. Erst wir Gefangenen vom Ende des Krieges brachten wieder welche mit. Die waren bald sehr begehrt und wurden hoch gehandelt, es sei denn, sie wurden von den Besitzern selbst gebraucht, wenn sie früher oder später aus den verschiedensten Gründen dem BDO beitraten. Ich selbst habe mich während der ganzen Zeit meiner Gefangenschaft nie aktiv in der antifaschistischen politischen Arbeit engagiert. Zum einen bin ich im Grunde ein unpolitischer Mensch, zum anderen war für mich am 9. April 1945 ein Weltbild zusammengebrochen, in dem ich nicht nur groß geworden war, sondern dem ich auch fünf Jahre meines Lebens geopfert hatte. Der Schock, erkennen zu müssen, dass ich einem verbrecherischen Regime gedient hatte, saß tief, und ich brauchte einige Zeit, um ihn zu verarbeiten. Nun aber auf die marxistischleninistische Doktrin umzuschwenken, dazu konnte ich mich nicht durchringen, zumal ich sehr bald die praktischen Auswirkungen des kommunistischen Systems zu spüren bekam.

An einem heißen Tag im August 1945, als im Lager Jelabuga jeden Morgen ein Kommando ausrückte, um draußen Brennnesseln für die Mittagssuppe zu sammeln, habe ich mein schwarzweißrotes Band an einen mir unbekannten Hauptmann und BDO-Anwärter für zweihundert Gramm Schwarzbrot weggegeben.

Die Festung Königsberg

Anfang März 1945 war von der ganzen deutschen Front im Osten wenig übrig geblieben. Ostpreußen war verloren gegangen, Pommern auch. Lediglich das Gebiet um Danzig wurde noch von deutschen Truppen gehalten, dazu die Kurische Nehrung, die Stadt Königsberg, die man zur »Festung« erklärt hatte, und der westliche Teil des Samlandes. Nur im Kessel von Heiligenbeil kämpften die Reste der 4. Armee noch gegen einen übermächtigen Feind. 450 000 Zivilisten waren bis Ende Februar über das Eis des Frischen Haffs auf die Nehrung und nach Pillau geflohen, um mit dem Schiff nach Restdeutschland zu kommen. Dann wurde das Eis brüchig.

Zu dieser Zeit lag meine Batterie unweit von Brandenburg im Nordosten des Heiligenbeiler Kessels.

Am 13. März beginnt der russische Generalangriff. Vier Tage später muss Brandenburg geräumt werden, am 29. März verlassen die wenigen übriggebliebenen Soldaten der zerschlagenen 4. Armee auf dem letzten Kahn den Heiligenbeiler Kessel. Der Kampf ist zu Ende.

Welch ein Glück, dass ich vor einem halben Jahr gerade in dieser Abteilung gelandet bin. Major Hartmann, mein Abteilungskommandeur – den ich nur selten zu Gesicht kriege –, muss ein blendender Soldat sein. Schon das »Deutsche Kreuz in Gold«, das er an der rechten Seite seines Waffenrocks trägt, ist eine Auszeichnung, die nur jemandem verliehen wird, der sich durch seine Tapferkeit siebenmal hintereinander das EK I verdient hat. Aber er hat offenbar auch eine besondere Begabung, die richtigen Entschlüsse zum richtigen Zeitpunkt zu treffen. Wie anders hätte er die drei Batterien seiner Abteilung durch das Chaos des deutschen Rückzuges im letzten Sommer bringen können. Auch diesen Winter in Ostpreußen haben wir ohne Verluste überstanden. Wir haben kein Stück unserer Ausrüstung verloren und keines unserer Geschütze im letzten Augenblick sprengen müssen. Und wir haben keinen Soldaten meiner Batterie in einem hastig ausgehobenen Soldatengrab zurücklassen müssen.

Manchmal kommt es mir vor, als habe der Major einen Pakt mit dem Himmel geschlossen, so viel Glück haben wir gehabt.

Jetzt aber, da unsere Haubitzen ihre letzten Granaten verschossen haben, müssen wir damit rechnen, dass uns der General als Infanteristen in das letzte Gefecht wirft. Wer von uns wird das Ende überleben?

Und wieder geschieht ein Wunder: Am Abend vor dem russischen Generalangriff erreicht uns der Befehl, noch in der Nacht mit der gesamten Batterie in die Festung Königsberg zu wechseln. Eine letzte Galgenfrist? Wer weiß. Aber erst mal gerettet.

Wir binden den Pferden Lumpen um die Hufe und Stroh um die Räder der Geschütze und Fahrzeuge, um jeden Lärm zu vermeiden. Denn die einzige noch offene Straße führt unmittelbar am Ufer des Frischen Haffs entlang, und der Russe ist auf der rechten Seite nur zweihundert Meter weit weg. Wir richten uns im Westen der Stadt, im »Nassen Garten«, ein. Zwei Wochen später wechseln wir an den Ostrand der »Festung« in den Frontabschnitt der 367. Infanteriedivision, zu der wir ja eigentlich gehören.

1 | Blick auf das zerbombte und zerschossene Königsberg – drei Tage vor der Kapitulation der »Festung«. Links die Häuserfassaden des Paradeplatzes, wo der Bunker des Kommandanten General Lasch lag.

Ich selbst gehe mit zwei Funkern als VB zur 561. Volksgrenadierdivision. Auf meinem ersten Erkundungsgang durch den weiten, tiefen Festungsgraben bei der Mühle Lauth, in dem kniehoch das Gras wuchert, treffe ich auf eine Gruppe von alten Volkssturmmännern mit gelben Binden am linken Ärmel. Sie vertreiben sich die Zeit, indem sie mit den Karabinern, die man ihnen in die Hand gedrückt hat, auf eine Bierflasche schießen, die sie in fünfzig Meter Entfernung auf einen brusthohen Holzpfahl gesteckt haben. Was ich hier noch soll, weiß ich nicht. Aber Befehl ist Befehl. Nach ein paar Tagen wechsele ich in das Fort Stein. Ruhe vor dem Sturm.

Hier erreicht mich am Abend des 8. April über Funk –

Telefonleitungen gibt es nicht mehr – der letzte Befehl des Festungskommandanten, General Lasch:

»Der Divisionsstab der 61. Infanteriedivision (General Sperl) mit allen an der Ostfront entbehrlichen Bataillonen, Teile der 548. Volksgrenadierdivision, Teile der Artillerie der 367. Infanteriedivision und die Masse der Festungsartillerie mit der noch verfügbaren Munition machen einen Ausbruchsversuch nach Westen. Bereitstellungsraum ist der Westrand des Botanischen Gartens. Beginn des Durchbruchs 23.00 Uhr. Die Partei sammelt die Zivilbevölkerung um Mitternacht an der Ausfallstraße und führt sie durch den erkämpften Korridor nach Westen.«

Gleich darauf folgt der Funkspruch von der Abteilung: »Alle verfügbaren Teile der Batterie sofort in Marsch setzen. Meldung bei Major Hartmann im Bereitschaftsraum.«

Also los. Ich bin der einzige Offizier, meinen Batterieführer habe ich schon seit zwei Tagen nicht mehr gesehen. Um mich herum dreißig Mann von meinem Haufen.

Gepäck nehmen wir nicht mit. Nur Stahlhelm, Sturmgepäck, Handwaffen. Karabiner, Maschinenpistole, Sturmgewehr. So viel Munition wie möglich.

Um halb neun marschieren wir los. Ausbruch nach Westen? Also müssen wir erst mal durch die ganze Stadt. Aber es ist Nacht. Nur der Himmel ist rot von den brennenden Häusern. Dazwischen die Lichtblitze der explodierenden Granaten, die Bahnen der Leuchtspurgeschosse. Es gibt keine Straßen mehr. Nur Löcher, Schutthaufen, Granattrichter, umgeknickte Straßenlaternen, verknäulte und verschmorte Oberleitungen. Schon im August des letzten Jahres – so haben wir erst jetzt erfahren – gab es zwei schwere Luftangriffe englischer und amerikanischer Bomber, die fast die ganze Innenstadt in Schutt und Asche gelegt haben. Den Rest besorgt in diesen Wochen die russische Artillerie.

Die Zeit drängt. Wie weit mag es noch sein bis zu diesem verdammten Botanischen Garten? Ich habe keinen Stadtplan. Er würde auch gar nichts nützen. Das Artilleriefeuer hört nicht auf. Immer wieder müssen wir uns auf den Boden schmeißen, wenn eine Granate über uns wegrauscht oder vor uns detoniert.

»Zusammenbleiben!«, brülle ich. »Bleibt um Gottes willen zusammen, Jungs!«

Ich blicke im schwachen Schein der Taschenlampe auf meine Uhr. Schon nach zehn. Das wird eng. Hoffentlich stimmt wenigstens unsere Marschrichtung. Botanischer Garten. Wie groß ist der? Wie finden wir da den Kommandeur?

Inzwischen sind wir anscheinend in der westlichen Vorstadt angekommen. Die Zerstörungen sind nicht ganz so massiv wie im Zentrum. Stellenweise gibt es noch eine intakte Straßendecke.

Dann stoßen wir auf andere Soldaten, die in die gleiche Richtung marschieren, dazwischen voll besetzte LKWs, ohne Licht. Und auf die ersten Zivilisten: Männer, Frauen, alte, junge. Mit Taschen und Koffern, Rucksäcken und voll beladenen Leiterwägelchen. Was wollen die hier? Um diese Zeit? Die sollen doch erst um Mitternacht kommen? Woher wissen die überhaupt von dem Unternehmen?

»Ham wer jehört«, sagen sie.

Und es werden immer mehr. Alle klammern sich an diese letzte Hoffnung: Raus hier, nur raus aus diesem Königsberg.

Wohin eigentlich? Nach Westen. Und was heißt das? Die Stadt ist doch von russischen Truppen eingeschlossen. Gibt es jenseits dieses Einschließungsrings überhaupt noch deutsche Verbände? Die Landverbindung von Königsberg nach Pillau war doch unterbrochen, der Russe saß doch schon am Frischen Haff. Gerade dass die deutschen Truppen noch den westlichen Teil des Samlandes halten konnten. Allerdings, das hab ich gehört: Im März haben die Deutschen diese Landverbindung wiederhergestellt. Nur: Wie schmal ist dieser Schlauch am Nordufer des Frischen Haffs? Jedenfalls muss es ihn noch geben, sonst wäre dieser Ausbruchsversuch jetzt völlig sinnlos. Aber wie stark ist inzwischen der russische Einschließungsring? Wie viele Kilometer müssen wir uns heute Nacht durchkämpfen, bis wir wieder auf eine deutsche Truppe stoßen? Und wenn wir Soldaten wirklich durchkommen sollten: Was passiert hinter uns? Da macht der Russe doch sofort wieder zu. Da denkst du doch gleich an den Zug des Volkes Israel durchs Rote Meer: Hinter dem letzten Mann schlossen sich wieder die Wogen. Was steht im Befehl? »Die Partei führt die Bevölkerung durch den erkämpften Korridor nach Westen.« Wie stellt sich die Führung einen »erkämpften Korridor« vor? Soll da alle zehn Meter ein deutscher Soldat stehen und mit seinem Karabiner die Russen abwehren, damit zwanzigtausend Zivilisten mit Sack und Pack ungeschoren aus der Stadt rauskommen? Das ist doch hirnverbrannt. Ein einziges russisches Maschinengewehr im ersten Stock eines Hauses am Straßenrand würde dem ganzen Spuk ein Ende bereiten.

Aber Befehl ist Befehl.

Jetzt ist es schon halb zwölf. Wir kommen nur langsam vorwärts. Eine endlose Karawane bewegt sich nach Westen. Es ist stockdunkel. Allmählich wächst die Angst, der Russe könnte von der Aktion Wind bekommen und mit seiner Artillerie dazwischenfunken. Die ersten LKWs halten an, um sich nicht durch Motorengeräusch zu verraten, und blockieren die Ausfallstraße. Es wird geflüstert. Nur keinen Krach machen. Eine Viertelstunde lang bewegt sich niemand von der Stelle. Die Zeit verrinnt. Kein Licht machen. Kein Feuerzeug anknipsen. Keine Zigarette. Einer hält sich am anderen fest, um ihn in der Dunkelheit nicht zu verlieren.

Es ist schon gegen eins, als wir endlich in eine Art Parkgelände kommen. Ist das der Botanische Garten? Sind eigentlich nur noch Baumstümpfe. Hier den Kommandeur finden? Vielleicht ist er gar nicht mehr hier? Um 23 Uhr sollte Angriffsbeginn sein. Jetzt ist es sicher schon halb zwei. Das Bewusstsein für Zeit schwindet.

Dann stehen wir mitten zwischen Grabkreuzen. Ein Friedhof.

In diesem Moment geht vor uns der Feuerzauber los. Leuchtraketen. Zwischen den kahlen Baumstämmen erkenne ich zwei oder drei Mietshäuser, hintereinander gestaffelt. Sie stehen offenbar an der linken Seite der Ausfallstraße, jedes vier oder fünf Stockwerke hoch. Keine hundertfünfzig Meter vor uns. Da blitzt es aus den schwarzen Fensterhöhlen. Eine wilde Schießerei setzt ein: Der Russe ist aufgewacht und setzt sich zur Wehr. Aus ist es mit der Überraschung. Bald rumst die erste Stalinorgel, dann rauschen die ersten Granaten heran.

Das Ganze dauert nur eine Viertelstunde, dann wird es bis auf vereinzeltes Gewehrfeuer ziemlich schnell ruhig.

Aus. Festgefahren. Da kommt keiner durch. Kein General, kein Major Hartmann mit EK I und Deutschem

Kreuz in Gold, kein noch so tapferer und draufgängerischer Infanterist.

Aus.

Wir stehen noch lange zwischen den Grabsteinen. Es dauert ewig, bis nach hinten durchdringt, dass der Durchbruchsversuch gescheitert ist, dass nichts übrig bleibt, als in die Stadt zurückzukehren. Und es dauert lange, bis sich die zuletzt Gekommenen endlich entschließen umzudrehen. Nur ganz langsam setzt sich die endlose graue Schlange verzweifelter Menschen wieder in Bewegung. Der letzte Funke Hoffnung ist erloschen.

Eine fahle Morgendämmerung breitet sich am roten Nachthimmel über der Stadt aus, zwischen den Gräbern des Friedhofs steigen weiße Nebelschwaden empor.

»Un wat jetz?«

Neben mir steht ein schmaler Soldat. Beim genauen Hinsehen erkenne ich die silbernen Schulterstücke mit der gelben Paspelierung. Ein Offizierskamerad. Leutnant von der Nachrichtenabteilung. Auch ein Rheinländer, denke ich. Er ist ganz verstört.

»Ja«, sage ich, »wat jetz. Zurück in die Stadt.«

»Un wohin da?«

»Sehen, dass mer unsern Haufen wieder finden.«

»Find ich nich wieder.«

»Sind Sie denn ganz allein hier?«, frage ich.

»Ja.« Und nach einer Pause: »Soll'n mer uns nit hier verstecken?«

Ich denke, ich höre nicht recht.

»Verstecken? Wo?«

»Hier auf'm Friedhof, zwischen die Gräber.«

»Sind Sie verrückt?«, sage ich. »Wo wollen Sie sich hier verstecken? Und für wie lange? Meinen Sie, der Russe findet Sie nicht?«

Armer Hund, denke ich. Allein ist man verloren. Wie gut, dass meine Gruppe noch bei mir ist.

Da taucht aus dem Nebeldunst ein hünenhafter Mann auf mit einem MG über der Schulter, ein paar Soldaten hinter sich, und kommt direkt auf mich zu.

Der alte Laas.

»Das gibt's doch nicht!« Ich muss an mich halten, dass ich ihm nicht um den Hals falle. »Menschenskind, Laas! Wo kommen Sie denn her?«

»Na, woher schon, Herr Leutnant. Von dahinten.« Er deutet mit dem Daumen über die Schulter auf die brennenden Häuser.

»Und?«

»War nix zu machen. Wir waren noch keine fünfzig Meter auf der Straße vorangekommen, da ist der Russe aufgewacht. Ballerte aus allen Fenstern. Vorbei mit der Überraschung. Ich immer mit dem MG in die Fenster rein, und die Jungs mit der Maschinenpistole. Aber keine Chance, da durchzukommen.«

»Keiner verwundet oder ...?«

»Nö. Dusel gehabt. Sind alle wieder da.«

Ich bin wie erlöst und so glücklich, als hätte ich Geburtstag. Für einen Augenblick vergesse ich unsere Situation und die Gräber im Morgennebel um uns herum. Wir zünden uns eine Zigarette an.

»Und der Kommandeur?«, frage ich.

»War anfangs bei uns. Wir waren ja nur dreißig Mann. Dann hab ich ihn nich mehr gesehn. Weiß nich, wo er abgeblieben is.«

Dann machen wir uns auf den Weg zurück in die Stadt. Wieder durch Trümmer, zwischen brennenden Häusern hindurch, quer durch Granattrichter und über verschmorte und stinkende Kabel. Müde und gleichgültig. Und am Ende finden wir wirklich unseren Haufen wieder, ich weiß auch nicht, wie.

Der Kampf ist zu Ende

»Einsatzgruppe 6. Batterie – stillgestanden! – Richt euch!«

Die Soldaten des kleinen Haufens, der hier im Hof zwischen den Hausruinen angetreten ist, nehmen die Hacken zusammen und werfen den Kopf nach rechts. Oberwachtmeister Laas, der die Leute hierher geführt hat und nun zehn Schritte vor der Front steht, schaut hinüber zu dem Unteroffizier am linken Flügel. Der macht einen Schritt nach rechts, linksum, visiert an der vorderen Reihe entlang, tritt zurück ins Glied und führt die rechte Hand an den Stahlhelm. Der Oberwachtmeister dankt.

»Augen geradeee – aus! – Zur Meldung die Augen – links!«

Er macht eine Kehrtwendung und kommt drei Schritte auf mich zu: der große Mann mit dem schon ein wenig gebeugten Rücken, obwohl er sicher erst Anfang oder Mitte dreißig ist. Zu Hause hat er einen Hof in der Magdeburger Börde. Ein Fels in der Brandung, durch nichts zu erschüttern und begabt mit der Stentorstimme, die ein Batterieoffizier eben haben muss, damit seine Feuerbefehle trotz des Gefechtslärms noch am letzten Geschütz verstanden werden.

Drei Schritte vor mir bleibt er stehen, legt die Hand an den Stahlhelm:

»Melde gehorsamst, Herr Leutnant: Einsatzgruppe der 6. Batterie mit drei Unteroffizieren und einundzwanzig Mann wie befohlen angetreten!«

»Danke, Laas!« Ich gebe ihm die Hand, dann wende ich mich der Gruppe zu:

»Heil Hitler, Soldaten!«

»Heil Hitler, Herr Leutnant!«

»Die Augen gerade – aus! – Rührt euch!«

Uraltes Reglement, unzählige Mal abgespult, es funktioniert ohne Nachdenken, in jeder Situation, auch noch im fünften Kriegsjahr. Auch auf diesem düsteren Hinterhof irgendwo in dieser eingeschlossenen Stadt Königsberg, die man zur Festung erklärt hat.

Die Häuserwände um uns herum sind rußgeschwärzt, die Fenster bis hinauf ins vierte Stockwerk nur noch leere Höhlen mit verkohlten Balken. Irgendwo, gar nicht so weit weg, knallen Gewehrschüsse. Ab und zu dröhnt eine einschlagende Granate, in der Ferne grummelt Artilleriefeuer. Brandgeruch. Über den bleigrauen Himmel ziehen dunkle Rauchschwaden.

April 1945.

Was für ein Datum haben wir? Den Achten? Nein, das war gestern. Also den Neunten. Ist auch egal.

Ich gehe einmal die Front der kleinen Gruppe ab, der Oberwachtmeister einen Schritt links hinter mir, und tue so, als ob ich Uniform, Waffen, Munition und Ausrüstung prüfte: Stahlhelm, Karabiner, Sturmgewehr, die Unteroffiziere Maschinenpistole. Wolldecke, Zeltbahn und Kochgeschirr zum Sturmgepäck geschnürt auf dem Rücken. Brotbeutel. Gasmaske. Wie lange schleppen wir schon dieses Scheißding mit uns herum? Nie gebraucht. Gott sei Dank.

»Marschverpflegung?«, frage ich, nur um etwas zu sagen.

»Ist verteilt, Herr Leutnant.«

Die Gesichter der Soldaten: blass, müde, ohne Bewegung. Sie kennen mich inzwischen natürlich alle, seit ich vor mehr als einem halben Jahr – so lange ist das nun schon wieder her? – zur Batterie kam. Aber ich kenne einige von ihnen immer noch nicht. Am rechten Flügel der Gruppe steht der kleine Föckesberger. Jahrgang 27. Einer der Jüngsten. Ist er schon achtzehn? Das EK-Band im Knopfloch ist noch ganz neu. Einer der vier oder fünf, die mit mir während des ganzen Rückzuges zusammen waren.

»Na, Föckesberger«, sage ich, als ich bei ihm angekommen bin, und versuche einen lockeren Landserton, »ham Sie auch ein Stück Wurst für mich dabei?« Sein Jungengesicht hellt sich etwas auf.

»Klar, Herr Leutnant.«

Dann wird es wieder Ernst. Ich stehe fünf Schritte vor der Gruppe:

»Kameraden, im Nordosten der Stadt ist die Verbindung zwischen zwei Bataillonen unterbrochen. Wir haben den Auftrag, die entstandene Frontlücke zu schließen und die Verbindung wiederherzustellen. Ich melde mich jetzt beim Regimentskommandeur ab. In einer Viertelstunde ist Abmarsch.«

Der Gefechtsstand des Artillerieregiments ist in einem Keller der Hausruine hinter meinem Rücken untergebracht. Ich mache kehrt und gehe allein auf die nach unten führenden Treppenstufen und die dahinter liegende Tür zu, von der man nur die obere, verglaste Hälfte sieht. Es sind nur ein paar Meter da hinüber, aber sie kommen mir wie eine Ewigkeit vor. Bisher ist ja alles gut gegangen, und Glück hab ich auch gehabt. Aber in diesen Augenblicken, auf diesen paar Metern bis zur Kellertreppe läuft ein ganz anderer, ein ganz neuer Film in meinem Kopf ab. Wie soll ich diesen Auftrag erfüllen? Wo ist in dieser zerschossenen und brennenden Stadt noch eine »Vordere Linie«? Schon in den letzten Wochen bestand die Hauptkampflinie doch nur aus einem Schützenloch alle dreißig oder fünfzig Meter mit jeweils drei oder vier Mann, irgendwo dazwischen vielleicht noch ein MG-Nest oder ein Unterstand. Und hier in der Stadt? Ist der Russe noch hundert Meter weit weg, oder hockt er schon im Keller der nächsten Hausruine? Wie weit muss ich oder wie weit kann ich noch mit der Gruppe marschieren? In welche Richtung? Es gibt doch keine Orientierungspunkte mehr in dem zerschossenen Gelände. Wo finde ich einen Kompaniechef, der mich einweist? Der Kommandeur hier im Keller wird mit den Schultern zucken, wenn ich ihn frage. In der Lagekarte auf seinem Tisch wird keine Hauptkampflinie eingetragen sein, denn es gibt keine mehr.

Aber die Jungs hier auf dem Hof erwarten einen Befehl. Ich soll ihnen sagen, wo's langgeht. »Besser eine falsche Entscheidung als gar keine« ist militärischer Grundsatz. Und wenn ich morgen früh durch eine falsche Entscheidung ohne den alten Laas, der fünf Kriegsjahre glücklich überstanden hat, hierher zurückkomme, oder ohne den kleinen Föckesberger, dessen Leben noch gar nicht richtig angefangen hat? Ich weiß nicht einmal, ob mich der Kommandeur nur für heute Nacht da hinschickt. Vielleicht sollen wir diese Frontlücke bis zum Schluss ausfüllen. Dieser Schluss wird eine Katastrophe. Und wir mittendrin, ein kleiner verlorener Haufen. Noch nicht einmal der Zusammenhalt mit der eigenen Batterie wird uns bleiben, die Gemeinschaft der Kameraden, in der wir uns doch geborgen fühlen. Kein Hahn wird nach uns krähen, denn keiner da vorne im Niemandsland weiß, wer wir sind und wo wir herkommen.

Und wenn es nicht zum »letzten Gefecht« kommt? »Hände hoch« und »Waffen wegwerfen«? Eine düstere Alternative. Immer verdrängt. Nie darüber gesprochen. Aber mehr als alles andere gefürchtet. Das riesige schwarze Loch. Das Schreckenswort: Gefangenschaft in Russland. Weiß jemand, was passiert ist mit den hunderttausend deutschen Soldaten, die vor zwei Jahren nach der Kapitulation von Stalingrad in die Gefangenschaft gingen? Und wie viele Soldaten sind im letzten Sommer in Gefangenschaft geraten, als die russischen Armeen die deutsche Front in wenigen Wochen bis an die Grenze von Ostpreußen zurückwarfen? Es müssen Hunderttausende gewesen sein. Der Wehrmachtbericht meldete nur »hohe Verluste«. Warum soll es deutschen Soldaten anders ergehen als den Millionen russischen, die wir beim Vormarsch unserer Armeen 1941 zu Gefangenen gemacht haben? Plötzlich stehen wieder die Bilder der »Wochenschau« von damals vor mir: die Massen von ausgezehrten, bärtigen, zerlumpten Gestalten in riesigen Kolonnen bis zum Horizont, mit schleppendem Gang, oft barfuß, oder apathisch auf der blanken Erde liegend. Selbst wenn wir sie nicht als Menschen zweiter Klasse behandelt hätten – und in der deutschen Propaganda waren sie nicht einmal das –, wo hätten wir so schnell für solche Massen zu essen und zu trinken hernehmen sollen? So sind sie verhungert. Und die, die es überlebt haben, drehen – wahrscheinlich unter miserablen Bedingungen – Granaten in unseren Rüstungsfabriken.

Wird die Sowjetunion jetzt nicht den Spieß umdrehen und uns, wenn wir dieses Chaos überleben, als Arbeitssklaven auf ewig in die Bergwerke nach Sibirien schicken? Wer will die Russen, die noch nicht einmal die Genfer Konvention unterschrieben haben, zwingen, die Kriegsgefangenen herauszugeben, wenn wir diesen Krieg verlieren? Und seit wir nicht mehr an die »Wunderwaffen« glauben, die uns der Führer versprochen hat, ist jedem von uns klar, dass wir den Krieg verlieren.

Langsam dämmert es uns, was das heißt. »Vae victis«, sagten die Römer. »Wehe den Besiegten.«

Dann doch lieber ein Ende mit Schrecken? Sind dieser Einsatzbefehl und diese Nacht da draußen ein Wink des Schicksals? Ein letztes Gefecht? Vielleicht sogar herbeigesehnt? Aufrecht stehend auf der Brüstung des zerschossenen Laufgrabens? Tod fürs Vaterland?

»... und fahr'n wir ohne Wiederkehr, rauscht uns im Herbst ein Amen.«

So endet doch das Lied von den Wildgänsen, das ich letztens noch mit den Soldaten meiner Batterie gesungen habe ...

Ich bin an der Kellertreppe angekommen. Der Film in meinem Kopf reißt ab. Ich gehe die Stufen hinab und drücke auf die Türklinke. Ein düsterer Raum mit niedriger Decke, wie Keller eben so sind. In der Wand links neben mir und in der linken Seitenwand zwei kleine Fenster, durch die das letzte Tageslicht fällt. Erst allmählich kann ich Einzelheiten unterscheiden. Die hellen Punkte der Hindenburglichter. Eins links in der Ecke auf einem Funkgerät mit ausgefahrener Antenne, davor die Silhouette von zwei Funkern, die mit einer Taschenlampe hantieren. Vor mir in der Mitte des Raumes ein Tisch mit vier oder fünf Lichtern. Eine Landkarte, ein paar Papiere. Durch die offene Kellertür hinter mir fegt der Wind in den Raum. Die flackernden Lichter huschen über die Gesichter der drei Offiziere, die hinter dem Tisch sitzen, und lassen für einen Moment die Brillengläser des mittleren aufblitzen und das Silber der Kragenspiegel und Schulterstücke, dann versinkt wieder alles im bläulichen Zigarettenrauch. Jetzt erst, nachdem sich meine Augen an die Dunkelheit gewöhnt haben, sehe ich, dass noch ein paar Leute im Raum sind. Sie sitzen auf Stühlen oder hocken auf dem Boden an der Wand und starren vor sich hin. Es ist totenstill. Das Knattern des Gewehrfeuers und die Schläge der explodierenden Granaten dringen nicht bis hier herein. Das Summen und Ticken des Funkgeräts ist das einzige Geräusch.

Ich gehe auf den mittleren der drei Offiziere zu. Das muss der neue Regimentskommandeur sein. Dabei sehe ich noch immer den alten vor mir, den hoch gewachsenen Mann mit den scharfen Gesichtszügen, Typ des altgedienten Berufsoffiziers, der im letzten Herbst urplötzlich auf meiner ersten VB-Stelle erschien und mich anfuhr: »Leutnant, wo bleibt Ihre Meldung?« Seitdem hab ich ihn nie mehr zu Gesicht bekommen.

Der hier vor mir sitzt, ist das genaue Gegenteil: ein eher rundlicher Mann mit einem vollen, gütigen Gesicht und dicker Brille. Er macht nicht den Eindruck, als könne er ein ganzes Artillerieregiment durch eine brenzlige Situation führen. Sein Name passt nahtlos: Lämmle. Oberst Lämmle.

Ich mache meine Meldung.

»Danke, Leutnant.« Er steht auf, gibt mir die Hand. Und dann:

»Wir erwarten eine Meldung des Generals. Kapitulation der Festung Königsberg. Lassen Sie Ihre Leute vorläufig wegtreten und kommen Sie wieder hierher.« Ich sehe ihn ungläubig an. Hat er »Kapitulation« gesagt? Einen Augenblick lang ist mir, als habe mir jemand die letzte Waffe aus der Hand geschlagen. Nun ist der Weg in die Gefangenschaft wohl nicht mehr zu vermeiden.

Die Männer draußen auf dem Hof zeigen keine Reaktion. So teilnahmslos, wie sie da in Reih und Glied standen, gehen sie auseinander. Und ich sitze gleich darauf neben den anderen hier im Keller auf dem Fußboden mit dem Rücken zur Wand und starre in die flackernden Flämmchen der Hindenburglichter. Eine Weile bin ich wie betäubt und kann gar nichts mehr denken. Nur langsam kehrt das Bewusstsein zurück, tauchen die Fragen ohne Antwort wieder auf, erinnere ich mich wieder an die letzten Tage und Stunden.

Einer der drei Herren, die da am Tisch in der Mitte des Kellers sitzen, steht auf und ersetzt ein heruntergebranntes Hindenburglicht durch ein neues. Der Adjutant? Keine Ahnung. Dies ist ja nicht der Gefechtsstand meiner Abteilung. Selbst wenn Major Hartmann das Desaster der letzten Nacht überlebt hat: Hierher wird er nicht kommen. Dies hier ist der Regimentsgefechtsstand, also die nächsthöhere Etage. Da kenne ich keinen Menschen. Beruhigend, dass draußen der alte Laas mit zwanzig Leuten meiner Batterie wartet.

Noch eine Zigarette.

Das Funkgerät in der Kellerecke summt. Der Unteroffizier schreibt etwas auf einen Zettel, steht auf, kommt an den Tisch, nimmt Haltung an und gibt dem mittleren der drei Herren das Papier.

»Bitte, Herr Oberst.«

Der überfliegt den Zettel und steht auf. Die andern im Keller erwachen aus ihrer Lethargie.

»Meine Herren, Funkspruch von General Lasch an das Führerhauptquartier: ›Beendigung des Kampfes in Königsberg. Munition verschossen. Verpflegungslager ausgebrannt.‹ Meine Herren, das ist die Kapitulation. Der Kampf ist zu Ende.«

Er nimmt die Mütze mit der Silberkordel, geht um den Tisch herum, öffnet die Kellertür und geht als Erster die Stufen der Kellertreppe hinauf. Wir anderen hinterher. Keiner spricht ein Wort.

Draußen im Hof stehen zwei junge russische Soldaten. Wattejacke, Pelzmütze, die Kalaschnikow im Anschlag.

Wo kommen die so plötzlich her? Offensichtlich ist es für sie selbstverständlich, dass sie hier auf keinen Widerstand stoßen. Vor ihnen auf dem Boden liegt ein Haufen Karabiner, Sturmgewehre, Maschinenpistolen. Links die fünfundzwanzig Männer meiner Einsatzgruppe, dazu noch ein Dutzend andere, vermutlich aus den umliegenden Ruinen. Später fällt mir ein, dass wir nicht einmal die Arme hochgenommen haben, als wir aus dem Keller kamen. Lähmende Stille.

»Ihre Pistole, Leutnant.« Der Kommandeur, rechts von mir, schaut mich an. »Werfen Sie die Pistole weg.«

Ach so. Natürlich. Ich öffne die Schnalle des Leibriemens,

streife die Ledertasche mit der Pistole ab und werfe sie auf den Haufen mit den Gewehren.

Diese Waffe hat keinen Menschen erschossen, denke ich noch.

Wir formieren eine lockere Marschkolonne, die Offiziere an der Spitze. Immer noch hängt Brandgeruch in der Luft. Das Geknatter des Gewehrfeuers ringsum scheint weniger zu werden. Dämmerung senkt sich über den Hinterhof.

Die beiden Russen hängen die MP lässig über die Schulter, einer setzt sich an die Spitze der Kolonne, der andere macht den Schluss.

»Nu dawai.« Der an der Spitze deutet mit dem Arm auf den Durchgang zur Straße. Dawai – was heißt das? Ich werde es noch lernen: Gib her, heißt es eigentlich, aber dann und hauptsächlich: Los geht's, marsch, weiter, mach schon. Wie oft werde ich dieses dawai noch hören, hundertmal am Tag. Bis in den Schlaf wird es uns verfolgen.

Der Russe vor uns wird ungeduldig und nimmt die MP wieder von der Schulter:

»Dawai, dawai!!«

Die kleine Kolonne setzt sich in Bewegung.

II | Gefangenschaft
April 1945 bis November 1949

Nach Kriegsende befanden sich
7 Millionen deutsche Kriegsgefangene
im Gewahrsam der Westmächte

3 155 000 deutsche Soldaten gerieten im Verlauf des Krieges
in russische Kriegsgefangenschaft
In der Sowjetunion gab es 2454 Gefangenenlager
1 110 000 deutsche Kriegsgefangene starben
1 959 000 kehrten heim

Wehe den Besiegten

Draußen auf der Straße treffen wir auf eine Marschkolonne, die von russischen Wachtposten flankiert wird. Mit schleppendem Schritt ziehen die Soldaten an uns vorbei. Das Ende des Zuges ist nicht auszumachen, es löst sich im Rauch und Abenddunst auf, der über dem weiten Platz liegt. Ein Platz? Oder ist das nur ein Trümmerfeld, auf dem gestern oder vor einer Woche noch ein ganzer Häuserblock stand?

Wir reihen uns ein in die Kolonne der fremden, müden Gestalten, die sich in Achterreihen über die Steinbrocken und die Löcher im Straßenpflaster fortbewegt, auseinander zieht und wieder zusammenschiebt. Die Wolken hängen tief, hier und da ein roter Widerschein über den noch immer brennenden Ruinen. Dann wird es endgültig dunkel. Der Zug kommt zum Stehen. Die russischen Wachtposten weisen mit der flachen Hand auf den Boden:

»Saditje!« Setzt euch!

Ich nehme mein Sturmgepäck vom Rücken, wickele mich in die Decke, ziehe die Zeltbahn über den Kopf und mache den Knopf vorne an der Feldmütze auf, um die Ohrenklappen herunterzuziehen. Ich lege mich zwischen die anderen auf das Straßenpflaster und schiebe den Brotbeutel mit dem Kochgeschirr unter den Kopf. Ein bisschen hart, dieses Kopfkissen, aber ich werde mich daran gewöhnen müssen. Schlafen. Nicht mehr denken.

Am nächsten Morgen riecht es noch immer nach verbranntem Holz und Gummi. Wir rappeln uns auf. Die Wachtposten rennen schon hin und her.

»Dawai! Bistrej!«

Los, schnell. Wir setzen uns wieder in Bewegung. Eine Stunde? Zwei? Meine Armbanduhr bin ich schon gestern Abend losgeworden. »Urr? Urr?« Der junge Russe hat sie mir fast vom Handgelenk gerissen und in seine Tasche gesteckt. Die Gruppe der Offiziere um mich herum ist größer geworden. Offensichtlich hat man noch zehn oder zwanzig, die mit den Mannschaften marschiert sind, herausgefischt und zu uns gesteckt. Mein Regimentskommandeur geht vor mir in der ersten Reihe. Rechts neben mir der Stabszahlmeister meiner Abteilung, den ich nur einmal zu Gesicht bekommen habe, seit ich bei dem Haufen bin. Das war doch damals an dem Morgen, als wir in Bartenstein die Batterie in die Eisenbahn verladen und den Kommandeur mit seinem ganzen Stab mitgenommen haben. Noch keine drei Monate ist das her. Die Zahlmeister – bis hinauf zu den Stabsintendanten – haben zwar alle Offiziersrang, worauf sie auch großen Wert legen, aber sie sind eben doch Verwaltungsbeamte, die man in eine Uniform gesteckt hat. Deshalb werden sie von den »richtigen« Soldaten etwas von oben herab angesehen. Dummerweise sind sie nicht nur die Herren über unsere Löhnung und Verpflegung gewesen, sondern auch über Schnaps und Zigaretten, über unsere Uniformen und Stiefel, ja über ganze Depots mit Lebensmitteln, Benzin und Munition. Jeder von uns kennt einen Fall, dass so einer auf dem Rückzug sein Depot mit der Pistole in der Hand verteidigte, weil er seine Schätze genau nach Vorschrift nur gegen eine Bescheinigung herausrücken wollte. Mit dem Ergebnis, dass ein paar Stunden später oder am nächsten Tag die Pioniere den ganzen Laden in die Luft sprengten, damit er den Russen nicht in die Hände fiel.

Auch mein Nebenmann – wie heißt er überhaupt? – ist mir nicht sehr sympathisch mit seiner schweren, korpulenten Gestalt und dem etwas aufgedunsenen Gesicht. Er ist zehn, fünfzehn Jahre älter als ich und trägt einen ziemlich großen, voll gepackten Rucksack auf dem Rücken. Hat wohl lange genug Zeit gehabt zu überlegen, was man brauchen könnte auf diesem Marsch ins Ungewisse. Wenn ich den Rucksack angucke, wird mir bewusst, dass ich selbst überhaupt nicht auf meine gegenwärtige Lage eingerichtet bin. Dabei hätte ich mir doch an fünf Fingern abzählen können, dass sie heute oder morgen eintritt. Ich habe nur das auf dem Leib, was ich seit Jahr und Tag trage: Unterhemd, Unterhose, darüber die Reithose mit dem Lederbesatz, die Feldbluse mit der eingeknöpften Halsbinde, dem EK-Band im zweiten Knopfloch, dem Sturmabzeichen und dem silbernen Verwundetenabzeichen an der linken Seite und der Spange des »Gefrierfleischordens« über der Brusttasche. Dazu die Feldmütze mit dem Schirm, die man – endlich – im letzten Jahr eingeführt hat, weil sie viel praktischer ist als das Käppi, das es schon im Ersten Weltkrieg gab. Die knielangen Wollstrümpfe und meine Reitstiefel. Ein Taschentuch in der rechten Hosentasche, die Erkennungsmarke an der Kordel um den Hals. Das Soldbuch in der linken Brusttasche, das Verbandspäckchen in der rechten.

Wieder stockt die Kolonne. Am Straßenrand rechts neben uns steht ein Wagen, halb umgekippt, bis obenhin beladen mit Klamotten, Jacken, Tarnanzügen. Mein Nebenmann wirft mir einen Blick zu:

»Sehen Sie die Tarnhosen da oben? Schnell, holen Sie sich eine!« Er hat selbst auch so eine an. Es sind etwas unförmige Dinger, ich habe sie im Winter auch getragen: weite Hosenbeine, unten zum Zuschnüren, drei Lagen Stoff, oben breite Bänder, eine Art Hosenträger. Brauche ich so etwas?

»Schnell! Der Posten guckt gerade nicht!«

Ich springe zur Seite, schnappe mir die Hose, fahre mit den Stiefeln hinein. Drei Nummern zu groß. Egal. Vielleicht bin ich irgendwann mal froh drum.

Was hab ich denn noch? Nur die Minimalausrüstung, die ich gestern dabeihatte, als auf dem düsteren Hof zwischen den ausgebrannten Häusern die zwanzig Mann meiner Einsatzgruppe angetreten waren: das Sturmgepäck – Zeltbahn und Decke um das Kochgeschirr geschnallt –, den Brotbeutel mit dem Essgeschirr, meinem Rasierapparat, einem Stück brauner Kriegskernseife und der »Eisernen Ration«.

Die »Eiserne Ration« – ein Stoffbeutel mit Trockenkeksen und eine Hundertgramm-Blechdose mit Fleisch: auch fast fünf Jahre lang mitgeschleppt. Gehörte unverzichtbar zur Ausrüstung jedes Soldaten. Heute Morgen habe ich die Kekse aufgegessen. Das Leinensäckchen habe ich in den Brotbeutel gestopft. Das kann man vielleicht noch einmal brauchen. Nach den Keksen wird mich kein Mensch mehr fragen.

Nun habe ich so gut wie nichts mehr. Kein Stück Brot, keine Zigarette, kein Feuerzeug. Kein Taschenmesser, keinen Bleistift, kein Blatt Papier. Keine Brieftasche, kein Foto, keinen Brief von zu Hause ...

Die Pistole liegt auf dem Haufen bei den anderen weggeworfenen Waffen, den Karabinern und Sturmgewehren. Der Stahlhelm natürlich auch. Die Gasmaske irgendwo am Straßenrand. Da muss doch noch – ich greife in die linke Brusttasche meiner Feldbluse – klar, da ist es: das Röhrchen mit den Entgiftungstabletten. Für den Fall, dass der böse Feind mit Gasgranaten geschossen hätte.

Weg damit.

In mir ist ein ganz seltsames Gefühl der Zerrissenheit: auf der einen Seite immer noch das Schreckenswort Gefangenschaft, die dunkle Wolke, das schwarze Loch, die Ungewissheit. Auf der anderen Seite – ich wage es mir gar nicht einzugestehen, und ich habe ja auch gar keinen Grund – fühle ich mich mit dem wenigen, das mir geblieben ist, frei wie ein Vogel. Ist es nur die Erlösung von dem Druck der letzten Tage und Wochen?

Der Gefangenenzug bewegt sich nur langsam voran. Immer wieder stockt er, hält an. Es gibt offensichtlich auch gar kein Ziel. Es geht immer nur kreuz und quer durch die zerstörte Stadt. Wie viele solcher Kolonnen mögen hier noch unterwegs sein? Hunderttausend Soldaten in der Festung Königsberg waren es einmal.

Und wo sind die Zivilisten, die noch gestern Nacht mit uns diesen unglücklichen Ausbruchsversuch unternommen haben? Kaum zu glauben, dass das wirklich erst gestern Nacht war.

Kein Zivilist zu sehen. Wahrscheinlich haben sie sich alle in die Keller unter den Ruinen verkrochen. Dort werden sie hocken, die alten Männer, die Frauen, die Mädchen, allein mit ihren Ängsten ...

Links und rechts von uns nur russische Soldaten, die einzeln oder in kleinen Trupps unterwegs sind. Einige kommen näher, schauen neugierig zu uns herüber. Ob sie noch scharf auf unsere Uhren sind? Einer kommt direkt auf uns zu. Zeigt mit dem Finger auf einen Hauptmann in der ersten Reihe, gleich vor mir:

»Idi suda!«

Komm her! Der Hauptmann versteht nicht. Der Russe wird ungeduldig.

»Idi suda!!«

Deutet auf die Stiefel des Hauptmanns. Der begreift gar nichts. Der Soldat brüllt ihn an:

»Bistrej!«

Schnell! Der Russe hat seine eigenen Schuhe schon ausgezogen, wirft sie dem Hauptmann vor die Füße.

»Dawai!«

Jetzt begreift der Deutsche, bückt sich und zieht seine schmalen hohen, schwarz glänzenden Offiziersstiefel aus. Der Russe fährt mit dem linken Fuß, um den ein schmutziger Lappen gewickelt ist, in den Offiziersstiefel und reißt dem Hauptmann den anderen aus der Hand.

Weg ist er.

Auf dem Pflaster liegen zwei Schuhe, nur knöchelhoch, mit zerrissenen Schuhbändern, krumm, ohne Form, völlig heruntergelatscht. Galoschen. Kein deutscher Spieß würde seine Soldaten auch nur eine halbe Stunde mit solchem Schuhzeug herumlaufen lassen. Und damit ist dieser junge Russe bis nach Königsberg marschiert? Was für eine Kraft muss in solchen Naturburschen stecken! Und gegen die wollten wir den Krieg gewinnen.

Der Hauptmann vor mir bückt sich, fährt mit seinen grauen Wollstrümpfen zögernd in das Schuhzeug, das ihm viel zu groß ist, und macht einen Knoten in die Schnürriemen. In diesem Schuhzeug ist der schlanke, hoch gewachsene Mann mit dem Adlergesicht und dem EK I an dem feinen silbergrauen Tuch seines Waffenrocks nur noch eine lächerliche Figur. Mein Gott, denke ich, wie will er damit laufen? Nur eine Stunde, und er hat Löcher in seinen Strümpfen und Blasen an den Füßen.

Es dauert keine fünf Minuten, dann ist der Nächste dran. Die Russen haben schnell heraus, dass wir Offiziere die besten oder zumindest die am besten aussehenden und elegantesten Stiefel tragen. Immer öfter winken sie einen von uns aus der Kolonne heraus:

»Idi suda! Bistrej!!«

Und jedes Mal bleibt ein unglücklicher und verzweifelter Mensch zurück, der ratlos ein Paar zerlumpte russische Schuhe in der Hand hält. Welch ein Absturz, welch eine Demütigung im Verlauf von ein paar Stunden! Die Jüngeren in der Gruppe nehmen die Älteren in die Mitte, um sie vor den Blicken der russischen Soldaten zu schützen. Aber es hilft nicht viel. Immer wieder erwischt es einen. Auch meinen Nebenmann, den Stabszahlmeister mit dem dicken Rucksack. Welch ein Glück, dass ich mir die Tarnhose von dem Wagen geholt habe! Eigentlich soll die Schnur unten an den Hosenbeinen verhindern, dass Schnee von unten eindringt. Jetzt löse ich sie, damit die Hosenbeine weit über meine Schuhspitzen fallen. Hauptsache, kein Russe merkt, dass ich Stiefel trage.

Vor uns, weit weg, immer noch Gewehrfeuer. Die ersten Gerüchte machen die Runde. Um das Stadtschloss, Sitz des Festungskommandanten, werde immer noch gekämpft. Der Kommandant General Lasch, sagen andere, habe zwar die

Kapitulation der Festung bekannt gegeben, sich selbst und seinen Stab dann aber nach einem Sektgelage von unseren Pionieren in die Luft sprengen lassen. Nun, heißt es, kämpften da oben Soldaten der Panzergrenadierdivision »Großdeutschland«, ungeachtet der Kapitulation, aber getreu ihrem Gelöbnis bis zur letzten Patrone.

Wir trotten vor uns hin. Sind wir an dieser Stelle nicht schon einmal vor drei Stunden vorbeigekommen? Da drüben das vierstöckige Haus mit den schief hängenden Balkonen hab ich doch schon einmal gesehen? Marschieren wir im Kreis?

Ein Pistolenschuss ganz in der Nähe reißt mich aus meinen Gedanken. Ein Schrei. Ich fahre herum. Dreißig Meter hinter mir, da, wo die Landser marschieren, kniet einer am Boden. Hält sich mit der rechten Hand den linken Ellenbogen.

Der alte Laas.

Ohne zu überlegen, setze ich mich in Bewegung. Aber der russische Posten nimmt die Kalaschnikow von der Schulter und stellt sich mir in den Weg.

»Nasad!«

Was heißt »nasad«?

»Nasad!« Zurück!

Ich drehe um. Ein paar Landser richten den Oberwachtmeister auf und nehmen ihn in ihre Mitte.

Und ich kann ihm nicht helfen. Später dringt es bis zu uns durch: Der Posten ist nervös geworden, hat auf den Boden geschossen. Die Kugel ist am Straßenpflaster abgeprallt und dem Oberwachtmeister in den Ellenbogen geschlagen.

Laas, mein Batterieoffizier. Der Mann mit der schier unerschöpflichen Kraftreserve. Den ganzen Krieg ohne Blessuren durchgekommen. Und jetzt das. Wie oft habe ich in den letzten Wochen gedacht: Nur nicht jetzt noch verwundet werden, jetzt, wo alles drunter und drüber geht, wo die Feldlazarette in der Gefahr sind, von russischen Panzern überrollt zu werden, und wo die Verwundetentransporte nur noch über die Ostsee möglich sind ...

Aber diese verirrte Pistolenkugel ist ja noch schlimmer. Wenn sie nun das Gelenk zerschmettert hat? Meinen Stabsarzt habe ich nicht wieder gesehen, seit er mir vor ein paar Wochen den Splitter aus dem Fuß entfernt hat. Bei den Landsern dahinten gibt's vielleicht einen Sani, der dem Oberwachtmeister einen Verband anlegt. Vielleicht hat er sogar noch ein Dreiecktuch dabei, um den Arm ruhig zu stellen, Aber ein Arzt? Ein Gefangenenlager mit einer Krankenstation? Gibt's nicht. Hier doch nicht. Einen Tag nach der Kapitulation. Schmerzen, Entzündung, Eiter, Wundbrand, steifer Arm. Wie viel Glück braucht der Mensch, um aus diesem Elend heil herauszukommen ...

In diesem Augenblick passiert es. Ein russischer Soldat steht vor mir, deutet auf meine Füße:

»Dawai!«

Verdammt. Und ich war so sicher, dass ich meine Stiefel mit der langen Hose perfekt getarnt hatte.

»Dawai!«

Nun hat es mich doch erwischt. Ich versuche, Zeit zu gewinnen, ziehe umständlich das Hosenbein hoch und tue so, als ob ich den eng sitzenden Reitstiefel nicht vom Fuß kriege. Aber ich habe keine Chance.

»Bistrej! Dawai!« Der Russe ist ungeduldig und wird wütend. Ich werfe noch einen Blick auf sein zerlatschtes Schuhwerk. O Gott, wie soll ich damit auch nur eine Stunde laufen?

Den rechten Stiefel hab ich schon aus, da geschieht das Wunder. Von hinten stürmt ein russischer Offizier heran – ich erkenne ihn an den goldenen Schulterklappen –, zieht seine Pistole aus dem Halfter, schlägt dem jungen Russen den Lauf an die Schläfe, brüllt ihn an und reißt ihn mit der linken Hand zurück.

Gerettet. Ich ziehe meinen Stiefel wieder an. Die Offiziere um mich herum schütteln mit dem Kopf. Hat unsere Propaganda uns nicht pausenlos erzählt von den asiatischen Horden und den sowjetischen Untermenschen? Nur: Ist es so schwer zu verstehen, wenn ein einfacher russischer Soldat, der mit einer siegreichen Armee in eine deutsche Stadt einmarschiert, einem Gefangenen die Stiefel wegnimmt, damit er selbst es endlich leichter hat? Ist dieser deutsche Gefangene nicht Teil der Armee, die vier Jahre lang Russland zerstört und ausgeplündert hat, bis es kein Leder mehr gab für neue Schuhe?

Darüber haben wir nie nachgedacht. Das Land ernährt den Krieg. Das war schon immer so. Und trotzdem, was keiner von uns für möglich gehalten hat: Es gibt offensichtlich in der sowjetischen Armee Offiziere, die rigoros für Disziplin sorgen.

Meine Stiefel. Wenn ich diesen Tag erst hinter mich gebracht habe, wird sie mir keiner mehr abnehmen. In den Wintern mit Schnee und eisigem Wind, die noch vor mir liegen und von denen ich noch nichts weiß, werde ich sie gegen die warmen Walinkis, die Filzstiefel, tauschen. Da werden sie unter meiner Pritsche liegen, bis es wieder Frühling wird. Und sie werden mich begleiten, noch viereinhalb Jahre lang, bis ich endlich nach Hause komme.

Allmählich erreicht unser Zug die Außenbezirke der Stadt. Am späten Nachmittag bleiben die letzten brennenden und rauchenden Trümmer hinter uns zurück. Als schwarze Silhouetten stehen sie gegen den immer noch rötlichen Abendhimmel im Westen. Links von der Straße eine russische Artilleriestellung. Unzählige Stapel von Munition neben den Geschützen. Wie lange ist es her, dass ich keine zehn Granaten mehr für unsere Haubitzen hatte?

Vorbei.

Seltsamerweise spüre ich gar keinen Hunger. Der Stabszahlmeister neben mir greift in seine Rocktasche, zieht eine Tafel Schokolade heraus und bricht mir ein Stück ab.

Wiesen, Äcker im Abenddunst.

»Stoj!«

Halt! Alle rechts runter von der Straße. Erste Regentropfen in der Luft. Sieht so aus, als wenn wir die Nacht über hier bleiben. Ich erwische noch einen Platz an der Straßenböschung. Ein bisschen Schutz vor dem Wind.

Eine halbe Stunde später hält über mir auf der Straße ein LKW und kippt einen Berg Brote auf das Pflaster. Das muss jemand organisiert haben, irgendein russischer Offizier, der weiß, dass es an dieser Landstraße ein paar hundert deutsche Kriegsgefangene gibt, die seit vierundzwanzig Stunden nichts zu essen haben. Ein paar Minuten später hat jeder ein Stück Brot.

Der Regen wird stärker. Wir sind müde, legen uns ins nasse Gras, ziehen die Zeltbahn über den Kopf und schlafen.

Das erste Lager

Tag und Nacht unter freiem Himmel. Regenglänzende Landstraßen, durchgeweichte Feldwege. Dunkle Wolken, nur ab und zu blauer Himmel. Die graue Kolonne. Deutsche Kriegsgefangene, flankiert von jungen russischen Wachtposten, die ihre Karabiner oder Maschinenpistolen lässig über die Schulter gehängt haben.

Wir hängen unseren Gedanken nach. Das Marschieren macht mir nichts aus, ich kenne seit Monaten nichts anderes. Ich danke dem lieben Gott, dass ich meine Stiefel noch habe, und stecke die Hände in die Hosentaschen. Was kann mir noch passieren? Diejenigen um mich herum, die ihre Stiefel hergeben mussten, tun sich schwer. Der Stabszahlmeister stöhnt bei jedem Schritt. Schon gestern hat er mich gefragt, ob ich nicht seinen Rucksack tragen könnte.

»Ich gebe Ihnen auch jeden Tag eine halbe Tafel Schokolade dafür.«

Zuerst schaue ich ihn ungläubig an. Ist es möglich, dass er genug Schokolade in seinem Rucksack hat, um mir jeden Tag eine halbe Tafel abgeben zu können? Und wie lange soll das gehen? Dann schüttele ich mit dem Kopf.

»Nein.«

Ich habe nichts und will auch nichts. An den Hunger habe ich mich in den paar Tagen schon gewöhnt. Ich habe genug damit zu tun, mich mit meiner neuen Lage abzufinden. Dabei hilft mir allerdings die Erfahrung, die ich gerade in den letzten Monaten gemacht habe: dass ich mich verhältnismäßig leicht und schnell an veränderte Gegebenheiten gewöhne. Allerdings – und das ist die Kehrseite der Medaille – bin ich auch kein Kämpfertyp, der in der unmöglichsten Situation noch einen Ausweg sucht und findet. Vielleicht füge ich mich zu schnell in Verhältnisse, von denen ich denke, dass ich sie nicht ändern kann. Aber es fällt mir nicht sehr schwer, auf Annehmlichkeiten und Selbstverständlichkeiten des täglichen Lebens zu verzichten und meine Ansprüche auf ein Minimum zu reduzieren. Und ich übe mich darin, einzelnes Missgeschick und großes Verhängnis geduldig, mit Gleichmut und über lange Zeit zu ertragen. Meine Mutter pflegte in solchen Situationen zu sagen: »Man weiß nie, wofür es gut ist.« Leider – so scheint es mir – erkennt man bei vielen solchen Sachen erst sehr spät, wofür sie gut waren. Ob ich es erlebe zu erfahren, wofür das große Unglück gut ist, das mich jetzt gerade getroffen hat?

Soll der Zahlmeister seinen Rucksack doch in den Straßengraben schmeißen, wenn er ihm zu schwer ist. Oder soll ihn selber schleppen, wenn er meint, der Inhalt werde ihm das Überleben garantieren. Spätestens in zwei Monaten, schätze ich, wird ihm jemand den ganzen Kram abgenommen haben. Dann ist er genau so ein armes Schwein, wie ich es jetzt bin.

Plötzlich merke ich, dass es aus ist mit der Hilfsbereitschaft, mit der Kameradschaft, die eine der unverzichtbaren Grundlagen unseres Soldatendaseins war. Von jetzt an tue ich nur das, was mir selbst hilft, diesen Schicksalsschlag zu ertragen und zu überleben. Und das fängt damit an, dass ich unbelastet von anderer Leute Kram marschieren kann. Wer weiß, wie viele Kilometer noch vor mir liegen?

Irgendwann stehen wir vor dem hohen Stacheldrahtzaun des ersten Lagers. Georgenburg. Die Offiziere ziehen durch das rechte Tor, die Mannschaften durch das linke. Hinter den Toren zwei Plätze mit je einer alten Feldscheune, dazwischen ein Stacheldrahtzaun. Zum ersten Mal gibt es eine Art regelmäßiger Verpflegung: sechshundert Gramm Brot und morgens und abends eine Kohlsuppe. Das Brot ist aus grobem, dunklem Mehl, ziemlich feucht und wird offensichtlich jeden Tag frisch in Kastenformen gebacken. Es schmeckt gut, und es ist kein Problem, die ganze Tagesration auf einmal aufzuessen. Noch ahnen wir nicht, dass diese sechshundert Gramm Brot unser Schicksal sein werden. Tag und Nacht werden unsere Gedanken um dieses Stück Brot kreisen. Endlose Debatten wird es geben um jedes Gramm mehr oder weniger. Immer wieder der Vorsatz, wenigstens ein Stück von der Ration, die morgens verteilt wird, bis mittags oder gar abends aufzuheben. Nie geschafft ...

Jeden Vormittag heißt es Antreten zum Zählappell. Dauert ewig. Aber das kann uns egal sein, der Tag ist lang, und wir haben sowieso nichts zu tun.

Von Tag zu Tag ändert sich unser Aussehen. Es gibt nur eine einzige Tonne mit Regenwasser an der einen Ecke der Scheune. Mit Waschen ist also nicht viel, mit Rasieren noch weniger. Ich selbst habe zwar noch meinen Rasierapparat im Brotbeutel, aber die Klinge ist sicher schon mindestens eine Woche alt und ziemlich stumpf. Auch um mich herum sprießen die Stoppelbärte und machen die Gesichter älter, als sie sind. Am meisten aber fällt die Veränderung unserer Uniformröcke ins Auge. Ziemlich schnell verschwinden die silbernen Schulterstücke, sodass man nicht mehr zwischen Leutnant und Hauptmann unterscheiden kann. Das unter Offizieren übliche »Sie« wird sich noch lange halten, aber da man den Rang seines Gegenübers nicht mehr so leicht erkennt, wenn man ihn um Feuer für die Zigarette bittet, gewöhnt man sich an die Anrede »Herr Kamerad« – wenn mir das auch ein bisschen komisch und lächerlich vorkommt.

Fast noch schneller als die Schulterstücke verschwinden die Orden und Ehrenzeichen von den Uniformröcken. Schon am zweiten Tag sieht man in diesem Lager kaum noch ein EK I, kein EK-II-Band mehr im Knopfloch, kein Sturmabzeichen, kein Verwundetenabzeichen. Vor allem das Deutsche Kreuz in Gold mit seinem überdimensionalen Hakenkreuz wird schon am ersten Tag mit dem Stiefelabsatz in den Boden getreten. Nun sehen wir alle gleich aus.

Für elf Uhr ist Meeting angekündigt. Warum verwenden die Russen für eine Versammlung ein englisches Wort? Aber Meeting – auch das werden wir noch lernen – ist ein ganz wichtiger Bestandteil der politischen Arbeit. Es spricht ein Funktionär des Nationalkomitees Freies Deutschland. Für uns waren das bis jetzt Überläufer, Verräter. Wir haben von ihrer Existenz kaum Notiz genommen und ihre Flugblätter nicht beachtet. Wir hören nur mit halbem Ohr auf das, was der Mann sagt. Das Wort »Nationalsozialismus« kommt nicht vor, es ist nur von Faschisten die Rede und von der glorreichen Roten Armee und ihrem Führer, dem großen Stalin.

Aber das Plakat an der Scheunenwand versetzt mir einen Schock. Da sind drei wütend kläffende Hunde abgebildet, und ihre Köpfe mit den aufgerissenen Mäulern sind Karikaturen von Hitler, Göring und Goebbels. In den Sprechblasen Zitate der drei Männer. Hitler: »Wenn das deutsche Volk diesen letzten Kampf verliert, dann mag es untergehen. Es ist nicht wert, weiter zu existieren.« Hat der Führer das wirklich gesagt? Erst fünfzig Jahre später werde ich in den »Erinnerungen« von Albert Speer nachlesen können, dass es nicht nur diesen Ausspruch gab, sondern dass Hitler im März 1945 die vollständige Zerstörung Deutschlands befohlen hat.

In der Sprechblase neben Göring steht: »Ich will Meier heißen, wenn nur ein einziges feindliches Flugzeug die Grenze des deutschen Reiches überfliegt.« An diesen Spruch des großmäuligen Reichsmarschalls erinnert sich jeder. Die meisten politischen Witze – nur hinter der vorgehaltenen Hand weitererzählt – zielten auf Göring und seinen Hang zu Orden und Uniformen. Vergessen, dass er im Ersten Weltkrieg hochdekorierter Jagdflieger war. Als die englischen und amerikanischen Bomberströme am Himmel über Deutschland grausame Wirklichkeit wurden, da schauten sich die Leute nur an und sagten »Meier«.

Und dann Goebbels, der geniale Propagandist mit der sagenhaften rhetorischen Begabung. Unvergessen seine Sportpalastrede im Februar 1943 nach der Katastrophe von Stalingrad, als er zweitausend Menschen in der Halle und Millionen Deutsche, die am Volksempfänger zuhörten, rücksichtslos mit den Entbehrungen und dem Leid konfrontierte, das in der nächsten Zeit auf uns alle zukommen würde. Aber auf seine Frage »Wollt ihr den totalen Krieg?« erhielt er ein begeistertes »Ja!« als Antwort. Auch hier werde ich erst in den »Erinnerungen« von Speer erfahren, dass diese Veranstaltung im Sportpalast, bei der Heinrich George, der berühmte Staatsschauspieler, in der ersten Reihe saß, ein meisterhaft inszeniertes Schaustück war. Der Text, der auf dem Plakat neben der Karikatur von Goebbels steht, ist bezeichnend für den fanatischen Durchhaltewillen dieses Mannes – und für seine realistische Einschätzung der Lage Deutschlands nach fünf Jahren Krieg. Da steht: »Sollten wir jedoch einmal gezwungen sein, von der politischen Bühne abzutreten, so werden wir die Tür mit einer solchen Gewalt hinter uns zuschlagen, dass die Welt davon erzittert.«

2 | *Der deutsche Emigrant Wagner, Beauftragter des »Nationalkomitees Freies Deutschland« spricht am 9. Mai 1945 – einen Tag nach der Kapitulation Deutschlands – im Durchgangslager Georgenburg zu den deutschen Kriegsgefangenen.*

Dieses Plakat werde ich nicht vergessen. Es ist der erste Anstoß zu einem fundamentalen Umdenken und einer Neubewertung all der Ideale, an die auch ich geglaubt hatte.

Die erste Parole läuft durch das Lager: Es soll Tabak geben. Und es gibt Tabak. Für je zwei Mann ein kleines Päckchen in grauem Papier. Machorka, kleine, gelbgrüne Stückchen von Pflanzenstängeln. Das soll Tabak sein? Und wie raucht man das? Zigaretten drehen? Wer noch Zigarettenpapier hat, merkt bald, dass es für Machorka ungeeignet ist. Die harten, holzigen Stückchen piken nur Löcher in das dünne Papier. Pfeife? Ich habe keine. Müsste man aber haben. Durch die Maschen des Stacheldrahtzauns gebe ich einem Soldaten eine halbe Brotportion und bekomme eine kleine Pfeife mit einem Bakelitmundstück. Neue Erfahrung: Das Rauchen betäubt den Hunger, der sich allmählich bemerkbar macht.

Nach Osten

Irgendwann stehen wir auf einem Verladebahnhof vor einer langen Reihe von Eisenbahnwaggons. Durch die offen stehenden Türen sehen wir, dass sich im Inneren über die ganze Länge eine niedrige Holzpritsche zieht, die nur vorne vor dem Fußende einen schmalen Gang freilässt. Das Klo ist ein Loch im Waggonboden.

Seltsamerweise habe ich fast keine Erinnerung mehr an diese Eisenbahnfahrt. Vor allem weiß ich nicht mehr, wie lange sie gedauert hat. Ich muss in einer Art Betäubung gelebt haben, ohne Begriff von Zeit. Ich weiß nicht mehr, wann wir unterwegs etwas zu trinken bekamen, ich weiß nur, dass die Wachtposten uns ab und zu einen Sack mit luftgetrocknetem Brot in den Waggon warfen.

Da wir Offiziere ja schon am ersten Tag der Gefangenschaft von den Mannschaften getrennt und die wenigen Offiziere meiner Abteilung offenbar in andere Waggons verladen worden sind, finde ich mich unter lauter fremden Gesichtern wieder. Nur der dicke Stabszahlmeister ist da und wirft seinen Rucksack gleich neben mir auf die Pritsche. Er tut mir zwar Leid wegen seiner ramponierten Füße, aber ich habe keine Lust, mir sein endloses Gejammer anzuhören. Er kann nicht verstehen, dass man »so alten Männern« wie ihm derartige Strapazen zumutet. Dabei ist er sicher noch keine vierzig.

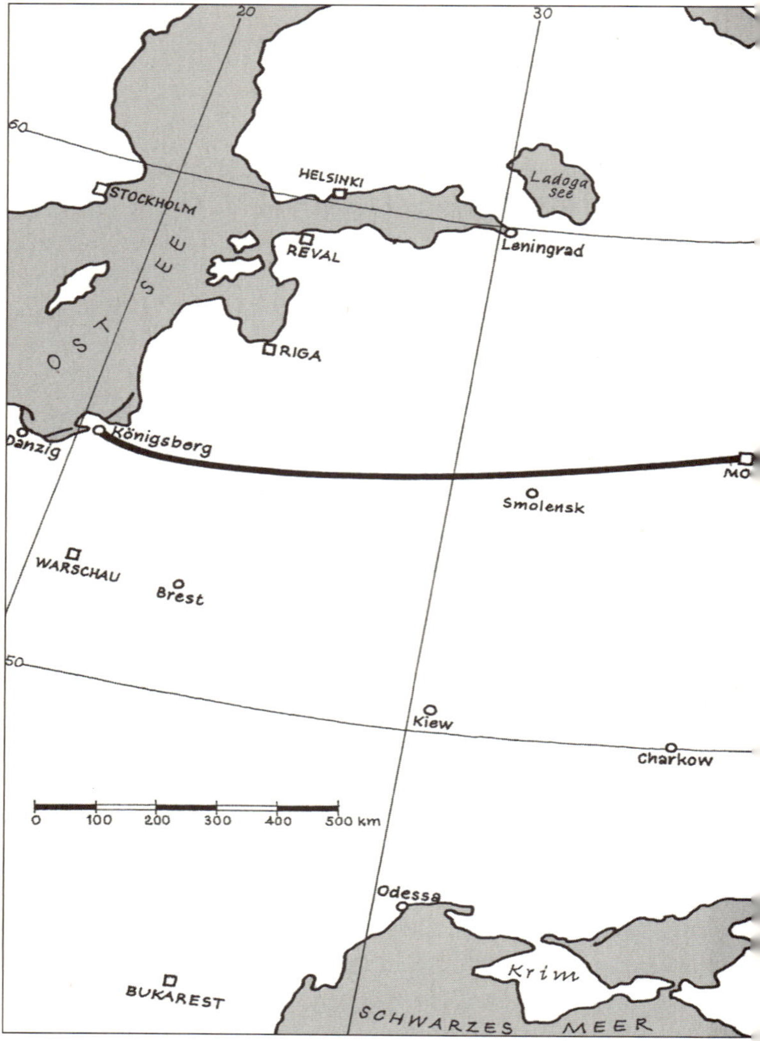

Mein Weg von Königsberg bis zum Ural

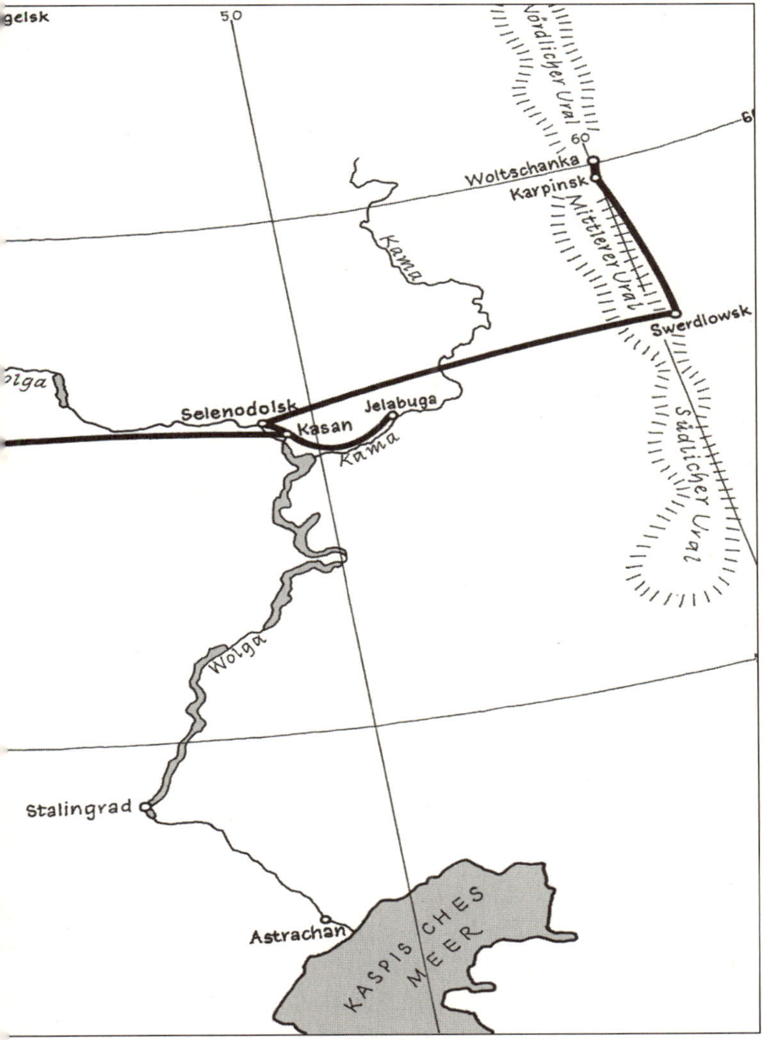

gelsk
50
60
Nördlicher Ural
Woltschanka
Karpinsk
Mittlerer Ural
Kama
Swerdlowsk
Wolga
Selenodolsk
Jelabuga
Kasan
Kama
Südlicher Ural
Wolga
Stalingrad
Astrachan
KASPISCHES MEER

Mein Pech ist, dass rechts von mir noch so ein Neunzigkilomann seinen Platz hat. Es liegen sowieso alle derart eng, dass wir uns nur auf Kommando von der rechten Seite auf die linke drehen können. Gegen die beiden Dicken habe ich keine Chance und fürchte erdrückt zu werden. Dann kommt mir die Idee, unter die Pritsche zu kriechen und mich auf den Boden des Waggons zu legen. Das halte ich aber nur eine halbe Stunde aus, denn die Pritsche ist so dicht über mir, dass ich in Panik gerate und reumütig, wenn auch völlig verzweifelt, auf meinen alten Platz zurückkehre, den ich mir natürlich erst einmal wieder erobern muss.

Ich versuche zu schlafen oder hänge meinen Gedanken nach. Meine Eltern wissen, dass ich an der Front in Ostpreußen war und dass von dieser Front zum Schluss nichts mehr übrig geblieben ist als die eingeschlossene Festung Königsberg. Sicher haben sie im Radio die Nachricht von der Kapitulation der Stadt gehört. Wenn aber im Wehrmachtbericht das Wort »Kapitulation« gar nicht vorkam, sondern nur von »heldenhaftem Kampf bis zum letzten Mann und bis zur letzten Patrone« die Rede war? Hat nicht vor zwei Jahren die deutsche Führung dem Volk verschwiegen, dass nach der Kapitulation von Stalingrad hunderttausend deutsche Soldaten in die Gefangenschaft gegangen sind?

Es sollte noch fast ein Jahr dauern, bis meine Eltern durch meine erste Postkarte aus ihrer Ungewissheit und ihrer Sorge, ob ich noch lebte, erlöst wurden.

Irgendwann werden wir in einem Hafengelände ausgeladen. Wir sind eintausendsiebenhundert Kilometer mit der Bahn gefahren, etwa so weit wie von Neuwied am Rhein bis nach Tunis in Nordafrika.

Kasan.

Kasan? Nie gehört. Doch, sagt einer, Kasan liegt an der Wolga und ist die Hauptstadt der Tatarenrepublik. Da ist auch schon der Fluss. Wir wechseln auf einen großen Raddampfer, dann geht's wolgaabwärts. Wir stehen auf dem Vordeck in der Sonne. Endlich Licht und Luft. Ringsum Wasser bis zum Horizont. Das soll ein Fluss sein? Das ist ein Strom. Dagegen ist der Rhein zu Hause ein Wässerchen.

Bei der Essensausgabe trauen wir unseren Augen nicht: kein Trockenbrot aus Säcken; es gibt einen halben Kochgeschirrdeckel voll Rührei! Aus Eipulver, wie einige feststellen. Aus amerikanischen Hilfslieferungen für Russland. Das Elend der Zeit im Waggon ist vergessen. Wir fühlen uns wie die Könige.

Nach ein paar Stunden macht der Dampfer einen weiten Schwenk nach Backbord. Dann merken wir, dass wir gegen den Strom fahren, einen Nebenfluss hinauf. Aber auch hier sind die flachen Ufer in der Ferne kaum auszumachen. Erst am nächsten Morgen wird das linke Ufer steiler. Jemand hat es von der Besatzung herausgekriegt: Wir fahren die Kama aufwärts. Unser Ziel ist Jelabuga. Gegen Mittag erscheint in der Ferne vor uns die Stadt über dem Steilufer wie ein Kranz blendend weißer Perlen gegen den blauen Himmel. Doch je näher wir kommen, umso deutlicher erkennen wir, dass dies keine Stadt aus einem alten russischen Märchen ist. Die alten Häuser sind zwar weiß gekalkt, aber überall bröckelt der Putz von den Mauern.

In Fünferreihen marschieren wir von der Anlegestelle des Dampfers den Abhang des Flussufers hinauf, links und rechts die Wachsoldaten.

Oben stehen wir vor einem großen Tor. Es ist der Eingang zu einem alten Kloster. Wachhäuschen links und rechts. Auf den hohen Klostermauern Stacheldraht. Wir ziehen ein in das Offizierslager Jelabuga an der Kama, die erste Station meiner Kriegsgefangenenzeit.

Jelabuga

Sie säumen die Lagerstraße, auf der sich unser Zug zum Appellplatz bewegt: die Offiziere, die vor mehr als zwei Jahren durch die Kapitulation von Stalingrad in Gefangenschaft gerieten. Oder besser: diejenigen von ihnen, die damals den Marsch der folgenden Wochen durch die Schneestürme Russlands überlebt und die vergangenen zwei Jahre hier im Lager überstanden haben. Schmale Gestalten, scharf geschnittene, verhärmte Gesichter mit eingefallenen Wangen. Die maßgeschneiderten Uniformröcke aus dem feinen silbergrauen Tuch, an dem man das Offizierskorps der ersten Kriegsjahre erkennt, sind nun abgeschabt und fadenscheinig geworden, die Reithosen, die an den Waden enden, schlabbern um die Knie, und die meisten haben Sandalen aus Holz mit einem Riemen aus ausgefranstem Segeltuch an den bloßen Füßen. Keine Schulterstücke, keine Orden, einige tragen ein schwarzweißrotes Band über der linken Brusttasche. Sie stehen da unbeweglich und schweigend.

Zählappell, der ewig dauert. In einem großen Gebäude bekommt jeder einen Schlafplatz angewiesen. Dreistöckige Pritschenlager. Ich lande im ersten Stock. Strohsäcke.

Ab in die Banja, das Badehaus. Alles ausziehen, Klamotten auf Haken in die Heißluftentlausung. Ein Stück Seife, Holzeimer mit heißem Wasser. Kein Kahlscheren der Köpfe wie bei den Mannschaften. Offiziere behalten ihre Haare. Als ich meine Feldbluse wieder in die Hand nehme, stelle ich fest, dass ich vergessen habe, meine Pfeife aus der

Brusttasche zu nehmen. Die Hitze hat aus dem Bakelitmundstück einen formlosen Kringel gemacht. Scheiße. Aus mit dem Pfeiferauchen.

Es wird ein halbes Jahr dauern, bis ich in einem anderen Lager aus dem abgesplitterten Stück Eichenholz einer Schlittenkufe ein neues Mundstück machen kann. Werkzeug: ein an der Spitze breit geklopfter Eisendraht und eine Glasscherbe.

Nach den turbulenten letzten Wochen müssen wir uns nun umstellen auf ein Leben in einem seit Jahren bestehenden Gefangenenlager mit immer gleichem Tagesablauf, eingeschliffenen Gewohnheiten, einem höflich-reservierten Umgangston unter den Gefangenen und einer eingespielten russischen Verwaltung, die man kaum spürt.

Eine neue Erfahrung für uns gerade Angekommene ist auch die deutsche Lagerhierarchie. Es gibt einen Lagerältesten und die Funktionäre, die alle Posten innehaben – von der Bäckerei über die Brotschneiderei bis zur Küche und der Essensausgabe, von der Wäscherei und der Banja bis zum Friseur und der Krankenstation. Alle diese Posten sind fest in der Hand von Angehörigen des »Antifaschistischen Aktivs«, also von Leuten, die das schwarzweißrote Band des BDO, des »Bundes Deutscher Offiziere«, am Uniformrock tragen.

Wir Neuen sind durchweg noch in guter körperlicher Verfassung. Zwar haben wir schon Tage erlebt, wo es nichts zu essen gab. Aber was Hunger ist, wissen wir noch nicht. Doch es wird kein Vierteljahr dauern, dann werden auch wir mit diesem permanenten Hungergefühl leben müssen.

Dann werden wir verstehen, dass für manchen die Aussicht auf einen solchen Posten, der das Überleben sicherte, Grund genug war, in der antifaschistischen Arbeit aktiv zu werden. »Das Aktiv« – so lautet die offizielle Bezeichnung für diese kleine Gruppe von Funktionären, die sich nicht nur einer intensiven Schulung in den Grundsätzen des Marxismus-Leninismus unterziehen, sondern auch jeden Tag eine halbe Stunde vor der allgemeinen Essensausgabe mit dem Ruf: »Aktiv zum Essen!« abgerufen werden. Jedem im Lager ist klar, dass diese Leute eine bessere Verpflegung bekommen.

Es muss hier in Jelabuga in den letzten Jahren außerordentlich harte Auseinandersetzungen gegeben haben zwischen den konservativen Offizieren, die sich auch nach der Katastrophe von Stalingrad noch an ihren Eid auf Führer und Vaterland gebunden fühlten, und denen, die einen radikalen Frontwechsel ins antifaschistische Lager vollzogen. Diese Konfrontationen gingen bis zu persönlichen Feindschaften, bis zum Hungerstreik und zur Isolierung im berüchtigten »Block VI«.

Im Augenblick berühren mich solche Fragen wenig. Allerdings bin ich erstaunt, als ich nach kaum drei Wochen auf der Lagerstraße meinem ehemaligen Abteilungs-Adjutanten begegne und an seinem Rock das schwarzweißrote Band entdecke. Der war doch »NS-Führungsoffizier«, schießt es mir durch den Kopf. Kann man so schnell seine nationalsozialistische Überzeugung über Bord werfen, um nun mit den Lehren von Marx und Engels den Faschismus zu bekämpfen? Ist der Mann überzeugt von seiner Sache, oder ist er einer von den Opportunisten, die ihr Mäntelchen nach dem Wind hängen und schneller als andere erkannt haben, wie man am besten durch die Zeit kommt, die vor uns liegt?

Mittagessen. Gruppenweise geht's in den Speisesaal, der in einem einstöckigen Klostergebäude eingerichtet ist und mit seinen langen Tischen und Bänken sicher mehr als hundert Leuten Platz bietet. Die weiß gekalkten Wände sind mit farbigen Ansichten deutscher Städte geschmückt. Das heißt: Die Längswand ist noch nicht fertig. Da sitzen die drei Maler auf einem Brett, das sie über zwei Tische gelegt haben, und sind fleißig bei der Arbeit. Der mit dem schwarzen Spitzbart ist Leutnant Kurz, erfahre ich. Er ist Profi mit Akademieausbildung und macht das richtig gut. Allerdings ist auch in den nächsten Wochen kein Fortschritt der Arbeit zu sehen. Die drei Maler nehmen sich Zeit. Das ist verständlich: Solange sie hier arbeiten, bekommen sie vom Küchenchef morgens, mittags und abends eine Extrasuppe. Jeder muss sehen, wo er bleibt.

Essenempfang. Einer mit weißer Schürze schöpft aus einem Riesentopf drei viertel Liter Kohlsuppe in einen Blechnapf, sein Nebenmann einhundertsiebzig Gramm Kascha in einen zweiten, etwas kleineren Napf. Kascha? Kascha heißt Brei. Aus Erbsen oder Mais, Graupen, Linsen oder Hirse. Was gerade angeliefert wird aus dem Magazin, das draußen in der Stadt liegt und aus dem auch die Zivilbevölkerung versorgt wird. Wieso gerade einhundertsiebzig Gramm? An der Seitenwand der Essenausgabe hängen ein Dutzend Kellen, nach Größe geordnet: hundert Gramm, hundertzehn Gramm, hundertzwanzig Gramm ... Heute, hat der Küchenchef ausgerechnet, reicht es für hundertsiebzig Gramm. Hundert Augen verfolgen mit Argusblick, ob der Suppentopf nach jeder zweiten Kelle umgerührt wird und ob die kleine Kelle mit der Kascha genau bis zum Rand gefüllt ist.

Morgens und abends das gleiche Ritual, dann gibt es aber nur Suppe, keine Kascha. Hier wird nicht mit großem Besteck gegessen. Löffel genügt. Messer und Gabel bin ich schon beim letzten »Filzen« losgeworden, genauso wie meinen Rasierapparat.

Nachmittags müssen wir zur Untersuchung. Die Lagerärztin in der braunen Russenbluse mit den goldenen Schulterstücken sitzt vor einem Tisch, hinter ihr ein Soldat, der Protokoll führt. Nackt ausziehen. Auf drei Schritt vor die Frau Doktor treten, die mich durch ihre dunkle Hornbrille genau anschaut. Kehrt. Sie steht auf, kneift mich in die rechte Pobacke. Das ist ihre Methode, die Festigkeit meiner Muskulatur zu prüfen. Sie wirft dem Soldaten hinter sich eine Zahl zu: Ich bin in der Kategorie zwei gelandet – »arbeitstauglich«. Abtreten.

Später erfahre ich im Gespräch, dass es fünf Kategorien gibt. Die fünfte bedeutet »arbeitsuntauglich«, die vorletzte »Dystrophiker«. Ein uns ganz unbekannter Ausdruck, der aber für manchen noch eine traurige Bedeutung bekommen wird: Dystrophiker sind Gefangene, die unterernährt sind, also in einer so schlechten körperlichen Verfassung, dass sie für eine Arbeit nicht infrage kommen. Draußen auf dem Hof laufen genug solcher Gestalten herum, durchweg solche aus dem Stalingrad-Kontingent.

Noch ahne ich nicht, wie oft ich diese Prozedur der »Kommissionierung« noch über mich ergehen lassen muss – die »Fleischbeschau«, wie wir spöttisch sagen, denn mehr ist es nicht. Aber später, wenn wir wirklich in der Fabrik oder in der Kohlegrube arbeiten werden, wo das unerbittliche Gesetz der »Norm« herrscht, da entscheidet die »Kategorie« darüber, an welchem Platz und wie viel Stunden am Tag wir zu arbeiten haben. Und ich werde froh sein, dass ich bis auf ein einziges Mal – im Winter 1946/47 in der Furnierfabrik – meine »2. Kategorie« halten kann.

Noch allerdings ist von Arbeit nicht die Rede. Noch gilt der Grundsatz der Haager Landkriegsordnung, nach der kriegsgefangene Offiziere nicht arbeiten müssen.

So liegen wir auch tagsüber manche Stunde auf unserer Pritsche, bis ich an den juckenden Quaddeln an meinen Beinen merke, dass Flöhe von dem Sandboden in meine Hosen kriechen. Da gehe ich lieber draußen im Hof herum. Zeit habe ich im Überfluss.

Ich werde zu einer Vernehmung gerufen. In jedem Lager gibt es außer dem russischen Politoffizier einen so genannten Politinstruktor. Das sind in der Regel deutsche Emigranten – meistens Kommunisten –, die sich 1933, als die Nationalsozialisten an die Macht kamen, der politischen Verfolgung rechtzeitig durch Flucht ins westliche Ausland oder in die Sowjetunion, die »Heimat der Werktätigen«, entziehen konnten. Der Politinstruktor hier in Jelabuga heißt Maurer und stammt, wie ich höre, aus Neuwied. Später, wenn ich wieder zu Hause bin, wird mir mein Vater sagen, dass er ihn gekannt hat aus der Weimarer Zeit, als Maurer

Führer der kommunistischen Fraktion im Stadt- oder Kreisrat war.

Als ich vor dem schmächtigen Mann mit den eingefallenen Wangen stehe, der da hinter dem Schreibtisch sitzt, auf dem ein paar Aktendeckel und ein paar Bogen Papier liegen, versuche ich einen Augenblick lang die Odyssee nachzuvollziehen, die dieser Mann in den zwölf Jahren unseres »Tausendjährigen Reiches« um seiner Überzeugung willen hinter sich gebracht hat, um am Ende – zweitausend Kilometer von seiner Heimat entfernt – für einen kärglichen Lohn hier in diesem Büro mit dem Stalinbild an der Wand zu sitzen. Sicher wird er mich fragen, wie es denn aussieht in Neuwied, seiner Heimatstadt, die er vor so vielen Jahren verlassen musste.

Nichts davon. Kein Wort.

»Nun«, fragt er mich in jenem seltsam singenden Tonfall, den ich von jetzt an in allen politischen Versammlungen zu hören bekomme, weil anscheinend alle diese Leute durch die gleiche politische Schule gegangen sind, »nun«, fragt er mich, »was haben Sie gedacht, als Sie gingen in Gefangenschaft?«

Was soll ich ihm antworten? Wo ich doch gerade erst anfange, über alles nachzudenken? Nach zehn Minuten ist das Gespräch beendet. Maurer reißt eine Seite aus der »Prawda«, die auf seinem Schreibtisch liegt.

»Zigarettenpapier«, sagt er mit einem etwas verlegenen Lächeln. Dann bin ich entlassen.

Dies ist die erste, aber auch die einzige Vernehmung in den ganzen Jahren meiner Gefangenschaft. Ich war ja nicht in der Waffen-SS, und meine Einheit ist zum Glück nie in Kämpfe gegen Partisanen verwickelt gewesen.

Die Seite aus der »Prawda« kann ich brauchen. Weil meine Pfeife kein Mundstück mehr hat, nützt mir die tägliche Machorkazuteilung nichts, solange ich kein Papier zum Zigarettendrehen habe. Deutsches Zeitungspapier – wenn es welches gäbe – wäre unbrauchbar, weil es zu stark geleimt ist und »flammt«. Also reißt man aus dem löschpapierähnlichen Papier der bekanntesten und – außer der »Iswestija« – einzigen russischen Zeitung sorgsam kleine rechteckige Stücke. Ganz Russland dreht so seine Zigaretten – und wir lernen es auch. Feuer? Kein Streichholz, kein Feuerzeug. Wer ein Brillenglas durch die Filzung gerettet hat, hütet es wie seinen Augapfel. Auch Feuerstein und Lunte sind Kostbarkeiten. Ich muss den Nächsten, der mir mit brennender Zigarette über den Weg läuft, um Feuer bitten.

»Herr Kamerad?« Das wird nicht immer gern gesehen. Mancher fürchtet, dass ihm beim Feuergeben von seiner Zigarette ein Zug oder gar zwei verloren gehen.

Es dauert nur ein paar Wochen, bis wir Neuen in die Gewohnheiten und Zwänge eingebunden sind, die sich bei den Stalingradleuten in zwei entbehrungsreichen Jahren entwickelt haben. Es geht um Kleinigkeiten, die keiner von uns beachtet hat, als wir noch Soldaten waren. Die tägliche Brotverteilung am Morgen wird zum Ritual. Die wegen des ziemlich flüssigen Brotteiges in Kastenformen gebackenen Brote werden in der Brotschneiderei einmal längs- und zweimal quergeschnitten und ergeben so – theoretisch! – sechs Stücke zu je sechshundert Gramm. Aber so genau kann keiner schneiden, auch wenn er schon ein halbes Jahr lang nichts anderes tut. Deshalb wird jedes Stück nachgewogen.

3 | Morgenwäsche der Gefangenen in Jelabuga. Im Hintergrund die Latrine.

Wenn es sechshundertzwanzig Gramm sind, müssen die zwanzig Gramm abgeschnitten werden, und dieses Stückchen wird – als »Supplement« – mit einem Holzstäbchen auf ein anderes Stück Brot gespießt, das nur fünfhundertachtzig Gramm wiegt. Einer von den Leuten ist nur damit beschäftigt, Holzstäbchen zu schneiden. Die täglichen Brotportionen werden immer von zwei Leuten der Gruppe von der Brotschneiderei geholt. Einer allein könnte in die Versuchung kommen, auf dem Weg eines der Supplemente heimlich aufzuessen. Das frische Brot duftet zu verführerisch.

Nun ist irgendjemand auf die Idee gekommen, dass jeder der vier »Eckkanten« eines solchen Brotes einen größeren Nährwert hat als einer der beiden »Innenkanten« – weil er mehr Kruste hat. Also wird beim Verteilen – Papier gibt's nicht – auf einem Brett hinter jedem Namen vermerkt, wer heute mit Eckkanten und wer mit Mittelkanten dran ist.

Meine Nebenmänner haben ein kleines Brett in der Hand, wenn sie ihre Brotportion in Empfang nehmen. Das haben sie sich schon von den Stalingradern abgeguckt, die genau darauf achten, dass kein Krümel verloren geht. Mal sehen, wo ich so ein Brett herkriege. Und eine kleine Blechdose für das Fett und noch eine für den Zucker. Zu meiner großen Verwunderung stellt sich nämlich heraus, dass in dieser angeblich klassenlosen sozialistischen Gesellschaftsordnung die Offiziere eine bessere Verpflegung bekommen als die Mannschaften und dass dieses System auch auf uns Kriegsgefangene angewendet wird: Während den Mannschaften jeden Tag fünfzehn Gramm Zucker und fünf Gramm Tabak, aber kein Fett zusteht, bekommen wir Offiziere dreißig Gramm Fett, vierzig Gramm Zucker und fünfzig Gramm Tabak. Sogar beim Brot gibt es einen Unterschied: Wir bekommen 400 g Schwarzbrot, die restlichen 200 g als Weißbrot. Das empfinden wir als ungeheuren Luxus, hat es doch zu Hause in all den Kriegsjahren kein Weißbrot mehr gegeben. Für Russland allerdings ist es nichts Besonderes, wenn man an die Ukraine mit ihren unermesslichen Weizenfeldern denkt, auf denen die stolzen Brigaden von riesigen Mähdreschern die Ernte einfahren, wie uns die Politinstruktoren auf jeder Lagerversammlung erzählen.

Also Döschen für Zucker und Butter besorgen. Irgendwo in einer Barackenecke oder – jetzt, wo es allmählich wärmer wird und die Sonne vom blauen Himmel lacht – draußen sitzen die Bastler und haben vor sich Lappen mit Blechstücken und -streifen ausgebreitet, die sie irgendwo aufgesammelt haben. Mit selbst hergestelltem Werkzeug, in seltenen Fällen auch mit einem richtigen Taschenmesser, das sie im Saum ihrer Hose durch alle Filzungen gerettet haben, biegen und klopfen und hämmern sie. Meine zwei Dosen kosten mich sechshundert Gramm Brot, denn Brot ist die einzige Währung im Lager. Ich stottere den Preis in drei Raten ab. Aber ich muss diese Dosen haben, denn sie gehören auf den Tisch, der vor den Pritschen entlangläuft und auf dem jeden Morgen die Zeremonie der Zucker- und Butterverteilung stattfindet. In jeder Gruppe gibt es – wer weiß, wo und wie gebastelt – eine Waage mit bis aufs Gramm unterteilten Gewichten. Von zwei Leuten und unter dem kritischen Blick von zwanzig oder dreißig Augenpaaren werden der Zucker und die Butter abgewogen und in die Dosen verteilt. Und da natürlich immer ein kleiner Rest bleibt, den man nicht mehr durch zwanzig teilen kann, wird genau Buch geführt, wer an der Reihe ist und diese »Spitze« bekommt ...

In einer anderen Ecke sitzen die Holzschnitzer. Die haben sich auf Sandalen spezialisiert und auf Tabaksdosen, wahre Kunstwerke, rechteckig und mit genau eingepassten flachen Schiebedeckeln. Muss man auch haben für die Hosentasche, weil der Machorka sonst schnell austrocknet und zu Staub zerfällt. Kostet mich wieder dreihundert Gramm Brot.

Fünfzig Gramm Tabak pro Tag sind viel, aber man kann ihn nicht zum Tauschen benutzen, weil es hier in Jelabuga keine Mannschaften gibt, die mit ihrer Fünf-Gramm-Ration arm dran wären. Rauchen betäubt eben auch das Hungergefühl. Und es dauert kein Vierteljahr, da sind auch wir körperlich noch ganz stabilen Leute mitten in dieser allgemeinen Hunger- und Essenpsychose gelandet. Dabei müsste man doch mit diesen auf den ersten Blick ordentlichen Rationen zurechtkommen. Keiner kann sich erinnern, dass er als Soldat morgens drei viertel Liter Suppe und anschließend ein halbes Kommissbrot mit Butter und Zucker aufgegessen hätte. Allerdings haben wir auch nicht mittags von einem halben Liter Kohlsuppe und hundertfünfzig Gramm Brei gelebt und abends wieder von einem halben Liter Kohlsuppe. Allmählich wird uns klar, dass wir hier eine reine Kohlenhydrat-Ernährung mit ein bisschen Fett haben. Es gibt so gut wie kein Fleisch, also fehlt das Eiweiß, an das wir Westeuropäer gewöhnt sind. Wir werden für Jahre mit dieser einseitigen Verpflegung leben müssen, und es ist kein Wunder, dass sich alle Gedanken und Gespräche nur mit dem Thema Essen beschäftigen. Es gibt nicht wenige Leute, die eine Wissenschaft daraus machen und ein Ritual aus ihren Mahlzeiten, die eine halbe Stunde brauchen, um mit winzigen Schlucken ihre Suppe auszulöffeln, ihr Brot – in kleinste Würfel geschnitten – auf dem Brett vor sich ausbreiten und jedes Bröckchen hundertmal kauen, um jede Kalorie auszunutzen. Seltsamerweise landen gerade diese Leute irgendwann im Dystrophikerlager. Ich nehme mir vor, jede Möglichkeit der Ablenkung und Beschäftigung zu nutzen, damit ich nicht in diesen Strudel gerate.

Das ist allerdings nicht einfach. Die Zeit tropft dahin, ein Tag gleicht dem anderen. Man sitzt mit dem Rücken an einer der alten Klostermauern, von denen der Kalk bröckelt, blinzelt in die Sonne, dreht seine Machorkazigarette und wartet, bis einer vorbeikommt, den man um Feuer bitten kann.

Irgendwann gibt es sogar richtigen fein geschnittenen Naturtabak – von der Krim, wie man hört –, der so stark ist, dass mein Magen beim ersten Zug eine richtige Himmelfahrt macht. Ich krame in meinem Gedächtnis nach Gedichten und Bibelsprüchen, die ich einmal auswendig gelernt habe, und nach Themen von Musikstücken. Wie begann doch der dritte Satz des Beethoven-Violinkonzerts? Es gibt sogar eine Bücherei, aber die theoretischen Schriften von Marx und Engels interessieren mich nicht, und die Erzählung von dem antifaschistischen Landbriefträger ist doch ein bisschen simpel.

In der Langeweile blühen die »Parolen« – die Gerüchte. Über unsere baldige Heimkehr, über bessere Verpflegung oder dass ein Kontingent von japanischen Kriegsgefangenen nach Jelabuga kommt. Die Japaner kommen wirklich – und liefern uns Deutschen ein viel beneidetes Beispiel von geschlossenem Gruppenverhalten. Aber auch die »Kommission«, von der überall die Rede ist, kommt wirklich. Schon einige Tage vorher entwickelt die russische Lagerverwaltung eine nervöse Hektik. Hauswände werden neu verputzt und gekalkt, das durchgelegene Stroh auf unseren Pritschen kommt weg, sogar das Essen wird besser. Nun wird alles anders und besser werden, denken wir. Als die Kommission endlich da ist, merken wir wenig von ihr. Höchstens, dass der Innenminister der Tatarischen Sowjetrepublik aus Kasan mit Gefolge und in Begleitung des Lagerkommandanten, eines Gardeoberstleutnants, während des Mittagessens einen Kontrollgang durch den Speisesaal macht, wo natürlich alles auf Hochglanz poliert ist und das Essen so, wie es eigentlich immer sein sollte.

4 | *Im Juni erscheint in Jelabuga die lange erwartete Kommission aus Kasan, um das Lager zu inspizieren. Links der sowjetische Lagerkommandant, Gardeoberstleutnant Kudriaschow, neben ihm der Innenminister der Tatarischen Republik.*

Wenn die hohen Herren abgereist sind, ist alles wieder so, wie es vorher war. Wie oft werden wir noch das Zauberwort »Kommission« hören! Aber es wird uns nicht mehr beeindrucken.

Ab und zu gibt es Lagermeetings unter freiem Himmel. Der Ton der Reden wird härter. Für den russischen Politoffizier, dessen Ansprachen vom Lagerdolmetscher übersetzt werden, sind wir eine Bande von »faschistischen Ockupanten«. Wir sollen faschistische Ockupanten sein? Haben wir Soldaten nicht fünf Jahre unseres Lebens geopfert, um Deutschland gegen eine Welt von Feinden zu verteidigen? Allmählich wird es uns bewusst: So Unrecht hat der da vorne nicht. Wir waren es doch tatsächlich, die sein

Land ohne Kriegserklärung angegriffen haben. Dass ich persönlich keine Möglichkeit hatte, mich einer solchen Kriegsführung entgegenzustellen, selbst wenn ich mit meinen zwanzig Jahren ihre Unrechtmäßigkeit erkannt hätte, steht auf einem anderen Blatt. Nun aber gilt: vae victis, wehe den Besiegten, und: mitgefangen, mitgehangen. Ist es nicht recht und billig, wenn die Sowjetunion von uns verlangt, dass wir mit Arbeit wenigstens einen Teil der Schäden wieder gutmachen, die wir angerichtet haben?

Aber unsere deutschen Politleute in ihrem vorauseilenden Gehorsam gehen noch weiter: Wir dürften nicht warten, bis Russland diese Wiedergutmachungsarbeit von uns fordert. Wir Offiziere müssten von uns aus auf das Vorrecht nach der Genfer Konvention verzichten, wonach wir nicht zu arbeiten brauchen. Auf einer Versammlung aller kriegsgefangenen Offiziere wird eine entsprechende Resolution ohne Gegenstimmen angenommen.

Bei der augenblicklichen Langeweile in unserem Gefangenenalltag mögen manchem von uns ein paar Stunden Arbeit am Tag als willkommene Alternative erscheinen. Dass diese »Wie dergutmachung« mit ihren immer steigenden Anforderungen und immer härteren Bedingungen einmal das bestimmende und existenzielle Element unserer Gefangenenjahre sein wird, ahnt niemand von uns.

5 | Versammlung aller kriegsgefangenen Offiziere im Sommer 1945 in Jelabuga. Es geht um die Annahme einer Resolution zu freiwilligem Arbeitseinsatz als Wiedergutmachung der von der Wehrmacht verursachten Kriegsschäden.

Aber noch sitze ich in der Sonne und zeichne auf die Rückseite meines Brotbrettchens mit einem Bleistiftstummel, der mich wieder einmal hundert Gramm Brot gekostet hat, den Grundriss eines Einfamilienhauses – das war vor fünf Jahren die Aufgabe des ersten Architektursemesters an der Braunschweiger Technischen Hochschule. Eine Glasscherbe muss den Radiergummi ersetzen.

Natürlich gibt es in einem Lager mit zweitausend Offizieren immer auch Leute, die studiert haben, Geschichte und Literatur, Musik und was sonst noch. Ein Leutnant hat deutsche Lieder für seinen vierstimmigen Männerchor arrangiert, der ab und zu ein Konzert gibt. Und am Pfingstsonntag versammeln sich alle um das Rednerpult auf dem Meetingplatz. Da liest Dr. Wieder Goethes »Reineke Fuchs«:

»Pfingsten, das liebliche Fest, war gekommen ...«

Der Sommer wird heiß, es gibt kaum Regen, Festlandklima hier, weit weg vom Atlantik. Leichte, trockene Luft. Nachts ein überwältigender Sternenhimmel. An einem Julitag stehen wir alle auf dem Hof und beobachten durch rußgeschwärzte Glasscherben eine Sonnenfinsternis.

Da ich kein Rasierzeug mehr habe, bekomme ich einen richtigen stacheligen Bart – rostrot wie der von Kaiser Barbarossa. Meine Mutter hat rote Haare. Meine Mutter. Wie mag es ihr gehen?

Meine hohen Stiefel sind unbequem und unnütz für die wenigen, immer gleichen Wege im Lager, und die Strümpfe will ich lieber schonen. Wer weiß, wie nötig ich sie noch brauche. Also Schlappen, Holzsandalen. Kosten mich wieder sechshundert Gramm Brot, in dreimal zweihundert Gramm abgestottert.

Ein kleines Kommando von Freiwilligen, begleitet von einem russischen Posten, zieht mit einem Handwagen jeden Morgen aus dem Lager, um draußen Grünzeug für die Suppe zu sammeln. Im Magazin sind wieder einmal die Vorräte zu Ende gegangen. Zwar bekommen Geburtstagskinder einen doppelten Schlag Suppe, aber am 22. August, meinem 24. Geburtstag, gibt es nur Brennnesselsuppe. Olivgrün. Bitter. Pech gehabt.

Im Waldlager

Anfang September verlasse ich mit hundert Gefangenen das Lager Jelabuga. Beim Morgenappell haben wir erfahren, dass wir zu einem etwa dreißig Kilometer weiter östlich gelegenen Arbeitslager abkommandiert werden. Darüber, dass Offiziere in der Kriegsgefangenschaft nicht zu arbeiten brauchen, wird kein Wort mehr verloren. Niemand von den namentlich Aufgerufenen protestiert.

Die Kama, deren Quelle irgendwo weit, weit im Norden liegt, macht vor Jelabuga einen großen Bogen nach Südosten. Wir schneiden den Bogen ab, marschieren quer durch Feld und Wald und stehen am späten Nachmittag wieder an ihrem westlichen Steilufer. Drüben, auf der anderen Seite, liegt ein kleines Dorf, durch einen vier Meter hohen Erdwall gegen das Frühjahrshochwasser geschützt Es sind nur ein paar Holzhäuser, aus deren Schornsteinen hier und da eine dünne blassblaue Rauchfahne in den Abendhimmel steigt. Ob das Dorf einen Namen hat? Wir wissen es nicht. Auch von den Bewohnern werden wir kaum jemanden zu Gesicht bekommen. Unmittelbar hinter den Häusern beginnt der Wald, der sich wie ein grünes Meer bis zum Horizont erstreckt.

Das Gefangenenlager liegt etwas abseits am Dorfrand und macht nicht den Eindruck, als seien wir die erste Besatzung, die hier untergebracht wird: ringsherum Stacheldraht, Lagertor mit Wachtturm, Appellplatz. Rechts davon kleine Holzhäuser für Kommandant, Wachpersonal, Krankenstube, Friseurraum. Davor eine kleine Baracke: Bäckerei, Küche. Ganz weit hinten die Latrine. Links vom Appellplatz ein lang gestreckter Bau, dessen breites, ziemlich flaches Dach fast bis zum Erdboden heruntergezogen ist, sodass an den Seitenmauern gerade noch Platz für ein paar winzige Fenster bleibt. Vom Appellplatz führt der Weg schräg abwärts zum Eingang am Kopfende der Erdbaracke. In Gruppen zu je neun Mann treten wir durch die breite Tür.

Dunkelheit umfängt uns. Durch die blinden Fenster oben an den Seiten fällt kaum Licht. Wir tasten uns durch einen breiten Mittelgang. Die rohen Baumstämme an den beiden Seiten, die vom Fußboden bis zu den Dachbalken reichen, teilen den Raum in einzelne Boxen. Jede hat einen freien Mittelraum, vielleicht zwei Meter breit, mit einem langen, roh gezimmerten Tisch und einem eisernen Kanonenofen hinten an der Wand. Rechts und links vom Tisch sind Holzpritschen in zwei Etagen mit je fünf oder sechs Liegeplätzen. Stroh. Zwei Decken an jedem Fußende.

Ich ziehe in meiner Koje eine der beiden Decken über das Stroh und werfe die paar Habseligkeiten darauf, die mir geblieben sind. Raustreten zum Abendessen. Kohlsuppe. Inzwischen ist es auch draußen dunkel geworden. Rings um den Appellplatz leuchten ein paar trübe Lampen an hohen Holzmasten. Elektrischer Strom? Hier? Irgendwo rattert ein Dieselaggregat. Wir tappen zu unseren Pritschen. Klappernde Löffel im Kochgeschirr. Es ist vollkommen dunkel um uns herum. Nein, nicht ganz: Oben unter dem Firstbalken brennt alle zehn Meter eine Zwanzigwattbirne.

Damit man nachts hinausfindet, wenn man auf die Latrine muss. Und man muss jede Nacht mindestens einmal raus.

Der Herbst ist golden. Das helle Gelb der Birken, das warme Braun und Rot der Buchen. Dazwischen dunkelgrüne Tannen, Fichten, Lärchen. Die Baumstämme wachsen bis in den Himmel, schlank, gerade und so glatt wie Marmorsäulen. Flirrende Sonnenstrahlen durchbrechen das fast geschlossene Dach der Baumkronen ganz da oben unter dem stahlblauen Himmel.

6 | *Auf dem Marsch vom Hauptlager Jelabuga ins Waldlager Kosyltau.*

So einen Wald hab ich mein Lebtag nicht gesehen.

Gestern, bei unserem ersten Morgenappell, haben wir erfahren, wozu wir hier sind: Wir werden Holz aus dem Wald ans Ufer der Kama transportieren. Nun ziehen wir in langer Kolonne, flankiert von jungen Konvoisoldaten, mit jeweils acht Mann in vier Zweiergruppen kleine vierrädrige Pferdewagen hinter uns her – an Seilschlaufen, die wir über den Kopf und die Schulter gezogen haben. Eigentlich sind diese Wagen für die kleinen, flinken Panjepferde bestimmt; sie sind in Russland seit jeher das Allerweltstransportmittel. Alles an ihnen ist aus Holz, die Räder, sogar die Achsen. Die werden mit Holzteer geschmiert. Der Teer ist morgens früh hart. Erst wenn wir den Wagen ein paar hundert Meter über den Boden geschleift haben, wird er weich, und die Räder fangen allmählich an, sich zu drehen. Jeden Tag geht ein anderer aus der Gruppe in der Deichsel, in der eigentlich das Panjepferdchen läuft. Noch ist das eine begehrte leichte Arbeit, auch auf dem Rückweg, wenn die anderen den schweren Holzstamm ziehen müssen, der auf dem Wagen liegt.

Aber wartet nur! In ein paar Wochen, wenn der Herbstregen in den Bäumen hängt und in den Uniformkragen läuft und diesen Fahrweg, über den wir gerade leichten Fußes laufen, aufgeweicht hat, wenn die Räder bis zu den Achsen in den tief eingeschnittenen Fahrrinnen und den Löchern versinken, die unter den Pfützen lauern, oder gegen die bloßgespülten Felsbrocken knallen, dann schmeißt es den Mann, der in der Deichsel geht, von der einen Seite auf die andere, und dazu muss er sich noch die Flüche der Männer anhören, die sich vor ihm durch den knöcheltiefen Schlamm quälen und mit jedem Ruck, der durch den Wagen geht, in ihren Zugseilen zurückgerissen werden. Und wenn dann der endlose Weg immer noch eine Biegung macht und noch eine, bis endlich, endlich die Umrisse des Lagers als dunkelgraue Silhouette auftauchen – dann wird euch dieser goldene Herbsttag wie eine Erinnerung an eine heile Welt vorkommen …

»Stoj!« Halt!

Wir haben die Lichtung in diesem unendlichen Wald erreicht, auf der kreuz und quer und übereinander die Baumstämme liegen, die wir mit unseren Wagen abtransportieren sollen. Ein Holzfällerkommando hat hier ganze Arbeit geleistet, hat mit Beil und Säge Bäume gefällt und in genau berechnete 0,9-Kubikmeter-Stücke gesägt. Ein solches »Normstück« mit einem mittleren Durchmesser von einem halben Meter beispielsweise ist also viereinhalb Meter lang und – so hat es jemand ausgerechnet – etwa fünfhundert Kilo schwer.

Den Wagen durch das Labyrinth der kreuz und quer liegenden Stämme und über die stehen gebliebenen Baumstümpfe hinwegzubugsieren und das ausgewählte Stück mit Hilfe von zwei Meter langen, armdicken Holzprügeln auf den Wagen zu hieven und festzuzurren, das bedeutet eine Stunde schwere Arbeit. Danach muss man mit dem beladenen Wagen über Stock und Stein zurück auf den Fahrweg kommen.

7 | Im Wald werden die Baumstämme auf Panjewagen geladen. Die Kameraden im Vordergrund haben diese Arbeit schon hinter sich und rauchen ihre Zigarette. Eine andere Brigade – acht Mann in den Zugseilen, einer in der Deichsel als Steuermann – zieht ihren beladenen Wagen gerade auf den Fahrweg.

Pause. Machorkazigarette. Warten, bis der letzte Wagen da ist. Dann die immer gleiche Prozedur des Zählens. Als ob jemand hier einen Fluchtversuch machen würde. Ras, dwa, tri, tschetri. Eins, zwei, drei, vier ... Das dauert ewig. Mindestens dreimal läuft der Konvoiführer an der Kolonne entlang. Jedes Mal kommt eine andere Zahl heraus. Die Jungs können einfach nicht zählen.

»Dawai!« Los, marsch! Zwei Stunden Weg zurück. Wir sind zu müde zum Reden. Vor dem Lagertor schert ein Wagen aus.

8 | So sah der Steuermann in der Deichsel seine Kameraden vor sich, die den Wagen mit dem Baumstamm aus dem Wald bis ans Ufer der Kama zogen.

Ein Stamm Brennholz für die Küche. Jetzt noch eine letzte Anstrengung: Hinauf auf den Deich und auf der anderen Seite im Laufschritt hinunter, damit uns der schwere Wagen nicht in die Hacken fährt. Abladen auf dem Holzplatz am Ufer der Kama. Da werden aus den Stämmen die Flöße zusammengebaut. Wie soll das Holz anders von hier wegkommen?

Dahinten arbeiten noch zwei russische Zivilisten. Auf einer zwei Meter hohen Arbeitsbühne haben sie einen 4-Meter-Stamm festgekeilt. Nun sägen sie ihn der Länge nach durch: Einer steht unten und zieht, der andere hat oben die Beine über den Stamm gegrätscht und zieht die Säge wieder hinauf.

9 | Ankunft der Brigade am Ufer der Kama.

In fünfzig Jahren, wenn ich meinem Enkelkind, der Katharina, bei ihrer Jahresarbeit über mittelalterliche Burgen helfe, wird eine Zeichnung in einem Buch mich an diese Szene erinnern. Unter der Zeichnung steht: »Zimmerleute sägen Bohlen aus einem Baumstamm.« Sie tun das genau so wie die beiden Russen da drüben. Hier, am Ufer der Kama, scheint die Zeit stehen geblieben zu sein.

Drüben, auf dem anderen Ufer, ist die Sonne schon hinter dem Wald verschwunden. Endlich durchs Lagertor. Den Wagen abstellen. In die Unterkunft. Die Augen müssen sich erst an die Dunkelheit gewöhnen. Mit dem Kochgeschirr wieder raus zum Essenholen. Suppe, einhundertachtzig Gramm Graupenbrei. Zurück auf die Pritsche. Stiefel aus. Langsam essen. Löffel für Löffel. Die Zigarette danach. Dösen oder schlafen. Was soll man sonst hier machen? Warten auf die Abendsuppe.

Allmählich flammen überall kleine Lichter auf. Auf jedem Tisch werden in einem zurechtgebogenen Stück Blech Kienspäne angezündet. Es gibt genug davon, die Kiefernstämme sind voller Harz. Die Späne geben ein warmes Licht und brennen lange. Aber sie rußen auch gehörig. Allmählich versinkt die ganze Baracke in bläulichem Dunst. Noch einmal geht es auf den Holzsandalen raus für die Abendsuppe. Zurück auf die Pritsche. Draußen in dem Fass mit Spülwasser das Geschirr sauber machen und drinnen an dem Nagel im Balken neben meinem Platz aufhängen. Uniformjacke aus und zusammen mit der Mütze unter den Kopf. Die Kienspanflämmchen sind nur noch schwache Lichtpunkte im blauen Dunst. Decke über den Kopf. Schlafen. Morgen früh geht es wieder in den Wald.

Mitte Oktober fängt es an zu schneien. Feine Flocken, lautlos, ohne Wind. Die ganze Nacht. Am nächsten Morgen ist die Welt um uns herum weiß, ein Bild des Friedens. Rauchfahnen steigen kerzengerade aus den Schornsteinen in den Himmel. Aus dem Magazin außerhalb des Lagers kommt die Winterbekleidung: Filzstiefel, die so genannten Walinkis, leicht, gut zu tragen, Wattehosen, Wattejacken, Pelzmützen, Pelzhandschuhe. Sogar Pelzmäntel bekommen wir, knielang, mit Schafspelz innen. Nun sehen wir genau so aus wie die russischen Konvoisoldaten, die aus demselben Magazin versorgt werden. Wir werden nicht frieren, hoffen wir, und denken: Hätten wir als Soldaten doch eine solche Winterbekleidung gehabt statt der dünnen Tuchmäntel, die vielleicht für einen deutschen Regenwinter ausreichen, aber nicht für Russland ...

Die Panjewagen werden gegen Pferdeschlitten ausgetauscht, die auf schweren, vorne aufgebogenen Eichenkufen laufen. Unsere Arbeit wird dadurch an und für sich leichter werden. Aber statt mit acht Mann vor dem Panjewagen zu gehen, müssen wir nun zu sechst den Schlitten ziehen. Die Stämme in der Waldlichtung sind bald unter meterhohem Schnee begraben. Die »handlichen« 4-Meter-Stämme sind rar geworden, übrig bleiben die meterdicken und deshalb nur anderthalb Meter langen Klötze, die schwer zu bewegen und – wenn wir sie endlich auf den Schlitten gewuchtet haben – noch schwerer zu dirigieren sind.

Bald wird es kalt. Zwar empfinden wir die dreißig Grad unter null nicht als besonders schlimm, weil die Luft trocken ist, aber wir müssen uns dauernd gegenseitig beobachten, ob die Nase oder die Haut über den Backenknochen nicht weiß wird. Es gibt Leute, die haben – wer weiß wie – eine Dose Niveacreme durch alle Kontrollen gebracht. Aber die enthält Wasser und schützt deshalb auch nicht vor dem Erfrieren. Dauernd tropft die Nase. Typisch für Unterernährung, sagen die Ärzte. Mit dem Pelzhandschuh die Tropfen abzuwischen hilft nicht viel. Die Feuchtigkeit gefriert sofort auf dem Handschuhrücken, und die glasharte Eisfläche kratzt beim nächsten Naseabwischen die Haut auf.

Das Warten auf der Waldlichtung, bis die letzte Gruppe endlich ihren Schlitten beladen hat, kommt uns wie eine Ewigkeit vor. Wir stehen da, ohne uns zu bewegen, um Energie zu sparen, und frieren nur umso mehr. Es gelingt nicht einmal, eine Zigarette zu drehen. Die Hände sind trotz der Pelzhandschuhe eiskalt, die Finger gefühllos, und die Machorkakrümel fallen in den Schnee.

»Et is esu kalt«, sagt mein Nebenmann mit leiser, weinerlicher Stimme, und nach einer Pause: »Dat is nit schön.«

Ich schaue ihn an. Die Pelzmütze, die wir bis zu den eisverkrusteten Augenbrauen heruntergezogen und deren Ohrenklappen wir unter dem Kinn verknotet haben, und der hochgestellte Kragen des Pelzmantels lassen nur einen kleinen Teil seines Gesichts frei. Aber jetzt erkenne ich ihn an seinem singenden rheinischen Tonfall: Das ist doch der schmale Leutnant von der Nachrichtentruppe, der nach dem missglückten Ausbruchsversuch in Königsberg neben mir zwischen den Friedhofskreuzen stand und mich fragte: »Wommer uns nit hier verstecke?«

Armer Junge.

Wenn überhaupt noch etwas geredet wird, dann morgens auf dem Weg in den Wald, wenn wir das Gewicht des leeren Schlittens kaum spüren. Es gibt nur ein Thema: das Essen. Jetzt, wo es auf Weihnachten zugeht, erst recht. Zwanzig Gramm Brot weniger? Jeder hat es gemerkt. Wir können das Gewicht unserer Brotportion inzwischen aufs Gramm genau einschätzen.

»Ja«, sagt einer, der einen Kameraden beim Küchenpersonal hat, »die Bäckerei spart Mehl für Weihnachten.«

»Zucker auch?«

»Ja, fünf Gramm. Und zwei Gramm Fett. Jeder soll Heiligabend ein Stück Kuchen kriegen.«

»Die Kartoffelsuppe ist ja auch nur noch eine Plörre.«

»Kein Wunder. Mein Kumpel, den der Doktor für ein paar Tage krankgeschrieben hat, weil er mit seinem Durchfall alle halbe Stunde zum Scheißhaus rennen muss, hat gestern im Schuppen die erfrorenen Kartoffeln rausgeklaubt. Die müssen natürlich zuerst verbraucht werden.«

»Erfrorene Kartoffeln? Die kannste doch ausquetschen wie 'n Schwamm. Da läuft doch die Soße raus.«

»Eben.«

Gestern fragte einer meinen großen, breitschultrigen Vordermann:

»Sie sind doch gelernter Metzger?«

»Klar«, meinte der. Hatte wohl seine Soldatenzeit in einer Nachschubkolonne verbracht. Und erzählte dann mit allen Einzelheiten, wie's beim Schweineschlachten zugeht. Und die Augen des Fragers leuchteten, als spüre er den Duft der Metzelsuppe in seiner Nase ...

Letztens ging es eine geschlagene Stunde darum, wofür man sich entscheiden würde, wenn man sich tausend Gramm zu essen wünschen dürfte. Zwei Pfund auf einmal aufzuessen würde ja wohl kein Problem sein. Man einigte sich auf zwei Brötchen gleich zweihundert Gramm gleich vier halbe Brötchen, auf jede Hälfte fünfundzwanzig Gramm Butter, macht hundert Gramm, darauf je fünfzig Gramm Schinken, Käse, Marmelade und Honig, macht zweihundert Gramm. Das wären schon mal fünfhundert Gramm. Was noch? Zwei Stück Buttercremetorte à hundertfünfzig Gramm. Macht zusammen achthundert Gramm. Na ja. Ok. Noch zwei Tafeln Schokolade à hundert Gramm. Sind zusammen tausend Gramm. Doch, doch. Das kann man gut auf einmal aufessen, finden wir.

Das erste Weihnachten in der Gefangenschaft. Schweigend haben wir in der Dämmerung des Heiligen Abends unsere Schlitten draußen abgestellt und dem von abertausend

Sternen glitzernden Himmel kaum einen Blick geschenkt. Nun sitzen wir am Fußende unserer Pritschen. Es gibt wirklich das Stück Kuchen, von dem wir so lange geredet haben. Der deutsche Lagerführer spricht ein paar Worte, ein Pastor liest die Weihnachtsgeschichte, und das Männerquartett, das uns jeden Morgen mit einem Lied weckt, singt »O du fröhliche ...« Uns anderen bleibt die Stimme weg. Jeder hängt seinen Gedanken nach. Ich weiß nicht, ob die Eltern noch leben, ob meine Schwester in Berlin die letzten Bombenangriffe überlebt hat und ob mein Bruder vielleicht in amerikanische Gefangenschaft geraten ist. Und die zu Hause wissen nicht, ob ich noch lebe oder nicht doch in Königsberg umgekommen bin. Es ist zum Heulen.

Ein paar Tage nach Weihnachten ist das Magazin leer. Nicht nur bei uns, auch im Dorf, so hören wir, werden die Vorräte knapp. Die Kartoffeln sind erfroren, der »Kapusta«, der Kohl, auch, das Fett wird durch Speck ersetzt, Zucker gibt's schon seit zwei Wochen nicht mehr. Die Kaschaportion ist reine Mehlpampe, und in der Suppe ist auch nur Mehl, das sich der Küchenchef aus der Brotbäckerei besorgt hat. Es gibt Leute, die die Schmalseiten ihrer Kochgeschirre ausbeulen und bei der Essenausgabe ein Brett unter ihren Topf legen, damit ja nichts von dem Inhalt der Schöpfkelle verloren geht. Es nützt natürlich nichts. Wir haben den Bauch voll und kriegen Pausbacken wie die Russenmädchen, aber nach zwei Stunden haben wir wieder Hunger.

Also ziehen wir eines Morgens mit fünf Schlitten und drei Konvoisoldaten los, um aus einem großen Magazin, das zehn Kilometer entfernt im nächsten Dorf liegt, Nachschub zu holen. Unterwegs kommen wir an einer Reihe von aufgeschütteten Hügeln vorbei. Sand? Aber es glitzert. Wirklich: aufgeschüttete Berge von Salz. Und im Lager schmeckt alles fad, weil die Küche kein Salz hat!

Auf dem Rückweg springen wie auf Kommando zwei Mann von jedem Schlitten hinüber zu den Salzbergen, achten nicht auf das Geschrei der Posten, stopfen sich die Manteltaschen voll mit Salzbrocken und sind schon wieder zurück, ehe die Posten ihre Karabiner von der Schulter genommen haben. Jeder von uns kriegt ein paar Brocken. Eine halbe Stunde später gucken wir uns erstaunt an:

»Wie sehen Sie denn aus?«

Aus unseren Taschen ziehen sich weiße Streifen an den Hosen herunter. Die vereisten Salzbrocken fangen an zu tauen. Aber wir haben Salz, und die Küche kriegt auch ihren Anteil an der Beute.

Es hat genug geschneit. Die Verbindungswege im Lager sind schmal geworden, links und rechts türmen sich Schneemauern. Rings um unseren Bunker allerdings ist das blendende Weiß grau verfärbt. Das Grau stammt von dem Ruß der Kienspanfeuer, die wir morgens und abends anzünden, damit wir nicht wie die Maulwürfe im Finsteren herumtappen. Dieser Ruß legt sich auf alles. Die Balken, die Dielen und Bretter der Pritschen sind schwarz, die Tischplatten und unsere Brotbrettchen sind schwarz, der Ruß dringt in die Wolldecken und die Klamotten bis in die Unterwäsche. Auch wir selbst sehen aus wie die Köhler. Und da unsere Morgenwäsche bei minus dreißig Grad sich darauf beschränkt, einmal mit einer Hand voll Schnee durchs Gesicht zu wischen, ist es kein Wunder, dass sogar der Schnee da draußen dunkelgrau wird. Zwar wischen wir extra etwas gründlicher mit Schnee durchs Gesicht, wenn wir einmal in der Woche zum Rasieren in die Friseurstube gehen, wir werden aber jedes Mal von den Meistern der Klinge als »zu dreckig« abgewiesen. Aber auch wenn wir nach der zweiten »Waschung« endlich angenommen werden, gehen wir nach dem Rasieren immer noch mit einem dunkelgrauen »Stehkragen« um den Hals aus der Tür.

Heute ist arbeitsfrei. Großer Badetag, außerhalb des Lagers in der Banja, die sonst von den Dorfbewohnern benutzt wird. Gleichzeitig Entlausung der Klamotten, auch wenn es bei uns – Gott sei Dank – keine Läuse oder Flöhe gibt. Unglücklicherweise gehöre ich zu den beiden Schlittenbesatzungen, die das Badewasser heranzuschaffen haben. Wir übernehmen unten am Ufer der Kama einen Schlitten, auf dem ein großes Fass montiert ist. Ein paar Meter vom Ufer entfernt ist in das meterdicke Eis des Flusses ein Loch gehackt worden, aus dem auch die Zivilisten ihr tägliches Wasser holen. Einer zieht an einem langen Seil den gefüllten Eimer aus dem Loch. Der wandert von Mann zu Mann bis zu dem, der oben auf dem Schlitten steht und das Wasser ins Fass kippt. Da gehen viele Eimer in so ein Fass, und mancher Tropfen schwappt daneben. Auch gleich darauf, wenn wir den Schlitten mit dem randvollen Fass den völlig vereisten Hang des Deiches hinaufziehen. Und noch mehr, wenn der Schlitten auf der anderen Seite hinuntersaust. Da müssen ihn schon zwei Mann mit ihrer ganzen Kraft einigermaßen in der Bahn halten, damit er unten nicht umkippt und die ganze Plackerei umsonst ist. Dann an der Banja das Wasser aus dem Fass mit dem Eimer in die Kessel leeren, unter denen die Holzscheite prasseln. Mit dem leeren Fass wieder den gefrorenen Hang hinauf auf den Deich und drüben hinunter – da lassen wir den Schlitten allein laufen, soll er doch umkippen! – und wieder zum Wasserloch.

Nach der dritten Fuhre ist nicht nur der Schlitten samt Fass mit glashartem Eis überzogen, auch unsere Wattejacken, die Pelzmützen, die Handschuhe und Filzstiefel sind durchnässt und eine Minute später vereist. Vereiste Filzstiefel sind gemein – auf den glatten Sohlen verliert man jeden Halt auf dem gefrorenen Boden.

Endlich, am frühen Nachmittag, können wir den verfluchten Schlitten an der Banja abstellen. Endlich sind auch wir im herrlich warmen Umkleideraum. Die Männer, die sonst in der Krankenstube oder als Friseure arbeiten, hängen die vereisten und allmählich auftauenden Wattesachen auf Bügel und schieben sie in die heißen Entlausungsöfen. Hoffentlich, denken wir, kommt das Zeug einigermaßen trocken wieder heraus. Wir ziehen das »dunkelweiße« Unterzeug aus und bekommen ein kleines Stück graue Seife und ein halbes Kochgeschirr voll heißem Wasser. Nach dem Waschen – die Haare zweimal, die haben es besonders nötig – Abspülen mit dem Wasserrest, der im Kochgeschirr noch übrig geblieben ist. Wunderbar. Wir schauen uns an im trüben Licht der einzigen Glühbirne, die an der Decke hängt, und müssen lachen. Über unsere Gesichter, über die Brust bis hinunter zu den Beinen laufen schwarze Streifen. So viel Ruß klebte in unseren Haaren? Weil wir so brav Wasser mit unserem Schlitten herangefahren haben, bekommen wir noch ein halbes Kochgeschirr voll Wasser extra zum Nachspülen.

Seit ein paar Tagen kursiert die neue Parole: Wir dürfen nach Hause schreiben. Und wirklich: Gestern wurden die Karten verteilt. Es sind grüne Postkarten mit russischer und – kleiner gedruckt – französischer Beschriftung und einem roten Kreuz links oben und einem roten Halbmond in der rechten oberen Ecke. Ja, sagt einer auf unserem Weg in den Wald, die Sowjetunion gehört nicht dem Internationalen Roten Kreuz an, sondern hat eine eigene Organisation, daher der Halbmond. Vom Internationalen Roten Kreuz haben wir überhaupt keine Hilfe zu erwarten. Aber Genaues weiß keiner.

Den ganzen Weg überlegen wir, was wir schreiben sollen. Es dürfen nicht mehr als fünfundzwanzig Worte sein. Kein Wort über den Namen unseres Lagers und darüber, wo es in diesem unendlichen Russland liegt.

Am Nachmittag werden wir – eine Gruppe nach der anderen – in unserem Bunker aufgerufen. Auf einem kleinen Tisch steht neben dem flackernden Kienspanfeuerchen ein Tintenfass, und es gibt zwei Federhalter aus der Kommandantur. Es ist der 16. Januar 1946, und seit dem 9. April des letzten Jahres, dem Tag unserer Gefangennahme, sind neun Monate vergangen. Ich schreibe die fünfundzwanzig Worte, die ich mir auf dem Weg in den Wald zurechtgelegt habe: dass ich lebe, dass ich gesund bin und dass es mir gut geht.

Wie lange mag es dauern, bis die Karte zu Hause ankommt? Und wie lange werden wir auf eine Antwort warten müssen?

Immer gleicher Ablauf der Tage. Der Stapel der Baumstämme am Ufer der Kama wird immer höher. Trockene Kälte im Januar. Glatt gefahrener Schnee auf dem Weg in den Wald. Eines Morgens früh läuft die Nachricht von Pritsche zu Pritsche:

»Draußen sind minus vierzig Grad.«

Irgendwo gibt es eine Vorschrift, dass bei einer solchen Temperatur nicht mehr im Freien gearbeitet werden darf. Beim Raustreten zum Frühappell sind wir uns einig: »Wir werden nicht arbeiten.« Was will der Kapitän, der Lagerkommandant, machen, wenn wir nicht zu den Schlitten gehen? Will er hundert Mann in den Karzer sperren?

Aber die Meldung des deutschen Lagerältesten beeindruckt den Kommandanten wenig. Keine Zornesfalte auf seiner Stirn, kein Wutausbruch. Er weiß, wie man mit einer solchen Situation fertig wird. Ohne Zögern geht er auf den ersten Gefangenen am linken Flügel des angetretenen Haufens zu und tippt ihm mit dem Zeigefinger auf die Brust:

»Du nicht arbeiten? Du wollen Karzer?«

Der Deutsche senkt den Kopf. Er allein in den Karzer? In den ungeheizten Holzverschlag neben der Kommandantur? Wie soll er das überleben? Und warum er allein? Der Russe braucht gar nicht den Schritt nach rechts zu dem Nächsten zu tun. Wir haben schon verloren. Wir gehen zu den Schlitten und ziehen wie jeden Tag in den Wald.

Unterwegs erklärt uns der Führer unserer Schlittenmannschaft, ein kleiner, stämmiger Hauptmann, der immer noch darauf besteht, mit dem Dienstgrad angeredet zu werden, dass wir heute Nachmittag unseren Schlitten mit dem Holzstamm unten am Ufer stehen lassen werden. Zusammen mit zwei anderen Schlitten sollen wir morgen das Holz flussabwärts in die nächste Stadt bringen. Wie weit die entfernt ist? Der Hauptmann weiß es auch nicht. Zehn Kilometer sicher, meint er. Vielleicht auch zwölf.

Weil die Straßen im Winter verschneit sind und nicht geräumt werden, ist der Weg über das Eis der Kama die ideale Verbindung zwischen den Dörfern und Städten an ihren Ufern. Keine Steigungen, kein Gefälle, keine Kurven. Seit anderthalb Stunden schon sind wir unterwegs. Oberhalb des Dorfes, an dessen Rand unser Lager liegt, ist das Flussbett verhältnismäßig schmal: Im Sommer die letzte Möglichkeit, zu Fuß über die Holzbrücke aus Baumstämmen ans andere Ufer zu kommen. Flussabwärts treten die Ufer weit zurück, bis sie gar nicht mehr auszumachen sind. Es wird heller. Auf der linken Seite steigt der orangene Ball der Sonne über den Horizont. Vor uns eine unendliche Ebene, flach wie ein Brett: die schneebedeckte Eisfläche der zugefrorenen Kama. Und vor unseren Schlitten die festgefahrene Schneedecke der Straße über das Eis, wie mit dem Lineal gezogen bis zum Horizont.

Es kostet nicht viel Kraft, den Schlitten mit dem 4-Meter-Baumstamm zu ziehen. Nur der eisige Wind, der uns scharf ins Gesicht bläst und Wolken von Pulverschnee aufwirbelt, macht uns zu schaffen, weil man die Luft als kälter empfindet, als sie in Wirklichkeit ist. Ich habe mir einen schmalen weißen Stofffetzen vor die Nase gebunden, um sie vor dem Erfrieren zu schützen. Das hilft allerdings nur so lange, wie der Stoff trocken bleibt. Die Atemluft aber macht den Stoff feucht, und der friert ganz schnell an der Nase fest. Scheiße. Ich löse den Tuchstreifen vorsichtig, damit er die Haut nicht aufreißt, und stecke ihn in die Tasche.

Noch in fünfzig Jahren werde ich mich dagegen verwahren, dass meine rote Nase von dem Glas Rotwein komme, das ich abends trinke, wenn ich in meinem Ohrensessel sitze, und immer behaupten, an der roten Nase seien die Winter in Russland schuld.

Ein- oder zweimal kommt uns ein Schlitten entgegen. Ein alter Russe mit Pelzmütze und schwarzem Fellmantel, Eiszapfen im Bart und die Augen fast geschlossen, sitzt auf ein paar Säcken mit Mehl oder Heu oder wer weiß was. Das Panjepferdchen, weiße Barthaare ums Maul, trabt vor sich hin. Auch wir geraten in der weißen Einöde ins Dösen. Schon damals in Ostpreußen habe ich mich eines Nachts dabei ertappt, dass ich während des Marschierens eingeschlafen bin.

Da rutscht der Schlitten vor uns auf der festgefahrenen Bahn nach rechts, gerät mit der rechten Kufe in den lockeren Tiefschnee, reißt die Männer in den Zugseilen zurück, kippt um und versinkt im meterhohen Schnee.

»Stoj!«

Plötzlich sind wir alle hellwach. Verdammt. Das hat uns gerade noch gefehlt. Aber alles Fluchen hilft nichts. Der Schlitten muss wieder auf die Bahn, und die sieben Männer, denen das passiert ist, schaffen es nicht allein. Also hinein in den Schnee, der uns gleich bis zur Hüfte reicht und von unten zwischen Pelzmantel und Wattehose dringt. Aber die Holzprügel, mit denen wir versuchen, den Schlitten hochzuwuchten, finden in dem lockeren Schnee keinen Halt. Nach einer halben Stunde Plackerei bleibt uns nichts anderes übrig, als den Schlitten zu entladen, um Schlitten und

Stamm nacheinander wieder auf die Bahn zu bringen. Dann den Stamm wieder auf den Schlitten. Eine Stunde. Wir sind ausgepumpt, die Hände zittern beim Zigarettendrehen.

Die Posten sind verärgert über die Verzögerung.

»Dawai!« Los! Weiter! Also wieder rein in die Zugseile.

Dann taucht am Horizont die Silhouette der Stadt auf, kommt langsam, langsam näher. Es ist sicher schon ein Uhr, als wir endlich die ersten Holzhäuser erreichen. Nach ein paar hundert Metern biegen wir rechts in einen Hof ein.

»Stoj!« Halt. Wir befreien uns von den verhassten Zugseilen, rollen den Baumstamm vom Schlitten auf den Hof, setzen uns auf den Schlitten und drehen unsere Machorkazigarette. Da erscheint in der Tür, durch die eben unser Konvoiführer verschwunden ist, ein russischer Zivilist mit einem Korb in der Hand. So um die fünfzig, gutes Gesicht, schicke Pelzmütze. Greift in seinen Korb und gibt jedem von uns ein Stück Brot. Wir schauen ihn ungläubig an. Brot? Für uns? Das haben wir nicht erwartet.

»Spassiba«, sagen wir. Danke.

Dann geht's auf den Heimweg. Das Stück Brot – das wir natürlich gleich aufgegessen haben – beschäftigt uns noch lange. Der Mann, vor dessen Privathaus wir das Holz abgeladen haben, ist sicher Natschalnik, also Direktor einer Fabrik hier in der Stadt, und vielleicht ist die Holzlieferung ein Privatgeschäft zwischen ihm und unserem Lagerkommandanten. Aber wie kommt er dazu, deutschen Gefangenen ein Stück Brot zu geben?

Hinter uns geht die Sonne unter. Alle paar hundert Meter steht ein drei Meter hoher Holzmast am Wegrand. Das war wohl auch nötig als Orientierung, als es im November wochenlang geschneit hat. Bis zum zweiten Mast zählen wir noch die Schritte, nach dem zehnten zählen wir die Masten nicht mehr. Als wir ins Lager kommen, ist es längst dunkel geworden. Die Küche hat uns das Mittagessen aufgehoben, das wir sonst so um vier bekommen, wenn wir aus dem Wald wieder da sind. Stellt euch vor: Mittagssuppe plus Brei plus Abendsuppe auf einmal! Und heute Mittag das Stück Brot! Das Unglück mit dem umgestürzten Schlitten ist vergessen. Wir fühlen uns wie Geburtstagskinder und fallen in traumlosen Schlaf.

Im März scheint die Macht des Winters gebrochen. Über den Himmel ziehen graue Wolken, der glitzernde Pulverschnee sackt zusammen. Es kostet immer mehr Kraft, die unter dem schweren Schnee begrabenen Stämme freizulegen. An manchen Stellen muss man den beladenen Schlitten schon über den blanken Waldboden zum Sammelplatz ziehen. Die glatte Bahn auf unserem Weg durch den Wald wird pappig, die Schlitten laufen nicht mehr so gut. Dann kommen die ersten nasskalten Regenschauer, die ersten Wasserpfützen und Löcher auf dem Weg.

Langsam merken wir, wie unsere Kräfte abnehmen. Bis der Tag kommt, vor dem ich Angst hatte, der Tag, an dem ich mich mit Müh und Not auf meine Pritsche rette. Ich bin am Ende. Mag nicht mehr aufstehen und lasse mir von einem Kumpel das Essen mitbringen. Wie soll es weitergehen? Wie soll ich den morgigen Tag überstehen? Soll ich mich krankmelden? Aber ich bin nicht krank. Habe auch kein Fieber. Solange ich Soldat bin, habe ich kein

Fieber gehabt. Ich kenne das doch. Die erste Frage des Doktors ist immer:

»Ham Se Fieber?«

»Nein, Herr Stabsarzt.«

»Dann sind Se auch nich krank.«

Und wenn morgen früh die russische Lagerärztin mit den goldenen Schulterstücken auf ihrer braunen Uniformbluse den deutschen Lagerarzt fragend durch ihre dunkle Hornbrille anguckt:

»Simulant?«

Aber vielleicht kneift sie mich auch in die Pobacke und stuft mich eine Kategorie tiefer ein? Dann brauchte ich nur noch hier im Lager zu arbeiten.

Ich melde mich bei meinem Gruppenführer ab und gehe nicht zum Morgenappell, sondern um neun Uhr ins Revier zur Sprechstunde. Die russische Ärztin ist gar nicht da, der deutsche Lagerarzt hört mich ab, misst den Puls, stellt mich auf die Waage. Dann guckt er mich an:

»Sechzig Kilo. Bisschen wenig. Aber Sie sind gesund. Ihnen fehlt nichts – außer an jedem Tag ein Schnitzel.« Und nach einer Pause:

»Ich befreie Sie für fünf Tage vom Außendienst. Aber Dienst im Lager müssen Sie schon machen.« Er zuckt mit den Schultern:

»Mehr kann ich nicht für Sie tun. Tut mir Leid.«

Fünf Tage nicht in den Wald. Gerettet. Wenigstens für fünf Tage. Ich säge mit einem Kameraden, der den linken Arm in einer Binde trägt, auf dem kleinen Platz vor der Küche einen Baumstamm in Stücke, hacke Holz, schippe den schweren Schnee von den Gehwegen, trage in einem Korb

Feuerholz an die Öfen in unserer Unterkunft und schleppe Wasser für die Küche. Aber ich muss nicht in den Wald. Fünf Tage lang. Aber danach?

In der letzten Nacht werde ich immer wieder wach und kann nicht mehr einschlafen. Wie soll ich den kommenden Tag überstehen? Noch einmal zum Doktor? Der wird wieder mit den Schultern zucken. Wieder in den Wald? Ich bin völlig verzweifelt. Lieber Gott, hilf mir.

Morgenappell. Wir haben unsere schweren Pelzmäntel schon abgegeben. Es ist der 1. April. Grauer Himmel. Nebel- und Regenschwaden ziehen über den Appellplatz, es tropft von allen Dächern. Dahinten stehen die Schlitten. Das wird eine Schinderei werden heute bei der Nässe.

Drüben geht die Tür der Kommandantur auf. Der Kapitän mit dem Dolmetscher kommt die drei Stufen herunter auf den Platz. Der deutsche Lagerälteste, ein großer, schmaler Hauptmann, meldet ihm wie jeden Morgen – rechte Hand an der Pelzmütze – die angetretenen Gefangenen. Dann spricht der Kapitän. Wir schauen uns an: Das hat er schon lange nicht mehr gemacht.

»Wojennoplennye!« Der Dolmetscher übersetzt:

»Kriegsgefangene!«

»Wascha rabota sowerschena ...«

»Eure Arbeit in diesem Lager ist beendet. Die Gefangenen marschieren um zwölf Uhr zurück in das Hauptlager Jelabuga ...«

Die letzten Sätze erreichen mich nicht mehr. Ich höre nur: Arbeit beendet ...

Gerettet. Ein Wunder. Danke, lieber Gott.

Wieder in Jelabuga

Ich kann mein Glück noch gar nicht fassen. Aber es ist Wirklichkeit: Am Mittag schließt sich hinter uns das Tor des Waldlagers. Vom Deich oben werfen wir einen letzten Blick zurück: Sieben Monate haben wir hier zugebracht. Zwar habe ich in meiner zweiten Postkarte nach Hause geschrieben, dass es mir gut geht und »dass wir den Winter besser überstanden haben, als ich anfangs befürchtet hatte«. Das war allerdings Schönfärberei. Die Eltern machen sich auch so genug Sorgen um mich.

Drüben zwischen dem Lager und dem Fluss der riesige Holzplatz mit den Bergen von Baumstämmen. Wie viele mögen es sein? Ich rechne. Vierzig Stämme haben wir jeden Tag dort abgeladen. Fünfundzwanzig Tage im Monat, mindestens. Mal sieben Monate. Macht siebentausend Baumstämme. Da drüben liegen sie.

Es regnet. Das Eis der Kama trägt nicht mehr, und so führt der Weg wieder über die Holzbrücke, über die ich voriges Jahr so leichtfüßig gelaufen bin. Jetzt sind die Stämme glatt und rutschig, mein Schritt ist unsicher. Zehn Meter unter mir droht das schmutzige Eis der Kama mit seinen dunklen Wasserlöchern. Nur nicht ausrutschen.

Gegen Abend kommen wir endlich in Jelabuga an. Das Lager – ein einziges tristes Grau. Grau der bröckelnde Putz an den Wänden, grau die tauenden Schneereste und die Wasserpfützen auf dem Appellplatz. Und grau die Gesichter der Gefangenen. Die Stabsoffiziere und die wenigen Generäle aus unserem Transport vor einem Jahr sind verlegt worden.

Nach Moskau, heißt es. Die anderen, die hier geblieben sind, kommen mir so vor, als seien sie noch schmaler, noch verhärmter geworden. Sicher ist in diesem Winter der Anteil der Dystrophiker noch angestiegen. Wir merken es gleich in den ersten Tagen: Schmalhans ist Küchenmeister in Jelabuga. Kein Wunder: Im Sommer wird die Stadt ja per Schiff über die Kama mit allem Nötigen versorgt. Aber der Fluss ist seit Oktober zugefroren. Und die Verbindungsstraße nach Kasan ist unter meterhohem Schnee begraben, da geht gar nichts mehr. Seitdem leben alle Menschen hier in Jelabuga, die Gefangenen genauso wie die Zivilbevölkerung, von den Vorräten, die im Herbst in den Magazinen eingelagert wurden. Um Weihnachten herum ging der Tabak zu Ende, im Januar das Fleisch, im Februar das Fett, dann der Zucker. Übrig blieben gefrorene Kartoffeln, Kraut und Mehl.

Wir Gefangenen haben noch nicht einmal Grund, uns zu beklagen. Die russische Lagerleitung sorgt dafür, dass wir nicht schlechter dastehen als die Zivilisten. Die sollen schon einmal vor dem Lagertor demonstriert haben, weil sie argwöhnten, die deutschen Offiziere würden besser versorgt als sie selbst. Die Diskussionen über dieses Thema enden oft in dem Satz: Der Russe gibt gern, wenn er hat – er hat bloß nuscht. Nuscht ist ostpreußisch und bedeutet: nichts.

Alle leben von der Hoffnung, dass das Eis der Kama bald auftaut. Nachts, wenn alles ruhig ist, horchen wir beim Gang zur Latrine auf das Krachen und Brechen der Eisschollen, das vom Fluss bis zu uns heraufdringt. Diejenigen, die schon mehrere Winter hier überstanden haben, wissen es: Wenn die Kama endlich eisfrei ist, kommt zuerst das Vermessungsschiff. Bis dann allerdings das erste Versorgungsschiff folgt, können noch Tage oder auch Wochen vergehen. Aber irgendwann kommt es. Und jetzt überschlagen sich die Parolen: Gestern ist Tabak ausgeladen worden, und übermorgen soll's Zucker geben. Der Küchenchef hat's gesagt. Und es gibt wirklich wieder Tabak. Nicht nur die tägliche Ration, die uns zusteht, sondern die ganze Menge, die in den letzten Wochen gefehlt hat. Donnerwetter. So viel Akkuratesse haben wir von den Russen gar nicht erwartet. Wir wissen gar nicht, was wir mit dem vielen Machorka anfangen sollen, der Kopfkissenbezug ist halb voll.

10 | Die Bataillone der deutschen Gefangenen sind in Fünferreihen zum täglichen Morgenappell angetreten. Erst nach der Meldung an den russischen Tagesoffizier beginnt die oft langwierige und besonders im Winter kräftezehrende Prozedur der Zählung durch die Wachsoldaten.

11 | Alle paar Wochen müssen wir unsere Habseligkeiten aus den Baracken ins Freie bringen, damit drinnen die Fußböden, Pritschen und Wände geschrubbt werden können.

Auch der Zucker wird für die letzte, zuckerlose Zeit nachgeliefert: neunhundertunddreißig Gramm, fast ein ganzes Kochgeschirr voller Brocken. Wir liegen auf unseren Pritschen, die Zigaretten und Pfeifen qualmen, blauer Rauch zieht durch die Baracke. Und an dem Nagel über unserem Kopfende hängt das Kochgeschirr mit den Zuckerbrocken. Es bleibt allerdings nicht lange unberührt. Wenigstens die Krümel und die kleinen Bröckchen müssen gleich dran glauben, dafür haben wir den Zucker zu lange entbehrt. Aber die großen Brocken werden wir sorgsam auf die nächsten Tage oder sogar Wochen verteilen, damit unser heruntergewirtschafteter Körper auch etwas davon hat. Dazu sind wir fest entschlossen. So unvernünftig werden wir nicht sein, den ganzen Zucker auf einmal aufzuessen. Das heißt: Diesen einen Brocken, der da obendrauf liegt, den könnte man natürlich noch ... Und den daneben vor der Abendsuppe. Und den kleinen als Nachtisch. Und diesen hier vor dem Einschlafen. Und einen, wenn wir nachts von der Latrine zurückkommen ...

Am nächsten Morgen hat keiner von uns mehr einen Krümel. Wir verstehen nicht, wie wir einer solchen läppischen Versuchung erliegen konnten. Aber nun hat die liebe Seele Ruh', wie meine Mutter zu sagen pflegte. Und die meisten von uns zwei Tage lang Durchfall ...

Allmählich bessert sich das Wetter, die letzten Schneereste tauen weg, ab und zu kann man schon draußen in der Sonne sitzen. Irgendwann bin ich beim Ausziehen meiner Lederstiefel unachtsam und ratsche mit dem eisenbeschlagenen Absatz des linken über den nackten rechten Fußrücken. Zuerst beachte ich die Schürfwunde gar nicht. Aber sie will nicht heilen, entzündet sich, fängt an zu eitern. Der Sani auf dem Revier schmiert Salbe drauf, macht einen Verband, aber das hilft auch nicht. Ich schlurfe mit einem Stiefel und einer Holzsandale zum Morgenappell. Es dauert Wochen, bis ich den Stiefel an- und ausziehen kann, ohne dass die ganze Geschichte wieder von vorne anfängt.

Noch mehr macht mir zu schaffen, dass ich eines Tages merke, wie mein Gesicht anfängt zu jucken. Ich bekomme – vermutlich durch eine Infektion in der Rasierstube – eine Bartflechte. Das ist verdammt unangenehm. Die Haut rötet sich, erst gibt es Pickel, daraus werden Pusteln, die sich mit

Eiter füllen und aufgehen und Krusten bilden. Der Sani tut Salbe drauf – wahrscheinlich dieselbe, die er für meinen rechten Fuß verwendet. Sie verschmiert meinen Taschentuchfetzen und nachts die Wolldecke, hilft aber nicht. Immerzu juckt es, aber wenn man sich kratzt, wird es nur schlimmer. Guckt man in den Spiegel – der Nebenmann auf der Pritsche hat eine Scherbe gerettet –, so erschrickt man über sein Aussehen. Man kann natürlich nicht zum Rasieren gehen, das würde die Sache nur schlimmer machen, abgesehen davon, dass einen der Friseur sofort rausschmeißt. Man schneidet die Bartstoppeln jede Woche einmal mit der Schere, die einem der Nachbar nur widerwillig leiht, fühlt sich wie ein Aussätziger und wird von den anderen auch so behandelt, denn die Sache ist ansteckend. Endlich, wenn alles nichts hilft, stellt man unter die Pritsche ein Blechschälchen mit Urin und betupft sich damit immer wieder das Gesicht, denn Leidensgenossen schwören darauf, dies sei das einzig wirksame Mittel.

Es wird länger als ein halbes Jahr dauern, bis die letzte kranke Stelle auf der Haut abgeheilt ist. Zwei Narben bleiben mir allerdings als Andenken. Aber ich kann wieder zum Rasieren gehen.

Anfang Mai verdichten sich die Parolen über einen neuen Transport in ein Arbeitslager. Es soll sich um eine Sperrholzfabrik in der Nähe von Kasan handeln. Und dann geht es ganz schnell. Kommissionierung durch die russische Lagerärztin. Nackt ausziehen, vortreten, umdrehen, Kneifen in die Pobacke. Trotz meines Zusammenbruchs im Waldlager werde ich wieder in die zweite Kategorie eingestuft: arbeitsfähig. Ein paar Tage später verlasse ich mit vierhundert anderen Gefangenen das Lager. Es sind durchweg dieselben, die mit mir die Holzstämme aus dem Wald gezogen haben. Kein Wunder: Die restlichen anderthalbtausend sind für einen Arbeitseinsatz nicht zu brauchen. Unten an der Schiffsanlegestelle wartet der Dampfer, der uns die Kama abwärts, dann die Wolga aufwärts nach Kasan bringen wird.

Jelabuga werde ich nicht wieder sehen. Und ich werde nie erfahren, was aus denen geworden ist, die dort zurückgeblieben sind.

12 | Am 16. Mai 1946 bringt uns ein Dampfer nach Kasan.

Selenodolsk

So klein ist die Stadt gar nicht. In meinem Atlas ist sie sogar auf der Übersichtskarte »Sowjetunion/Europäischer Teil« eingezeichnet, und im Lexikon steht: Stadt westlich von Kasan, am Kuibyschewer Stausee, 90 000 Einwohner. Damals, vor einem halben Jahrhundert, werden es nur 50 000 gewesen sein. In Selenodolsk überquert die Transsibirische Eisenbahn die Wolga.

Das Gelände der Sperrholzfabrik liegt am Stadtrand, etwas erhöht über dem Ufer der Wolga. Zwischen den Fabrikhallen und dem Gefangenenlager erstreckt sich ein riesiger Holzplatz. Wir ziehen in einen offensichtlich eigens für uns eingerichteten Komplex. Eine geräumige Halle, die wohl als Lager für die fertigen Sperrholzplatten gedient hat und in der wir nun auf dreistöckigen Pritschen hausen werden. Dazu kleinere Gebäude für Küche, Bäckerei, Krankenstation, Verwaltung, Wachpersonal. Appellplatz, drei Meter hohe Außenmauer, Lagertor, Wachttürme, Stacheldraht.

Meeting auf dem Appellplatz. Der Natschalnik, also der russische Fabrikdirektor, gibt die ersten Instruktionen über unseren Arbeitseinsatz. Der Dolmetscher übersetzt. Wir werden also auf allen Gebieten der Produktion und zusammen mit den Zivilisten arbeiten. Der Betrieb läuft in drei Schichten rund um die Uhr: acht Stunden Frühschicht von 7 bis 15.20 Uhr, acht Stunden Spätschicht von 15.20 bis 23.40 Uhr und sieben Stunden Nachtschicht von 23.40 Uhr bis morgens um sieben. In jeder Schicht zwanzig Minuten Pause.

Einteilung in Arbeitsbrigaden. Jede Brigade bekommt ihren Platz auf den Pritschen zugewiesen. Vor der untersten Pritschenreihe verläuft ein langer, schmaler Tisch, auf dem jeden Morgen unter den Augen der ganzen Gruppe das Brot verteilt und Fett und Zucker abgewogen werden. Schnell spielt sich ein, welche zwei Leute das Brot aus der Brotschneiderei holen und wer das Abwiegen übernimmt. Plötzlich sind auch die unverzichtbaren, selbst gebastelten Waagen und die Gewichte wieder da. Wer weiß, wer sie im Gepäck hatte.

Schon am nächsten Morgen marschieren wir um halb sieben durch das Lagertor hinüber auf das Fabrikgelände. Die Brigaden werden von den russischen Vorarbeitern in Empfang genommen. Meine Gruppe landet auf dem Holzplatz.

Das Holz kommt in riesigen Flößen die Wolga heruntergeschwommen. Die Flöße werden vor der Fabrik wieder in einzelne Stämme aufgelöst, die durch eine schmale Einfahrt in einen kleinen Naturhafen bugsiert werden. Von einem Holzsteg aus lupfen Arbeiter – ab heute also auch deutsche Kriegsgefangene – mit langen Stangen, die in einem Eisenhaken enden, die Stämme auf ein Laufband, das sie das schräge Flussufer hinaufbefördert. Oben läuft das nächste Band, zwei Meter über dem Erdboden und fast hundert Meter lang. Am Ende des Laufbandes stehen wieder Männer, die die Stämme mit Eisenhaken auf schräge Balken ziehen, auf denen sie dann auf die ebene Erde hinunterrollen. Hier nehmen wir zu zweit den Stamm, der da mit Gepolter ankommt, zwischen uns und rollen ihn mit unseren Eisenhaken über den Platz bis vor das Fabrikgebäude, von wo ihn ein neues Förderband in ein großes Becken mit kochendem Wasser transportiert.

Die Arbeit lässt sich bewältigen. Links und rechts von mir und oben am Laufband wirken die anderen aus meiner Brigade. Anfang Juni wird es schon ganz schön warm. Nach jedem Stamm, den wir quer über den Platz gerollt haben, sitzen wir mit nacktem Oberkörper in der Sonne und drehen unsere Zigarette.

Dass wir zwischen morgens um sechs und nachmittags um vier nichts zu essen bekommen, ist nicht neu für uns, wir kennen das aus dem Waldlager. Dafür hat das ungezwungene Leben hier draußen einen Hauch von Freiheit, zumal es auf dem ganzen Fabrikgelände keine russischen Wachsoldaten gibt.

13 | Wir warten auf dem Bahnhofsgelände von Kasan auf den Zug, der uns nach Selenodolsk bringen soll, der nächsten Station unserer Gefangenschaft.

Ende Juli übernimmt eine andere Brigade unseren Arbeitsplatz, und wir sehen die Fabrikhalle zum ersten Mal von innen. Da stehen vor der rechten Wand drei Schälmaschinen in einer Reihe nebeneinander. Ziemliche Ungetüme. Die Holzstämme kommen – auf anderthalb Meter Länge geschnitten – nass und dampfend aus dem Wasserbecken, der Maschinenführer – als Spezialist in der höchsten Lohngruppe – spannt das Stück ein, fährt das Schälmesser heran, der Stamm fängt an zu rotieren. Das Messer schält zuerst die Rinde und die Unebenheiten weg. Dann beginnt die Feinarbeit: Das Messer hebt eine zwei Millimeter dünne Holzschicht vom Stamm, die als endlose Bahn auf einem Stahltisch landet und dort in quadratische Stücke geschnitten wird. Das Ganze macht einen ungeheuren Krach, vor allem, wenn alle drei Maschinen zugleich arbeiten. Das ist allerdings nicht immer der Fall. Genau genommen: nur selten. Die Kolosse haben sicher schon zwanzig Jahre auf dem Buckel, und irgendetwas ist immer kaputt oder funktioniert nicht.

Das ist mein Glück. Der Brigadier führt mich die Treppe hinunter in den Keller. Wir kommen in einen langen, niedrigen gemauerten Gang mit einer Gewölbedecke, unter der ein paar schwache Glühbirnen brennen. Am Kopfende des Ganges treibt ein stinkender Dieselmotor ein Transportband an, das bis zum anderen Ende gespannt ist. Jetzt sehe ich auch die drei Schlitze in der Decke, durch die etwas Tageslicht fällt: Über mir stehen die Schälmaschinen. Die lassen die Rinden- und Holzabfälle durch die Luken auf das Band hinabfallen, das den Abfall durch das schwarze Loch am Ende des Ganges in die Öfen der Heizung transportiert. Neben dem schwarzen Loch steht ein Schemel.

»Und was soll ich hier machen?«, frage ich den Brigadier.

»Sie müssen nur dafür sorgen«, sagt er – wir reden uns untereinander immer noch mit »Sie« an –, »dass das Band immer läuft.« Damit verschwindet er.

Die nächsten zwei Monate bin ich mit »meinem« Laufband jeden Tag acht Stunden allein und schiebe eine ruhige Kugel. Ich sitze auf meinem Schemel mit dem Rücken an der Wand. Der feuchte, etwas süßlich riechende Dunst, der von den warmen, nassen Holzabfällen verbreitet wird, schlägt sich an den kühlen Steinen nieder. Die Wände glitzern von tausend Wassertropfen. Ich beobachte das Band, das auf der Oberseite schön gerade läuft, weil es seitlich von Stahlrollen geführt wird. Unten allerdings, wo es zurückläuft, hängt es einen Meter tief durch. Muss auch schon uralt sein, denke ich, müsste auch mal nachgespannt werden. Aber es läuft ja, wenigstens solange über mir nur eine oder zwei Maschinen arbeiten. Es ist ja immer nur eine kurze Zeit, dass die Abfälle von oben kommen. Dann muss ich von dem Laufsteg aus, der an dem Band entlangführt, fest auf dem unteren durchhängenden Teil herumtrampeln, damit das Band nicht ins Stocken gerät oder sogar ganz stehen bleibt. Danach herrscht wieder Ruhe hier unten. Ich setze mich auf meinen Schemel, höre auf das Brummen des Dieselmotors, auf das Rullerullerutt und das Quietschen der Stahlrollen.

14 | In der Furnierfabrik werden die auf der Wolga heran transportierten Holzstämme auf Normlänge gesägt.

Aber die Zeit vergeht nicht. Die acht Stunden dehnen sich zu einer Ewigkeit. So leicht lässt sich das Hungergefühl nicht unterdrücken, und die Bartflechte juckt immer noch. Es gibt keine Uhr hier. Wie oft schaue ich zur Tür am anderen Ende des Ganges, ob sich nicht endlich die Klinke bewegt und der Brigadier mir winkt: Schichtende.

Ich muss mir etwas ausdenken, womit ich die ein, zwei Stunden meiner freien Zeit zwischen Arbeit, Essen und Schlafen ausfüllen kann.

Irgendjemand, der in der E-Station der Fabrik arbeitet, hat mir Isolierpapier mitgebracht, das dort einfach weggeworfen wird. Es ist grünlich und ein bisschen transparent, aber man kann darauf schreiben. Es dauert eine Weile, aber endlich habe ich, was ich brauche: einen Bleistift, eine Stahlfeder, zu der ich mir einen Federhalter bastle. Tinte, zwar scheußlich violett, aber wenn ich eine kleine gelbe Tablette aus der Krankenstation darin auflöse, bekomme ich einen ganz ordentlichen Sepiaton. Das abgebrochene Ende eines Zollstocks, ein Holzbrett als Schreibunterlage. Das Holzbrett ist kein Problem, in einer Sperrholzfabrik gibt es jede Menge Abfälle, kein Mensch kümmert sich darum, ob man ein Stück mitnimmt. Man könnte ein kleines Buch machen ...

Und so sitze ich auf dem Schemel im Kellergang der Fabrik beim trüben Licht der drei Glühbirnen, die mich vergessen lassen, ob es draußen Tag oder Nacht ist, und mache mir einen Plan für ein Buch mit Gedichten und Liedern von Goethe bis Arno Holz. Ich krame in meinem Gedächtnis nach Versen, die ich einmal auswendig gelernt habe, und stelle fest, dass das eine ganze Menge ist.

Und jede freie Stunde mache ich mir auf meiner Pritsche oben in der dritten Etage aus Mantel, Decke und Jacke eine Unterlage zum Sitzen, nehme das Brett auf die Knie, schneide sorgfältig das Papier auf DIN-A5-Größe, das ich einmal falte, sodass vier Seiten im Postkartenformat entstehen. Vier solcher Blätter schiebe ich ineinander, das gibt jeweils sechzehn Seiten, die ich, wenn das Buch einmal fertig sein wird, mit Nadel und Faden auf einen Stoffstreifen heften werde. Dann fange ich an zu schreiben. Wie es sich für ein Buch gehört: mit Schmutztitel, Haupttitel, Satzspiegel und – das allein macht schon viel Arbeit – mit bleistiftlinierten Zeilen, genau anderthalb Millimeter für jede Zeile und drei Millimeter für den Zeilenabstand.

Ich habe ja Zeit, so viel Zeit. Was gehen mich die Parolen an, die durchs Lager schwirren: dass eine Kommission aus Moskau kommt, dass dann alles besser wird – »ljutsche budit« –, das immer wiederholte Versprechen »skorro damoi!« – bald nach Hause! – und die nicht endenden Diskussionen über das Thema »Essen« und was in der Suppe ist und wie viel Kascha es gibt. Ich lebe damit, dass ich Hunger habe, aber ich versuche, nicht daran zu denken.

Wenn ich von einem Lied die dritte Strophe nicht mehr zusammenkriege, finde ich im Lager diesen oder jenen, der mir weiterhilft. Drei Pritschen weiter liegt Dr. Greifenhagen, Archäologe aus Berlin, sicher fünfzehn Jahre älter als ich. Die gemeinsame Liebe zu allem, was mit Griechenland zusammenhängt, lässt bald eine fast freundschaftliche Beziehung entstehen.

Im Sommer wird der politische Druck stärker. Der »Bund Deutscher Offiziere« hat schon lange ausgespielt, das »Nationalkomitee Freies Deutschland« wurde gegen Ende des letzten Jahres aufgelöst. Die ganze Politarbeit ist nicht mehr der Roten Armee unterstellt, das »Antifa-Aktiv«, wie es jetzt heißt, empfängt seine Weisungen direkt aus Moskau. »Arbeitswettbewerb« ist das neue Schlagwort. Auf dem Appellplatz hat man große Tafeln errichtet, auf denen die einzelnen Brigaden mit ihren Arbeitsergebnissen des letzten Monats verzeichnet sind.

Alle Arbeitsabläufe in der Fabrik sind in einem dicken Buch aufgelistet, und bei jeder Arbeit ist genau angegeben, welche Leistung man erbringen muss, um die »Norm« hundertprozentig zu erfüllen. »Norma jest« – die Norm muss erfüllt werden –, das ist das eiserne Gebot für alle Werktätigen in der Sowjetunion.

Die deutsche Lagerleitung aber, die – wie auch viele Brigadiere – dem Antifa-Aktiv angehört, ist noch päpstlicher als der Papst. Sie verlangt, dass wir mehr leisten als die hundert Prozent, mit der die Zivilisten in der Fabrik bisher ganz gut leben. Wir Deutschen haben »wieder gutzumachen«. Unsere Politleute erfinden den »Arbeitswettbewerb zur Planübererfüllung«. Und sie locken: Für 120 % Normerfüllung gibt es hundert oder zweihundert Gramm Brot mehr.

Es entwickelt sich ein raffiniertes System, in dem eine Brigade gegen die andere ausgespielt wird, eine Rangfolge vom »Bestarbeiter« bis hinunter zu denen, die mit dem Vorwurf »plocha rabotitje!« – ihr arbeitet schlecht! – leben müssen.

Auch drüben in der Fabrik scheinen die Direktoren aus ihrem Trott zu erwachen: Überall wird im Laufe des Sommers in einen höheren Gang geschaltet. Es fängt unten im Hafen an. Da rollen mehr Stämme das Band hinauf. Allmählich füllt sich der Holzplatz. Keine Zeit mehr für Zigarettenpausen. Die deutschen Brigadiere drängen, ab und zu erscheint ein Natschalnik:

»Potschemu stoitje?« Warum steht ihr hier herum?

»Rabotitje!« Arbeitet!

Meine ruhige Zeit am Abfallband im Fabrikkeller geht zu Ende. Immer öfter arbeiten über mir zwei Maschinen oder sogar alle drei. Aber die Mengen von Abfall, die dann von oben durch die Luken herabrauschen, verkraftet das alte schlappe Band nicht. Es quietscht und wackelt, der Antriebszylinder neben dem Motor zieht nicht mehr durch und läuft heiß. Schließlich bleibt das Band stehen.

Ich springe auf den Laufsteg, trete mit aller Kraft auf das unten zurücklaufende Band, renne wie ein Hase zum nächsten Schacht, lege Querhölzer über das Band, damit es von dem Abfall, der pausenlos von oben kommt, nicht noch mehr belastet wird, reiße mit beiden Händen die Abfälle auseinander und trampele auf dem Band herum, um es wieder zum Laufen zu bringen. Wenn ich Glück habe, ist oben eine Weile Ruhe. Dann kann ich die Stäbe herausziehen und Luft schaffen. Aber die Maschinenführer kümmern sich nicht um meine Probleme hier unten. An manchen Tagen scheinen sie sich geradezu verschworen zu haben. Dann sind genug Stämme da, die Maschinen sind frisch geölt und laufen auf Hochtouren, der Abfall prasselt auf mein Band, dass ich nicht weiß, wo ich zuerst hinrennen soll. Warum rackere ich mich hier unten ab? Ist das meine Fabrik? Verdammtes preußisches Pflichtgefühl. Wenn der Abfall oben aus den Schächten herausquillt, muss der Russe die Maschine abstellen. Aus ist's mit dem Traum von den 200 %, die er sich heute vorgenommen hat. Dann stürmt er die Treppe herunter und steht fluchend in der Tür zu meinem Gewölbe:

»Jobtwojumat! Potschemu nje rabotitje?« Ballt die Fäuste, spuckt aus und reißt mit der Kraft seiner breiten Schultern so lange die Späne auseinander, bis das verfluchte Band mit lautem Quietschen wieder zu laufen anfängt.

Der wöchentliche Schichtwechsel macht uns doch zu schaffen. Jede Woche andere Essens- und Schlafenszeiten. In der Frühschichtwoche kann ich nachmittags zwischen fünf und sieben an meinem Buch schreiben, wenigstens jetzt im Sommer. Später, wenn es früher dunkel wird, reicht mir die spärliche Beleuchtung in der Unterkunft nicht zum Schreiben, da bleibt mir nur der Vormittag in der Spätschichtwoche. Und in der Woche, in der ich nachts arbeite, vielleicht eine Stunde um die Mittagszeit. Denn wenn wir morgens um sieben von der Arbeit kommen, schlafen wir erst einmal bis um eins, und nach der Abendsuppe auch ein paar Stunden, bis uns der Brigadier eine Stunde vor Mitternacht weckt. Aber langsam füllt sich eine Buchseite nach der anderen.

Auch an meinem 25. Geburtstag, nun schon dem zweiten in der Gefangenschaft, sitze ich draußen in einer ruhigen Ecke zwischen der Bäckerei und dem Stacheldrahtzaun in der Sonne unter blauem Himmel und schreibe.

Joseph von Eichendorff. »Es schienen so golden die Sterne ...«

Im September bekommt die Fabrik eine Fahne für vorbildliche Planerfüllung und gute Arbeit. Zwei Wochen später gibt es einen neuen Normkatalog. Die Norm wird erhöht. Was bisher mit 120 % bewertet wurde, wird jetzt der Normalfall – 100 %. Die russischen Arbeiter schimpfen auf die Kriegsgefangenen, die mit ihrer Arbeitswut daran schuld sind, dass sie selbst nun weniger Rubel verdienen oder mehr arbeiten müssen. Und wir schimpfen auf die Russen, die uns den Korb für das Zusatzbrot höher gehängt haben.

Wir haben es schon seit Wochen kommen sehen. Eines Tages ist es so weit: Die Einfahrt unten am Hafen ist endgültig versandet. Von den Flößen, die noch draußen auf der Wolga treiben, kommt kein Stamm mehr herein. Die Männer auf dem Steg ziehen die letzten Hölzer aus dem Hafenbecken auf das Laufband, dann ist Schluss. Ein Bagger muss her.

Das hätte man sich früher überlegen sollen. Na ja. Jetzt dauert es eben, bis er kommt. Vorläufig liegt ja oben auf dem Platz noch genug Holz. Noch läuft der Betrieb. Anfang Oktober kommt wirklich ein Bagger. Aber da gibt es schon den ersten Schnee. Bis der Bagger die Durchfahrt wieder frei hat, ist die Wolga zugefroren, und das Holz liegt draußen im Eis fest.

Derweil ziehen wir an einem dienstfreien Tag gleich nach dem Morgenappell mit hundert Mann auf die fabrikeigene Kolchose, die ein paar Kilometer außerhalb der Stadt liegt. Kartoffelernte. Mit der Hacke ausbuddeln und in Körben und Säcken zum großen Haufen mitten auf dem riesigen Acker tragen. Leute aus der Küche, die mitgekommen sind, machen Feuer unter zwei großen Kesseln, einer ist für Tee, und der andere wird bis zum Rand mit Kartoffeln gefüllt, so wie sie aus der Erde kommen. Abends kriegt jeder ein Kochgeschirr voll. Ein ganzes Kochgeschirr! Es kratzt ein bisschen im Hals. Das kommt von den Schalen. Egal, wir haben den Bauch voll. Nebel zieht auf. Wir legen uns zum Schlafen zwischen das Kartoffelkraut. Das ist zwar nass, aber nicht so hart wie der blanke Erdboden. Am nächsten Morgen immer noch Nebel. Unsere Klamotten sind klamm. Wieder gibt es ein Kochgeschirr voll Kartoffelstampf. Arbeiten bis um drei. Antreten zum Abmarsch. Die große Filzerei beginnt. Die Wachsoldaten tasten jeden Einzelnen von uns ab. Sie wissen warum: Die Versuchung ist groß, heimlich Kartoffeln mit ins Lager zu nehmen. In den Hosenbeinen, in einem Tuchgürtel um die Taille, unter der Mütze, in kleinen Schnitzeln in der Feldflasche. Ich versuche es gar nicht. Wo soll ich sie kochen? Was soll ich mit rohen Kartoffeln anfangen? Einmal, letztes Jahr im Waldlager, als ich im Schuppen die gefrorenen Kartoffeln aussortieren musste, habe ich ein Stück rohe Kartoffel gegessen. Es schmeckte scheußlich. Nie wieder, habe ich mir geschworen.

Die blöde Filzerei kostet uns eine Stunde Herumstehen im Nebel, im einsetzenden Nieselregen und in der Kälte. Endlich Abmarsch, vorbei an dem kleinen Häuflein konfiszierter Kartoffelschnitzel und an dem großen Berg von Kartoffeln, die wir ausgebuddelt haben. Hoffentlich erfrieren sie nicht hier draußen, weil vielleicht gerade kein Lastwagen da ist, der sie abtransportiert ...

Mitte Dezember ist der Holzvorrat auf dem Platz aufgebraucht. Die Schälmaschinen stehen still. Ich verliere meinen Arbeitsplatz unten im Gewölbe, wo es wenigstens warm war. Für ein paar Tage werden wir auf den Holzplatz geschickt, um jeden zerbrochenen Stamm, jedes Stückchen Holz, jeden Span einzusammeln und in das Kesselhaus zu bringen, ehe der Platz völlig unter dem Schnee versinkt. Vielleicht reichen die kläglichen Reste gerade aus – so spotten wir –, dass die Heizung genug Dampf produziert, um morgens zum Schichtbeginn die Sirene tuten zu lassen. Böse Zungen behaupten sogar, ganze Pakete fertig produzierter Sperrholzplatten wanderten wieder in die Heizung, damit die Temperatur in den Fabrikhallen nicht unter null Grad sinkt. Es ist aus mit dem Arbeitswettbewerb, mit der Planübererfüllung und mit dem Zusatzbrot.

Stattdessen ziehen wir jetzt jeden Morgen in langer Kolonne über den schneebedeckten Holzplatz, den Abhang zum Fluss hinunter, vorbei an dem kleinen Hafen, der jetzt unter Schnee und Eis gar nicht mehr zu erkennen ist, hinaus auf die Wolga, dahin, wo die Baumstämme im Eis liegen, meterhoch vom Schnee bedeckt. Ein eisiger Wind, der drüben vom anderen Ufer kommt, das sicher drei Kilometer entfernt ist, fegt uns Wolken von Schnee ins Gesicht. Wir schaufeln den Schnee von den Baumstämmen, die nur ein paar Zentimeter aus dem Eis gucken, und dann hacken wir mit Eisen- und Brechstangen, mit Pickel und Spaten das Eis auf.

Für diese Arbeit gibt es keinen Trick und kein Patentrezept. Wenn die Stämme wenigstens noch miteinander verbunden wären, so, wie sie als Floß ankamen. Stattdessen liegen sie kreuz und quer, jeder ringsum vom Eis eingeschlossen. Zehn Mann arbeiten an einem Stamm, und jeder Stoß mit der Brechstange löst nur einen einzigen Eisbrocken.

Ich habe noch nie Kraft in den Armen gehabt. Vor zehn Jahren, damals in der Obersekunda, konnte mein Freund Julie Dillenberger den kleinen Ball achtzig Meter weit werfen. Ich kam gerade auf dreißig. Ich stoße zehnmal mit der Brechstange ins Eis, dann wird mein Arm lahm. Aber den anderen geht's auch nicht viel besser. Es dauert zwei endlose Stunden, bis wir den Stamm ringsherum freigelegt und ihn mit Holzprügeln aus seinem Grab im Eis herausgehebelt haben. Dann stehen wir erst einmal mit dem Rücken gegen den Wind unbeweglich da, bis der Brigadier selbst die Eisenkette um den Stamm legt:

»Kommt, Leute, los! Packt an! Der Stamm muss ans Ufer!«

Ein paar nehmen die Kette und ziehen, der Rest schiebt den Viermeterstamm übers Eis bis zum jenseitigen Ufer des Fabrikhafens ans Laufband. Schon von weitem hören wir sein Jaulen und Quietschen. Pause. Wir setzen uns auf einen

Stamm und versuchen, mit klammen Fingern eine Zigarette zu drehen. Bis sich der Brigadier wieder meldet:

»Auf, Leute, wir müssen wieder.«

Wir trotten zurück gegen den Wind, der auf dieser endlosen Schneefläche keinen Widerstand findet. Wie kalt mag es sein? Dreißig Grad? Mindestens. Der Himmel ist bleigrau, die Wolken hängen tief, man kann nur ahnen, wo die Sonne steht. Wie spät mag es sein? Zehn Uhr? Elf? Vielleicht schon Mittag? Hoffentlich. Der nächste Stamm wartet.

»Kommt, Leute, es hilft nichts. Steht nicht rum. Tut wenigstens so, als ob. Dahinten kommt der Natschalnik.«

Da steht er auch schon vor uns:

»Jobtwojumat!« Er spuckt aus. Das gehört dazu. »Potschemu nje rabotitje? Kuritj nje nada! Raboti nada!« Warum arbeitet ihr nicht? Rauchen – Rauchen bedeutet so viel wie ›Pause machen‹ – ist nicht nötig! Arbeiten ist nötig!

Ich drehe ihm den Rücken zu. Ich kann die Brüllerei nicht mehr hören. Und das Klirren der Eisenketten, mit denen wir die Stämme ans Ufer ziehen. Ich kann den ewigen eisigen Wind nicht mehr ertragen, der über die Fläche fegt. Und ich kann den gleißenden Schnee nicht mehr sehen, hier vor meinen Filzstiefeln und dahinten endlos bis zum Horizont. Ich ziehe meine Pelzmütze noch tiefer über die Ohren und schließe die Augen.

Und bin wieder Soldat. Der einfache Obergefreite. Damals an der Front vor Leningrad ...

Es passierte an einem dienstfreien Tag.

»Dienstfrei« – das klingt so, als seien wir in einem Betrieb oder bei einer Behörde angestellt gewesen. Aber wir waren

Soldaten. Alte Soldaten. Sogar ich als der Jüngste von uns dreien mit meinen noch nicht einmal zweiundzwanzig Jahren. Karl Holl war schon dreißig und verheiratet. Manchmal lächelten wir ein bisschen über ihn, weil er jeden Tag einen Brief von seiner Frau bekam. Jeden Tag! Hermann Utermöhlen, der Dritte im Bunde, war auch schon dreißig, auch verheiratet und »Erster Lehrer an der zweiklassigen Volksschule in Leim am Elm«. Wie oft profitierten wir von seinen Päckchen mit Knackwurstdosen, die ihm seine Frau von zu Hause schickte! Als Dorflehrer hatte er ein Schwein im Stall, und manchmal erzählte Hermann von Schlachtfest und Metzelsuppe, Dinge, von denen Karl und ich nur träumen konnten. Wir beiden kamen aus der Stadt, und unsere Leute zu Hause mussten schon fast vier Kriegsjahre lang mit den schmalen Lebensmittelrationen auskommen.

Wir drei waren seit unserer Rekrutenzeit, seit Juni 1940, zusammen und nicht nur gute Kameraden, sondern treue Freunde geworden. Hermann und Karl waren durch den Gestellungsbefehl aus ihrem Beruf gerissen worden wie Hunderttausende, ja Millionen anderer Männer, ich hatte mich im dritten Semester meines Architekturstudiums freiwillig gemeldet. Da war ich noch keine achtzehn, aber – wie viele meines Jahrgangs – getragen von einer Welle der Begeisterung für Deutschland, unser bedrohtes Vaterland.

Inzwischen hatte sich dieser Enthusiasmus merklich gelegt. Von der Idee, mit der blanken Waffe in der Hand und dem Deutschlandlied auf den Lippen gegen den Feind zu stürmen, war wenig übrig geblieben. Es war vorbei mit den Blitzfeldzügen, den glänzenden Siegen über Polen und Frankreich und mit dem stürmischen Vormarsch in Nordafrika. Ich hatte lernen müssen, dass die Offiziere und einfachen Soldaten, denen der Führer das Ritterkreuz und das Eichenlaub mit Schwertern und Brillanten um den Hals hängte, nur einen verschwindend kleinen Teil des Millionenheeres ausmachten und dass mir als einfachem Soldaten nichts anderes übrig blieb, als Tag für Tag die Arbeit zu erledigen, für die man mich ausgebildet hatte. Ich stand mit meiner kleinen Gruppe und unserem Truppführer, dem Unteroffizier Mann, an dem Plan, auf dem unsere eigenen Artilleriestellungen eingetragen waren, dazu die feindlichen, die wir beobachtet hatten, und hantierte mit Bleistift, Lineal und Schusstafel. Wir schossen mit unseren Kanonen in die eingeschlossene Stadt Leningrad hinein und mussten ab und zu mit einer sowjetischen Granate als Antwort rechnen. Zwei Gruppen wechselten sich ab, abends um sieben Uhr war Ablösung.

Wenn wir dienstfrei hatten, saßen wir vor unserer Unterkunft, einem alten Holzhaus, in der Sonne, brachten unsere Klamotten in Ordnung, schrieben Briefe und spielten Karten. Im Winter zerlegten wir die kleine verlassene Hütte hinter unserem Haus und machten daraus Brennholz für den runden schwarzen Ofen, der in unserem Zimmer vom Fußboden bis zur Decke reichte. Und im Sommer gingen wir auf der Straße von Sluzk durch das große Triumphtor, das zu unserer Verwunderung nicht aus Stein, sondern aus Gusseisen war, hinüber nach Puschkin, einem größeren Ort, der als das »Potsdam von Leningrad« galt. Wir schlenderten durch den Park mit seinen Rundtempelchen unter alten Kastanienbäumen und den Brückchen, die über schmale Wasserläufe führten, in denen sich die Birken spiegelten, und an Teichen vorbei, auf denen Schwäne ihre Bahn zogen.

Wir standen eine Minute schweigend vor dem Holzkreuz auf dem Grab des kleinen Marchinsky, den eine Granate das Leben gekostet hatte. Das war nun auch schon ein paar Monate her, aber er war Gott sei Dank der Einzige, den wir hatten hergeben müssen.

Ziel unserer Spaziergänge war meistens Zarskoje Sselo, das alte Zarenschloss, zu dem weit geschwungene Freitreppen hinaufführten. Ein bisschen zerrupft sah es schon aus. Sicher war es während des deutschen Vormarsches unter Beschuss geraten. Unsere Stiefel hallten durch die weiten hohen Räume, an manchen Stellen waren die Stuckverzierungen an den Wänden und an der Decke rußgeschwärzt, und endlich standen wir im Speisesaal am Rand der großen ovalen Öffnung im Parkettboden, durch die zur Zeit der Großen Katharina abends nach dem Galadiner der Tisch mit der Festtafel wieder in die Küchenräume im Keller hinuntergefahren wurde. Ob das berühmte Bernsteinzimmer noch existierte oder längst verpackt und irgendwohin abtransportiert war? Ich erinnere mich nicht.

Sicher, es gab härtere Zeiten, den Winter 1942/43 drüben am Ladogasee und im Sumpfgebiet des Wolchow, aber ansonsten änderte sich wenig oder gar nichts an dieser Front, die nun schon zwei Jahre bestand.

Eigentlich hatte ich mir das Kriegführen anders vorgestellt, aber so war es. Manchmal saßen wir abends bei einer Flasche Schnaps zusammen und sangen die alten Soldatenlieder:

»Es zittern die morschen Knochen
der Welt vor dem großen Krieg.
Wir haben die Knechtschaft gebrochen,
für uns war's ein großer Sieg.

Wir werden weiter marschieren,
wenn alles in Scherben fällt ...«

Und so weiter. Was das für eine »Knechtschaft« war, die wir da angeblich »gebrochen« hatten, wussten wir nicht so recht, und uns kam auch nicht in den Sinn, es könnte vielleicht unser stolzes Vaterland sein, das da in Scherben fiel. Nach der zweiten Flasche Schnaps liefen wir schon mal mit Gesang einer hinter dem anderen um den Tisch herum, schleppten das linke Bein nach, als wenn wir eine Prothese tragen müssten, weil uns der böse Feind ein Bein weggeschossen hatte, und stellten uns vor, wie es sein würde, wenn wir uns nach dem Endsieg auf dem Reichskriegertag in Kassel wieder treffen würden.

»Du«, sagte der Wachtmeister Bickert und deutete mit dem Finger auf mich, »du bist dann ja sowieso nicht dabei. Du bist ja viel zu jung. Wenn wir den Krieg gewonnen haben, schicken sie dich erst mal für zwei Jahre als Bahnhofskommandanten in so ein Kaff hinterm Ural.«

Alle paar Wochen erschienen die Männer der Propagandakompanie und machten mit ihrem Frontkino, mit Leinwand, Filmrollen und Vorführgerät Station beim Abteilungsstab, der – eine halbe Stunde zu Fuß – hinter uns im Stadtgebiet von Sluzk lag. Dann gingen wir ins Kino.

Wie gesagt: Wir hatten dienstfrei. Die Sonne lachte vom blauen Himmel, wir waren gut gelaunt, frisch rasiert, die Feldbluse war ausgebürstet, die Stiefel hatten wir blank geputzt und das Koppel gewienert. Wie oft hatten wir im Soldatensender Belgrad schon Zarah Leander mit ihrer unverwechselbaren Stimme gehört:

»Ich weiß, es wird einmal ein Wunder gescheh'n,
und dann werden tausend Märchen wahr ...«

Das hatte sie in ihrem neuesten Film »Die große Liebe« gesungen. Und den wollten wir uns angucken.

Vor dem Stabsgebäude auf der linken Seite der Straße war eine Erdgrube, fünf mal fünf Meter und brusttief.

»Und was soll das?«, fragte Hermann.

»Wird wohl 'n Bunker«, meinte Karl, »vielleicht für die Fernsprechzentrale.« Wir blieben stehen.

In der Grube arbeitete ein Dutzend Männer. Arbeiten ist zu viel gesagt, eigentlich bewegten sich nur drei oder vier. Einer hackte den Erdboden auf, zwei warfen mit ihren Schaufeln die Brocken über den Rand der Grube, und einer versuchte, mit einer Brechstange einen Stein aus der Wand zu lösen. Die übrigen standen apathisch herum und stützten sich auf ihre Spaten und Schaufeln.

»Was sind das für Leute?«, fragte ich.

»Na, was sollen das schon für Leute sein?«, sagte Karl. »Russen natürlich. Kriegsgefangene.«

Gefangene? Diese jammervollen Gestalten? Graue Gesichter mit eingefallenen Wangen. Stoppelbart, kurz geschorene Köpfe, tief liegende Augen. Zerschlissene Wattejacken, Löcher in den Hosen. Barfuß die einen, andere mit Holzsandalen an den bloßen Füßen. An dem Strick, den sie um den Leib gebunden hatten, hing eine leere Konservendose an einem Drahtbügel.

Oben auf dem aufgeworfenen Erdwall an der rechten Wand der Erdgrube steht ein Wachtmeister der Stabsbatterie. Blitzblanke Uniform, Breeches, Reitstiefel. Wo solche Leute nur immer ihre schicken Klamotten herhaben. Wir sind doch eine motorisierte Truppe, wir haben nur Knobelbecher. Wie kommt der da drüben an eine Reithose mit Lederbesatz und schmale hohe Stiefel? Der Herr Wachtmeister knallt mit seiner Reitgerte gegen seine Stiefel und brüllt die armen Kerle unten in der Grube an:

»Los! Arbeitet! Steht nicht rum! Arbeitet, verdammt nochmal!«

Sieht er nicht, dass die da unten am Ende ihrer Kraft sind? Wie sollen sie arbeiten können, wenn ihnen der Küchenbulle in der Mittagspause eine Kelle Wassersuppe in ihre Blechdose füllt?

Wir stehen etwas betreten hier oben auf der Straße. Ich sehe den beiden Freunden an, dass es ihnen genauso geht wie mir. Aber wir sagen nichts. Und wir tun nichts. Wir gehen ins Kino wie die anderen um uns herum.

Eigentlich geht es uns auch gar nichts an. Wir sind deutsche Soldaten und stehen als Sieger in Feindesland. Die da unten haben Pech gehabt. Vae victis. Wehe den Besiegten.

Wieder steht Weihnachten vor der Tür. Die Küche spart seit Wochen grammweise Mehl, Butter, Zucker, Erbsen, Grütze, Fleisch für ein Festessen. Das ganze Lager redet über nichts anderes. Wer am Abend des 24. Dezember nicht gerade Spätschicht in der Fabrik hat, sitzt auf seiner Pritsche und hängt seinen Gedanken nach. Der einzige Trost: dass wir Post von zu Hause haben – die meisten von uns zumindest. Gut zu wissen, dass die Eltern leben und Bruder und Schwester auch. Aber sie frieren und hungern ebenso wie wir, wenn sie es auch nicht erwähnen. Wenigstens das Haus in der Rheinstraße steht noch, und die Wohnung ist heil geblieben. Nicht alle haben so viel Glück nach diesem Zusammenbruch. Mutter ist nun sechzig geworden, Vater arbeitet wieder auf dem Amtsgericht. Aber man hat ihm das Gehalt gekürzt, weil er ein halbes Jahr vor der Kapitulation, als sich schon das Ende abzeichnete, doch noch dem Druck eines Kollegen nachgegeben hat und in die NSDAP eingetreten ist, nachdem er sich zehn Jahre lang dagegen gewehrt hatte.

Wir löffeln unsere Suppe und den Brei und schneiden das Stück Kuchen, das die Bäckerej gezaubert hat, in kleine Stücke. Wir singen »O du fröhliche ...« und haben Tränen in den Augen.

Solange ich lebe, werde ich am Heiligen Abend, wenn in der Kirche nach dem Segen die Deckenbeleuchtung ausgeschaltet wird und vorne am Altar nur noch die Lichter des Weihnachtsbaumes brennen, dieses Lied nicht singen können, ohne mir mit dem Taschentuch verstohlen ein paar Tränen abzuwischen, weil ich mich immer noch da oben auf der Pritsche hocken sehe ...

In der Fabrik läuft mit den lächerlichen paar Holzstämmen, die das Band jeden Tag in die Fabrikhalle transportiert, die Produktion auf Sparflamme. Endlich besinnt sich die Fabrikleitung darauf, dass das Werk ja auch einen Bahnanschluss hat. Aber es wird Ende Januar, bis der erste Güterzug mit Holz anrollt.

Normalerweise benutzt man für Langholz Rungenwagen. Solche Waggons gehörten schon zu Kinderzeiten zu unserer Märklin-Eisenbahn. Zum Entladen habe ich nur auf der einen Seite die Rungen, die Eisenstäbe, herausgezogen – rums, rollten die Hölzer auf die Dielen des Wohnzimmers.

Aber hier auf dem Fabrikgleis stehen zwanzig hochbordige Güterwagen. Die Stämme sind sicher mit Hilfe eines Krans da hineingekommen. Leider gibt es keinen Kran zum Entladen.

Wir müssen das Holz mit Stangen und Hebeln über die zwei Meter hohe Seitenwand wuchten.

Gott sei Dank muss ich nicht da draußen arbeiten. Bei der letzten Kommissionierung bin ich auf Stufe drei abgerutscht. Daran sind sicher die Wochen unten auf dem Eis der Wolga schuld. Arbeitsstufe drei bedeutet: nur sechs Stunden am Tag und keine schwere Arbeit.

Das erste Wiedersehen mit der Fabrikhalle hat etwas Gespenstisches. Hier drin ist es inzwischen fast genauso kalt wie draußen. In den letzten Tagen wurde kaum noch geheizt, die Wände sind mit einer glitzernden Eisschicht überzogen. Auch die Maschinen stehen da wie weiße Ungetüme aus der Vorzeit. Die Oberlichter in der Decke sind schneebedeckt und lassen wenig Tageslicht herein. Kaum ein Arbeiter ist zu sehen. Doch mit den ersten Baumstämmen aus den Eisenbahnwaggons erwacht die Fabrik wieder zum Leben. Ich bekomme einen neuen Arbeitsplatz an der Trockenpresse. Die millimeterdünnen quadratischen Holzplatten, die nass aus der Schälmaschine kommen, werden in zweieinhalb Meter hohen Pressen zwischen heißen Stahlplatten getrocknet. Auch diese Maschinen müssen uralt sein. An einer Stelle der Seitenwand ist noch ein deutscher Name zu entziffern und das Wort »Krefeld«.

Zusammen mit einer kleinen Tatarenfrau ziehe ich die noch heißen Holzplatten aus der Presse und lege sie auf einen niedrigen Wagen mit vier kleinen eisernen Rädern. Wir tragen dicke Handschuhe. Zwischen die Platten schiebt die Frau jeweils zwei Holzlatten, damit die Platten abkühlen können. Wenn die Presse leer und unser Wagen voll ist, ziehen wir ihn quer durch die Halle bis in die Sperrholzproduktion.

Keine schlechte Arbeit. Um die Trockenpressen herum ist es immer schön warm, und es gibt keine Hetzerei, wenn – wie jetzt gerade – nur eine einzige Presse läuft und auch die nur mit halber Kraft. Allerdings: Auf dem Weg hinüber zur Produktion müssen wir aufpassen. Der Fußboden der ganzen Halle besteht aus uralten Bohlen. Die haben Risse und Zwischenräume und hier und da richtige Löcher. Wehe, wenn eines der kleinen Räder unserer Karre in ein solches Loch gerät! Dann kippt der Wagen mit dem ganzen, kunstvoll aufgetürmten Holzstapel um. Die Tatarin schimpft und wird nervös, denn das Wiederaufladen kostet natürlich Kraft und Zeit, und sie hat Angst vor dem Natschalnik und seiner Flucherei und davor, dass wir nicht rechtzeitig wieder an unserer Presse sind.

Am ruhigsten ist es in der Nachtschicht. Da läuft alles noch langsamer.

»Saditje!«, sagt die Russin. Setz dich hin!

Ich lasse mich auf dem Holzboden nieder und lehne mich mit dem Rücken an die warme Seitenwand der Presse. Die heißen Eisenplatten, die normalerweise die Holzplatten im Fünfsekundentakt zusammenpressen und wieder loslassen, arbeiten ganz langsam. Nur das lang gezogene »tschschschschsch« der Dampfventile steht im nachtdunklen Raum. Von der Produktionshalle weht ein verführerischer Duft von frischem Streuselkuchen herüber. Streuselkuchen? Schön wär's: Es ist nur der Geruch des Kaseinleims, der zum Kleben der Sperrholzplatten verwendet wird.

Um halb vier ist zwanzig Minuten offizielle Pause. Die kleine Tatarin, die mir gegenüber an der Wand hockt, knotet ein kleines Bündel auf und nimmt zwei Pellkartoffeln aus dem Tuch. Siehst du, denke ich, den Zivilisten geht es auch nicht besser als dir, die sind auch arm dran. Da steht sie auf, kommt zu mir herüber und hält mir mit einem winzigen Lächeln eine von den beiden Pellkartoffeln hin. Ich weiß gar nicht, wie mir geschieht.

»Spassiba«, sage ich. Danke. Ich muss mich zusammennehmen, dass mir nicht die Tränen in die Augen schießen. Am liebsten würde ich ihr um den Hals fallen. Aber das geht natürlich nicht.

»Spassiba«, sage ich noch einmal. Danke. Ich kann doch nur ein paar Worte Russisch. Und ich weiß nicht einmal ihren Namen.

Irgendwie überstehen wir auch diesen Winter 1946/47, irgendwann im April verschwindet der verdammte Schnee, den wir so hassen.

Seit zwei Jahren bin ich nun in Kriegsgefangenschaft. Und wenn ich nachrechne, so trage ich den »Grauen Rock«, den man immer nur »das Ehrenkleid der Nation« genannt hat, fast schon sieben Jahre.

Wir dürfen inzwischen auch öfter eine Postkarte nach Hause schicken. Am 16. April 1947 schreibe ich:

»Ihr Lieben! Eure Briefe vom 16.1. und 2.2. und Nr. 2 von Dorle sind gut und schnell da gewesen und haben mich in vieler Beziehung doch sehr beruhigt. Schreibt also weiter möglichst oft Briefe, dass ich mir allmählich ein Bild des Lebens in der Heimat machen kann. Ob Zigaretten ankommen, ist sehr zweifelhaft, Hans soll sie lieber aufheben. Überhaupt nichts schicken. Zu rauchen habe ich genug. Fachliche Weiterbildung kaum möglich, keine Unterlagen. Ostern sind wir alle satt geworden, sonst für mich ein Tag

wie alle anderen, da ich nicht frei hatte. Der Schnee ist schnell weggetaut und die Nässe nicht so schlimm bis jetzt. Ich bin gesund und es geht mir gut, seid ohne Sorge, ich beiße mich schon durch. Die Post von euch hilft mir über alles Schwere hinweg ...«

Draußen wird es wieder grün, wenn wir im Lager und in der Fabrik auch wenig davon merken. Die Tage werden heller, und ich kann wieder auf meiner Pritsche sitzen und an meinem Buch schreiben. Die Wolga ist eisfrei, die Stämme rollen über die Bänder, die Produktion läuft wieder normal. Ich bin immer noch Arbeitsstufe drei, aber jetzt und den ganzen Sommer arbeite ich wieder drüben an der Schälmaschine. Allerdings nicht im Keller wie letztes Jahr, sondern oben in der Halle an dem Stahltisch, auf dem die dünne abgeschälte Holzbahn landet.

Wieder steht eine kleine Tatarin mir gegenüber. Wir nehmen jeder eine Ecke der ankommenden Bahn in die Hand und ziehen sie bis an die Anschlagsleiste am Ende des Tisches. Dann tritt die Tatarin auf einen Fußhebel, ein Messer saust herunter, und eine quadratische Platte nach der anderen fällt auf den wachsenden Stapel, den wir alle fünf Minuten auf einen Wagen laden. Der rollt, wenn er voll ist, hinüber zu den Trockenpressen.

Es ist eine typische Fließbandarbeit, nicht anstrengend, aber eintönig. Dreitausendvierhundert Platten in der Sechsstundenschicht ist die Norm. Aber wir sind natürlich von der Leistung der Schälmaschine abhängig. Was soll der Quatsch mit »Arbeitswettbewerb« und »Planübererfüllung«, wenn die uralte Maschine streikt oder kein Holz da ist?

»Schitai!«, faucht mich die Tatarenfrau an. Zähl! Sie selbst bewegt ununterbrochen die Lippen. Sie zählt. Jede Platte.

Damit sie heute Nachmittag auf den Normzettel schreiben kann, was wir geschafft haben. Das ist mir zu blöd. Ich zähle einmal an dem Holzstapel hundert Platten ab, messe mit dem Zollstock die Dicke und stecke dann alle einundzwanzig Zentimeter ein Hölzchen in den Stapel, bevor der volle Wagen abgeholt wird. Das kann meine Tatarin nicht verstehen.

»Ni schitait!«, schimpft sie leise und guckt mich böse an. Er zählt nicht! Dann bewegen sich ihre Lippen wieder. Sie zählt.

Die Zeit dehnt sich endlos. Mir gegenüber hängt oben zwischen den Fenstern der Stirnwand die große Fabrikuhr. Ich nehme mir vor, eine halbe Stunde lang nicht auf diese Uhr zu schauen. Ich denke an mein Buch. Fast fünfzig Seiten habe ich jetzt fertig, der Vorrat an Gedichten, die ich noch im Kopf habe, ist aufgebraucht. Gestern habe ich die letzte Seite geschrieben. Heinrich Heine:

»Herz, mein Herz, sei nicht beklommen,
Und ertrage dein Geschick,
Neuer Frühling gibt zurück,
Was der Winter dir genommen ...«

Jetzt muss ich mir Heftfaden und eine Nadel besorgen oder wenigstens für ein paar Stunden ausleihen. Stopfnadeln sind eine Seltenheit und werden entsprechend teuer gehandelt. Ein Witzbold hat einmal ausgerechnet, dass Deutschland mit einem einzigen Waggon voller Nähnadeln seine ganzen Reparationen an die Sowjetunion bezahlen könnte ...

Zwei kleine 4-Millimeter-Sperrholzplatten für die Buchdeckel habe ich schon. In den Abfallhaufen liegen Dutzende davon, mit wunderbaren Maserungen vom hellsten Gelb über Rostrot bis zum Violett. Für den Buchrücken könnte ich eigentlich das letzte Stück vom Lederbesatz meiner

Reithose verwenden, den ich schon vor langem abgetrennt habe, weil ich Flicken für die durchgewetzten Ellenbogen meines Uniformrockes brauchte.

Jetzt müsste die halbe Stunde eigentlich rum sein. Na, lieber noch eine Viertelstunde warten ...

Einen starken Draht brauche ich noch zum Löcherbohren. Wo finden? Wer hat so etwas? Mal die Bastler fragen.

Jetzt ist die halbe Stunde rum. Ganz sicher. Ich schaue auf die Uhr.

Zwölf Minuten. Gerade mal zwölf Minuten sind vergangen. Es ist zum Verzweifeln.

Ein strahlender Sommertag. Ich habe mich wieder berappelt, es geht mir ganz gut. Ich bin auch wieder Arbeitsstufe zwei. Heute sind wir mit zwölf Mann in den Hafen vor der Stadt abkommandiert. Mehlsäcke für das Magazin abladen. Unten auf dem Lastkahn lädt mir ein Russe den Vierzigkilosack auf die Schultern. Über eine breite, wippende Bohle ans Ufer, den sandigen Abhang hinauf zum LKW oben an der Straße. Abladen. Wieder hinunter zum Schiff. Abends werden wir wissen, was wir geleistet haben. Aber unten auf dem Kahn hat einer der gestapelten Säcke ein kleines Loch an der Seite.

»Hast du es gesehen?«

»Klar!«

Wir nehmen unseren Löffel, der immer – mit dem Stiel durchs Knopfloch – in unserer linken Brusttasche steckt, und nutzen einen unbeobachteten Moment, um einen Löffel Mehl zu ergattern, der sofort im Mund verschwindet. Das Mehl verklebt uns nur den Bauch. Wir wissen es. Aber keiner kann der Versuchung widerstehen.

22. August. Mein 26. Geburtstag, der dritte in der Gefangenschaft. Doppelte Suppe. Wenigstens keine Brennnesseln mehr wie damals in Jelabuga. Ist erst zwei Jahre her, aber es kommt mir vor wie eine Ewigkeit ...

Mein Buch ist fertig. Ein ganzes Jahr habe ich dafür gebraucht. Aber es hat mir geholfen, mich von dem täglichen Kleinkrieg zu entfernen und über manches Tief hinwegzukommen. Nun spricht es sich herum, dass ich so etwas habe. Immer wieder fragt mich jemand, ob er es – nur für einen Tag – einmal haben dürfte, und verspricht hoch und heilig, es mir unbeschädigt zurückzugeben. Und mancher schüttelt den Kopf: wie man so etwas überhaupt zustande bringen könne ...

Eine neue Parole läuft durchs Lager: »Transport budit.«

Die russischen Zeitangaben haben im Laufe der Zeit für uns eine neue, sarkastische Bedeutung bekommen. »Sitschass« heißt eigentlich »sofort«. Wir sagen: Na ja, wird wohl noch eine Stunde dauern. »Saftra« heißt »morgen«, kann aber bis zu einem Jahr dauern. »Skorro« heißt »bald«. Zwischen einem und fünf Jahren, übersetzen wir. Zuletzt kommt »Budit«, das heißt: »Es wird sein.« Jeden Tag hören wir: ljutsche budit. Alles wird besser. Budit bedeutet für uns: irgendwann, am Sankt-Nimmerleins-Tag.

Transport budit. Skorro damoi. Bald nach Hause. Wirklich? Aber wieso auch nicht? Schließlich ist der Krieg seit zwei Jahren zu Ende, und nach allgemeinem Völkerrecht, so ist unsere Ansicht, müssen Kriegsgefangene nach Kriegsende entlassen werden. Nur in der Antike wurden sie für den Rest ihres Lebens nach Sizilien in die Steinbrüche verschleppt. Mein Bruder hat Glück gehabt. Die Amerikaner haben ihn im Herbst des letzten Jahres nach Hause geschickt. Die große Sowjetunion muss jetzt einfach mit dem Heimtransport der deutschen Kriegsgefangenen anfangen und nicht nur ab und zu ein paar Kranke und Arbeitsunfähige nach Hause schicken. Natürlich wissen wir, dass die deutsche Wehrmacht auf ihrem Rückzug von Moskau bis zur deutschen Grenze alle Gleisanlagen zerstört, Lokomotiven und Güterzüge gesprengt hat. Das dauert, bis so ein Verkehrsnetz über Hunderte oder vielleicht Tausende von Kilometern wieder funktioniert. Aber jetzt müssen sie doch einfach anfangen mit den Transporten, denken wir. Noch einmal in ein anderes Arbeitslager? Das ergibt doch keinen Sinn. Hier in der Sperrholzfabrik sind wir eingearbeitet, der Laden läuft, die Fabrik hat wieder ihre Fahne bekommen. Kein Grund, da etwas zu ändern. Oder schicken sie uns in ein Lager weiter im Westen zum Ernteeinsatz? Das könnte sein. Schließlich ist September. Und ob es in den Kolchosen die Tausende von riesigen Mähdreschern wirklich gibt, von denen uns die Politinstruktoren dauernd vorschwärmen? Da sind wir skeptisch.

Also gut. Ernteeinsatz. Für ein paar Wochen. Aber Weihnachten sind wir zu Hause. Skorro damoi. Bald nach Hause. Hat der Kommandant doch gerade wieder gesagt.

Ende September ist der letzte Arbeitstag in der Fabrik. Dann Aufräumarbeiten in unserem Lager. Sieht nicht so aus, als ob nach uns noch eine neue Besatzung käme. Anfang Oktober steht der Transportzug mit den geschlossenen Güterwagen auf dem Fabrikgleis. Einsteigen! Gegen Abend schließen die Konvoisoldaten die Türen. Die Lokomotive pfeift, der Zug rollt an. Euphorische Stimmung auf den Pritschen. Transport, Transport. Nach Hause. Schlafen.

Am nächsten Morgen folgt die Ernüchterung. Aber Ernüchterung ist nicht der richtige Ausdruck. Es ist ein Absturz in die pure Verzweiflung.

Die Männer, die auf der oberen Pritsche liegen und durch den schmalen Schlitz in der rechten Waggonwand auf die vorbeigleitende Landschaft schauen können, merken es als Erste:

Die Sonne scheint von rechts vorne durch das Waggonfenster.

Von rechts vorne? Wir fahren doch nach Westen? Da muss die Sonne doch hinter uns aufgehen? Von rechts vorne, sagt ihr? Dann fahren wir gar nicht nach Westen? Dann fahren wir nach Osten?

Um Gottes willen. Wir sind wie gelähmt.

Der Zug rattert durch das Land. Stundenlang Wälder, einzelne Ortschaften. Irgendwo ein Halt. Und immer die Sonne auf der rechten Seite. Im Waggon ist es still geworden, keiner spricht ein Wort. Gegen Abend tauchen die ersten Hügel auf, bald werden es Berge. Die Fahrt geht langsamer, die Lokomotive schnauft.

Der Ural.

»Da. Hast du es gesehen?«, fragt einer, der direkt neben dem Sehschlitz liegt.

»Was?«

»Das große Schild an dem Mast? Mit den zwei Wegweisern?«

»Und?«

»Auf dem rechten stand ›EUROPA‹ und auf dem linken ›ASIEN‹.«

Die Lokomotive nimmt allmählich wieder Fahrt auf. Es geht bergab.

Sibirien

Der Ural. Ein Gebirge im Osten, unvorstellbar weit weg. Elfhundert Kilometer Luftlinie von Ostpreußen bis Moskau, von da noch einmal siebenhundert Kilometer bis nach Kasan an der Wolga, und dann noch einmal siebenhundert Kilometer bis nach Swerdlowsk, der Gebietshauptstadt am östlichen Abhang des Gebirges und Station der Transsibirischen Eisenbahn.

Der Ural.

Grenzgebirge zwischen Europa und Asien. Zieht sich über Hunderte von Kilometern von Nord nach Süd, vom berüchtigten Verbannungsort Workuta in der Tundra über Karpinsk in der Senke zwischen dem Nördlichen und dem Mittleren Ural, über Nischnitagil und Swerdlowsk, über Tscheljabinsk und Magnitogorsk am Ostabhang des südlichen Ural bis zum Steppengebiet Südrusslands nahe der Grenze zu Kasachstan.

In Swerdlowsk ändert unser Transportzug die Richtung, ohne dass wir die Stadt selbst zu Gesicht bekommen. Die Fahrt geht jetzt nach Norden. Wie lange noch? Wie weit? Noch vierhundert Kilometer. Aber das werden wir erst später herauskriegen. Woher sollen wir es wissen, hier in der Enge der verriegelten Waggons? Der Zug hält in Karpinsk.

Karpinsk? Nie gehört.

Die Posten öffnen die Rolltüren. Raus. Dawai, bistrej! Von der Stadt ist nichts zu sehen. Vor uns nur die typischen

Holzhäuser der Außenbezirke. Wo und was sollen wir hier arbeiten?

»Im Ural gibt's Kohlegruben«, sagt einer, »wisst ihr das nicht?«

Bergwerke? Ein neues Schreckenswort. Aber wir sehen keine Fördertürme.

»Nein, Braunkohle.«

Also Tagebau. Stoßseufzer der Erleichterung. Kein Bergwerk. Gott sei Dank.

Das Lager liegt am Rand der Gruben, ein Komplex, sicher dreimal so groß wie das Lager in Selenodolsk. Eine breite Lagerstraße, links und rechts flankiert von drei Meter breiten Tafeln mit politischen Losungen: »Ewiger Dank dem genialen Führer des Sowjetvolkes, Generalissimus Stalin!« – »Die Arbeit in der Sowjetunion ist Ehrendienst am deutschen Volk!« – »Heil dem großen Stalin, dem Befreier der Völker!« Wir beachten die Sprüche nicht.

Ein Mannschaftslager: vom einfachen Soldaten bis zum Stabsfeldwebel, bisher gab es hier nur vereinzelt Offiziere bis zum Hauptmann. Wir sind das erste geschlossene Offizierskontingent, werden auch zusammen in einer großen Halle untergebracht. Fast alle Männer in diesem Lager – sind es tausend? Fünfzehnhundert? Oder noch mehr? – sind im Sommer 1944 im Verlauf des katastrophalen und teilweise chaotischen Rückzugs der deutschen Armeen in Gefangenschaft geraten und haben grausame Wochen mit Hitze, Hunger und Durst überlebt, bis sie nach endlosen Fußmärschen, oft barfuß und krank, das erste Gefangenenlager erreichten. Dagegen war unser Weg von Königsberg bis nach Jelabuga ein Spaziergang.

Von den in den ersten Zeiten der Gefangenschaft hier und da aufgetretenen Spannungen zwischen Mannschaften und Offizieren ist inzwischen kaum mehr etwas zu spüren. Zwar müssen wir Offiziere uns nun endgültig an das allgemeine »du« gewöhnen, aber es gibt ja auch schon äußerlich kaum noch Unterscheidungsmerkmale: Die wenigen, über die Jahre geretteten Offiziersröcke aus dem feineren grauen Tuch mit den dunkelgrünen Kragen, von denen die silberglänzenden Spiegel aus Aluminiumfäden längst abgetrennt wurden, sind abgewetzt und fallen kaum noch auf. Bei der Einteilung in Arbeitsbrigaden lässt die Lagerleitung allerdings erst einmal die neu Angekommenen zusammen. Je länger wir hier sind, umso mehr merken wir, dass das hier ein seit Jahren bestehender, reibungslos laufender Betrieb ist.

Und wieder werden die Winterklamotten ausgeteilt: Wattejacke, Pelzmantel usw. Der dritte Winter steht bevor. Bedrückende Erinnerungen: der erste Winter vor zwei Jahren im Waldlager. Die mit Baumstämmen beladenen Schlitten. Der zweite Winter: der eisige Wind, der über die zugefrorene Wolga fegte. Die verdammten Brechstangen. Und jetzt? Was wird uns dieser Winter bringen? Wie werden wir ihn überstehen?

Schon am nächsten Morgen müssen wir mit den Brigaden zur Frühschicht ausrücken. Es ist noch dunkel. Fahles Licht der Scheinwerfer am Lagertor. Lange graue Kolonnen in Fünferreihen. Wachtposten mit über die Schulter gehängtem Karabiner. Der Wachoffizier und der deutsche Einsatzleiter mit Listen und Bleistift. Die endlose Zählerei. Dawai.

Marsch. Stoj. Halt. Dawai. Weiter. Stoj. Ras, dwa, tri. Eins, zwei, drei ...

Draußen verlieren wir die anderen, die zur Kohlengrube marschieren, bald aus den Augen. Der Wachtposten führt unsere Gruppe zu einer einspurigen Bahnstrecke, auf der die Güterzüge die Kohle abtransportieren. Unser Arbeitsplatz für die nächsten Wochen. Das Gleis ist auf einem Untergrund von Schottersteinen verlegt, die unter der Belastung allmählich nachgeben. Jeder von uns bekommt eine mannshohe Eisenstange, die am oberen Ende zu einem Griff gebogen ist. Am unteren Ende ist quer eine kleine schmale Eisenplatte angeschweißt. Mit der müssen die locker gewordenen Schottersteine wieder unter die Eichenbohlen des Gleises gestoßen werden. »Gleisstopfen« nennt man das, und so steht es im Normbuch. Denn selbstverständlich ist auch diese Arbeit genormt: Der Brigadier weiß genau, wie viel Meter Gleis die Brigade in einer Stunde, in einer Schicht stopfen muss, damit der Natschalnik zum Schichtende auf dem Arbeitszettel hundert Prozent bescheinigt.

Ich leide ziemlich unter dieser stumpfsinnigen Knochenarbeit, die mich an die Schinderei mit der Brechstange im letzten Winter auf dem Eis der Wolga erinnert. Aber ich bin nicht der Einzige, dem nach kurzer Zeit die Arme erlahmen. Kein Wunder also, dass wir oft herumstehen, uns auf die Eisenstange stützen und eine Zigarette drehen, bis der Brigadier uns wieder antreibt oder der gerade vorbeikommende Natschalnik die Faust ballt:

»Potschemu stoitje? Kuritj nje nada, raboti nada!« Wir wissen längst, was das heißt: Warum steht ihr rum? Rauchen ist nicht nötig, Arbeiten ist nötig! Kein Wunder auch, dass wir abends zwar hundemüde, aber nur mit sechzig Prozent Planerfüllung oder noch weniger den Weg zurück ins Lager machen. Und die zweihundert Gramm Zusatzbrot, die es nur für hundertprozentige Normerfüllung gibt, bekommen wir natürlich auch nicht. Bald fängt es an zu schneien. Der gefrorene Boden macht die Arbeit noch schwerer, aber Gott sei Dank verhindern die dicken Pelzhandschuhe wenigstens Blasen an den Händen.

Ich muss mir wieder irgendetwas ausdenken, was mir über dieses graue Einerlei hinweghilft. Aber wenn wir spät am Nachmittag endlich die Zähltour am Lagertor hinter uns haben und ich auf meiner Pritsche gelandet bin – wieder ist es eine in der oberen der zwei Etagen und wieder, wie in Selenodolsk, gerade zweiundfünfzig Zentimeter breit, mit dem schmalen Brett am Kopfende und dem Nagel für das Kochgeschirr am senkrechten Balken –, wenn ich also auf meiner Pritsche liege, dann ist es so düster in der Unterkunft, dass an Lesen, Schreiben oder irgendeine andere Beschäftigung nicht zu denken ist. Was tun?

Gleich hinter der großen Eingangstür zu unserer Baracke gibt es an der rechten Seite des Mittelgangs eine schmale Tür. Auf einem Schildchen steht in schlanken Antiquabuchstaben das Wort »Lagermaler«. So etwas gibt es hier? Eines Abends klopfe ich an.

»Herein!«

In dem kleinen Raum steht gleich links ein Feldbett, drüben an der Schmalseite ist ein ziemlich großes Fenster, davor auf dem Tisch, der über die ganze Breite des Zimmers geht, liegen Malutensilien. Hohe Gläser mit Pinseln und Stiften,

Schalen, Dosen mit Farbpulver, zerknautschte Farbtuben. An der rechten Wand nahe dem Fenster steht noch ein Tisch mit einer elektrischen Lampe, die richtiges helles Licht verbreitet. Ein schlanker junger Mann, wohl in meinem Alter, erhebt sich von seinem Stuhl und kommt auf mich zu. Dunkelgrüner Kragen an der Uniformjacke. Also auch Offizier, denke ich, und nenne meinen Namen.

»Guten Abend«, sagt er freundlich, »ich bin Heinz Algermissen. Bitte.« Er bietet mir den zweiten Stuhl an.

Wir sind uns auf den ersten Blick sympathisch, kommen schnell ins Gespräch. Was er macht? Nun, zum Beispiel die vielen Tafeln mit den politischen Losungen links und rechts der Lagerstraße. Sie müssen immer wieder neu beschriftet werden, weil sie dem Wind und dem Schnee nicht ewig standhalten. Ja, auch die Schilder außerhalb des Lagers für die russische Kommandantur. Natürlich auf Russisch und mit kyrillischen Buchstaben. Doch, mit dem sowjetischen Politoffizier, der oft bei ihm vorbeischaut, versteht er sich ganz gut. Spricht er denn Russisch? Er lächelt:

»Na ja, was man so braucht.«

Für Anstreicherarbeiten ist eine eigene Brigade zuständig. Aber manchmal steht auch eine Dekoration für das Lagertheater an. Das gibt's hier. Mit einem richtigen Kulturchef. Ja, auch die Wandzeitung, das Organ des Politaktivs, die an der Wand des Speisesaals hängt und mit der Hand geschrieben wird. Und manchmal kommt ein Natschalnik aus der Kohlengrube mit einem Stück Betttuch unter dem Arm. Der »Chudoschnik« – das ist die russische Bezeichnung für den Kunstmaler – soll ihm was draufmalen. In Öl. Ein richtiges Bild. Er bekommt auch ein Brot dafür.

Ein ganzes Brot? Algermissen lächelt. Ja, manchmal auch ein paar Rubel.

Ich bin fasziniert. Eine neue Welt tut sich für mich auf. Das ist doch genau das, was ich suche. Jede Kleinigkeit hier in dem kleinen Raum, der zugleich Werkstatt ist, interessiert mich. Und woher kann Algermissen das alles? Wie ist er zu dieser Arbeit gekommen? Und wie lange macht er das schon?

Ein Jahr. Ungefähr. Oder sind es schon zwei? Natürlich ist er Mitglied im Antifa-Aktiv, sonst hätte er sicher nicht diesen Job als Chudoschnik bekommen. Aber das sei inzwischen nicht mehr so wichtig. Wobei ich aus mancher Bemerkung heraushöre, dass er sehr gute Verbindungen zu den »Oberen« hier im Lager hat. Wichtiger sei, dass man sein Handwerk versteht. Er gehört zu den »Spezialisten«, denen man zutraut, dass sie auch mit den unmöglichsten Aufgaben und Herausforderungen fertig werden. Dieser Titel kommt hier in der Sowjetunion nicht nur Technikern, sondern auch und besonders Künstlern zu, egal, ob Musiker, Schauspieler oder Maler. Sie scheinen einen besonderen Status zu haben, man belästigt oder bedrängt sie nicht mit politischen Forderungen, manchmal habe ich sogar den Eindruck, dass sie eine gewisse Narrenfreiheit genießen.

»Und wo hast du das alles gelernt?«, frage ich.

Also: Sein Vater hat in Braunschweig als Malermeister einen großen Handwerksbetrieb. Braunschweig? Da hab ich doch studiert! Wann? 1939? 1940? Vor sieben Jahren. Herrgott, ist das wirklich sieben Jahre her, dass ich beim guten Professor Petersen in der Vorlesung saß? Ich fange an zu erzählen ...

Es ist schon spät, als ich mich durch die dunkle Halle zu

meiner Pritsche taste. Was für ein Glück, geht es mir noch durch den Kopf, ehe ich einschlafe, dass der Heinz seine Werkstatt zufällig in unserer Baracke hat. Sonst hätte ich ihn in dem weitläufigen Lager vielleicht nie zu Gesicht bekommen. Er freut sich, wenn ich wiederkomme, hat er gesagt. Morgen Abend zeige ich ihm mein kleines Buch mit den Gedichten ...

Ob ich das alleine gemacht hätte, fragt er am nächsten Abend und blättert in dem Büchlein. Und wo ich das gelernt hätte. Jetzt lächle ich und zucke mit den Schultern. Hab ich mir selber halt so beigebracht.

Nach zwei Tagen fragt er mich, ob ich ihm nicht ab und zu helfen könne, abends, eine Stunde, wenn ich von der Arbeit komme. Gerne, sage ich.

Und dann sitze ich neben ihm im Schein der Lampe und male mit einem feinen Pinsel und weißer Ölfarbe – Ölfarbe! – zehn Millimeter große kyrillische Buchstaben auf postkartengroße Glasscheiben. Türschildchen für die Kommandantur draußen vor dem Lagertor. Noch nie gemacht, so etwas. Und es dauert, bis Heinz mit meiner Arbeit zufrieden ist. Aber wir verstehen uns. Endlich habe ich etwas gefunden, worauf ich mich den ganzen Tag freuen kann.

Dann fragt er, ob ich nicht auch tagsüber bei ihm arbeiten will.

Es gibt viel zu tun. Aus Moskau ist eine Liste mit neuen politischen Parolen gekommen. Ein Dutzend Spruchtafeln an der Lagerstraße sind neu zu beschriften. Aber ich muss doch mit der Brigade zum Gleisstopfen, sage ich. Er winkt ab: kein Problem. Er hat schon mit dem Aktivältesten gesprochen und mit dem Einsatzleiter. Ob da draußen einer mehr oder einer weniger arbeitet, spielt doch keine Rolle. Alles geregelt.

Ich muss also nicht mehr raus zu dem verdammten Gleis, über das der Ostwind Wolken von Schnee treibt? Nicht mehr acht Stunden lang mit der Eisenstange die Schottersteine zusammenschieben, acht Stunden, die nicht enden wollen? Welch ein Glück.

Aber Algermissen braucht wirklich einen zweiten Mann. Zu zweit ist es leicht, draußen die drei Meter langen Tafeln abzubauen und in die kleine Werkstatt zu schaffen. Der wochenlange Herbstregen und der Wind haben die Schrift bis zur Unleserlichkeit verblassen lassen. Wir legen die Tafel auf zwei Böcke und waschen die grau gewordene Farbe ab. Darunter kommt schwarze Dachpappe zum Vorschein.

»Wo hast du die denn her?«, frage ich.

»Draußen organisiert natürlich. Wenn ich neue brauche, sage ich einem Brigadier Bescheid. Der bringt eine Rolle unter den Mantel geklemmt von der Spätschicht mit. Dann ist es ja dunkel. Am Tor wird nicht kontrolliert. In der Grube liegt das Zeug rum. Jeder nimmt mit, was er so braucht. Die Russen machen es uns doch vor.«

»Und die Holzrahmen?«

»Macht mir die Tischlerei.«

»Aber die Fläche auf der Dachpappe war doch weiß?«

»Kalk.«

»Woher?«

»Macht der Chemiker.«

»Ihr habt hier im Lager einen Chemiker?«

»Klar. Der macht in seinem Ofen aus irgendwelchen Steinen gebrannten Kalk. Hier.« Er holt einen Kalkbrocken aus einer Kiste.

»Den müssen wir jetzt löschen. Wasser drauf. Vorsicht. Wird heiß und spritzt.«

Richtig. Kenne ich doch noch aus der Kinderzeit. Wenn der Nowak, das Faktotum, unten im Hof des Baugeschäfts – wir wohnten oben im zweiten Stock – Kalk in der Grube löschte, um daraus »Speis«, also Mörtel zu machen.

Mit einem breiten Pinsel streichen wir die Kalkmilch auf die Dachpappe. Dreimal. Nach dem Trocknen haben wir eine glänzend weiße, harte Fläche.

»Weißt du«, sagt Heinz, »das darfst du nicht an heißen Sommertagen machen, und schon gar nicht in der prallen Sonne. Sonst kannst du den Kalk wie Puder abwischen. Die ganze Arbeit für die Katz. So. Wo sind denn die Sprüche? Aha. ›Wir danken der Sowjetunion, der Heimat aller Werktätigen.‹ Na ja.« Wir werfen uns einen Blick zu und sind uns auch ohne Worte einig: Kein deutscher Kriegsgefangener – abgesehen von den wenigen überzeugten Kommunisten – nimmt diese Sprüche noch ernst. »Hier ist die Holzkohle. Zum Vorzeichnen.«

»Woher?« Ich frage den Heinz ein Loch in den Bauch. Alles ist neu für mich.

»Macht der Chemiker.«

Linien ziehen, Text skizzieren. Soll ich Antiquabuchstaben nehmen?

»Nö. Für normale Tafeln nicht. Dauert zu lange. Antiqua nur für besondere Schilder. Roter Oktober, 1. Mai und so. Hier machen wir Plakatschrift, mit dem breiten Pinsel. Mit diesem hier.«

»Woher hast du die Pinsel?«

»Selber gemacht. Draußen einem Gaul den Schwanz gestutzt.« Er grinst und stellt eine Dose mit rotbraunem Pulver auf den Tisch.

»Alle Schrift muss rot sein. Zumindest die wichtigsten Wörter. ›Sowjetunion‹ oder ›Stalin‹ und so. Rot ist revolutionär. Farben sind hier politisch. Blau ist kultura. Braun ist faschistisch.«

»Aber dieses Pulver ist doch braun«, wende ich ein.

»Klar, weiß ich auch. Aber ich verkaufe es dem Politoffizier halt als Rot. Was willste machen. Richtige rote Farbe gibt's höchstens in Swerdlowsk und ist teuer. Manchmal, wenn einer unserer Ärzte oder Politleute Gelegenheit hat, einmal dahin zu fahren – sind ja vierhundert Kilometer! –, bringt er mir ein Tütchen voll mit.«

»Und hier das braune Zeug?«

»Macht der Chemiker aus Tonerde.«

»Und jetzt?«

»Jetzt machen wir Leimfarbe.«

»Leim?«

»Kocht der Hans aus den Abfallknochen der Küche. Stinkt furchtbar.«

Mit dem Pinsel schreiben muss ich erst lernen. Da kann ich nicht wie beim Schreiben mit der Feder die Hand auflegen. Den Pinsel muss man locker in der Mitte anfassen und aus dem Handgelenk führen.

»Guck, so.«

Dagegen fällt es mir nicht schwer, eine Fläche so einzuteilen, dass der Text genau bis zum rechten Rand der Tafel läuft.

Später, in zwei Jahren, auf der Werkkunstschule, werden mich meine Kumpels im ersten Semester der Graphikklasse fragen, woher ich so etwas kann. »Ja, Kinder«, werde ich sagen, »das habe ich ein Jahr lang in der Gefangenschaft geübt.«

Endlich, endlich habe ich eine interessante, sinnvolle Arbeit. Ich lerne jeden Tag etwas Neues, und manchmal krieche ich erst gegen halb zehn abends unter die Decke auf meinem Schlafplatz in der großen Halle.

Es sind noch keine drei Wochen vergangen, da bekommt der Heinz Fieber. Der Arzt behält ihn gleich da. Diagnose: Gelbsucht. Ein paar Tage später steht er auf der Liste des nächsten Heimkehrertransports. Gerade noch kann ich ihm die Anschrift meiner Eltern geben. Er wird sich bei ihnen melden und ihnen von mir berichten: in welcher Gegend Russlands unser Lager liegt – was man immer noch nicht schreiben darf –, dass es mir gut geht und dass sie sich keine Sorgen um mich machen sollen.

Dann geht der Transport ab.

Ich bin allein.

Für die Lagerleitung scheint es selbstverständlich, dass ich die Malerwerkstatt übernehme. Keiner stellt eine Frage. Ich räume meinen Platz auf der Pritsche in der Halle und ziehe um in die kleine Werkstatt.

Endlich bin ich weg aus der 100-Mann-Halle, weg aus der jahrelangen hautnahen Nachbarschaft von Männern, die ich nicht kenne, ihren Essgewohnheiten, die mir auf die Nerven gehen, ihrem Schnarchen, ihren nächtlichen Gängen auf die Latrine, ihren ewig gleichen Reden über das Essen und warum es heute drei Gramm weniger Fett gibt und wann der nächste Transport geht. Weg von der morgendlichen Brot- und Zuckerverteilungszeremonie. Und weg von der – notwendigen – Ankündigung: »Achtung, Abstieg!«, wenn ich von meiner Pritsche in der ersten Etage über die an den Pfosten genagelte Leiter aus schmalen Latten nach unten will – notwendig deshalb, weil da unten neben dem Balken immer einer am Fußende seiner Pritsche sitzt und gerade seine Brotportion auf dem Holzbrettchen in Würfel schneidet oder seine Machorkazigarette dreht ...

Endlich allein, nach zweieinhalb Jahren Massenbetrieb endlich allein. Ein ganzes Zimmer für mich mit einem siebzig Zentimeter breiten Feldbett. Nicht mehr ein Brett auf die Knie nehmen müssen, wenn ich etwas schreiben oder zeichnen will. Ein richtiger Tisch, ein Stuhl – sogar zwei –, eine richtige helle Lampe. Und ein eigener Kanonenofen, Holz und Kohle, so viel ich will.

Ich bin glücklich und vergesse eine Zeit lang, dass ich Gefangener bin und Tausende von Kilometern fern von zu Hause in einem fremden Land leben muss, ohne eine Vorstellung, wie lange das alles noch dauern wird. Keiner weckt mich, morgens mache ich als Erstes Feuer im Ofen und gehe zum Essen in den Speisesaal, wann ich will.

Natürlich kommen mir Bedenken, ob ich die Erwartungen erfüllen kann, die von der Lagerleitung an den Chudoschnik gestellt werden. Die Leute wissen ja nicht, dass ich vor drei Wochen von dieser Arbeit noch keine Ahnung hatte. Jetzt kann ich keinen mehr fragen.

Dass mir die Arbeit nicht ausgeht, dafür sorgen die unzähligen Tafeln an der Lagerstraße und an den Wänden der Baracken. Wenn ich die letzte neu beschriftet habe, ist die erste durch Wind, Schnee und Regen so unleserlich geworden, dass ich von vorne anfangen kann. Eine halb fertige liegt jedenfalls immer auf zwei Böcken in meiner Werkstatt.

Das nämlich habe ich in einem halben Jahr Reichsarbeitsdienst und fünf Jahren Kommiss gelernt: einen Auftrag zwar fehlerfrei, zugleich aber auch schnell abzuwickeln, ist nicht das richtige Rezept. Die Vorgesetzten sehen es gar nicht gern, wenn man nach einer Stunde wieder vor ihnen steht und meldet: »Befehl ausgeführt! Was soll ich jetzt machen?« Dann müssen sie nämlich nachdenken, was sie gar nicht gerne tun. Schon damals bei einer Abkommandierung als Arbeitsmann zu einem Materialdepot in Köln war ich mit der Beschriftung der Schildchen für die Hacken und Schippenstiele viel zu schnell fertig, sodass der Herr Verwalter intensiv nachdenken musste, bis ihm endlich einfiel, ich könnte doch mal ein Schild »Rauchen verboten!« malen. Damals habe ich kapiert, dass man sich an einer solchen Arbeit gut und gerne zwei Tage lang festhalten kann. Man muss nur dafür sorgen, dass der Vorgesetzte bei überraschendem Erscheinen den Eindruck heftiger Betriebsamkeit hat.

Zwischendurch mache ich Bestandsaufnahme und entdecke immer neue Dinge, die Heinz Algermissen sich besorgt und sorgsam gehütet hat: Pinsel und Bleistifte, eine kleine Stange schwarzer chinesischer Tusche, die man mit ein paar Tropfen Wasser in einem Porzellanschälchen anreiben muss, Federhalter und Schreibfedern, Dosen mit Farbpulver, halb volle Tuben Ölfarbe, Flaschen mit Terpentin und Benzin, Rollen mit Leinwand, pulverisierte Kreide und Leim zum Grundieren. Sogar einen angebrauchten Aquarellkasten. Und Papier! Richtiges Zeichenpapier! Was werde ich damit anfangen?

Draußen vor meinem Fenster wirbeln die Flocken. Das Lager versinkt im Schnee. Die weißen, glitzernden Eiswände links und rechts der freigeschaufelten Verbindungswege zwischen den Baracken wachsen immer mehr in die Höhe. Es ist wieder ein russischer Winter mit kalter, klarer, trockener Luft, wenn es nicht gerade schneit.

Irgendwann erscheint der Lagerälteste mit dem Chef des Aktivs. Wir sprechen freundlich miteinander. Alles o.k.? Ob ich etwas brauche?

»Na ja«, meint er, »kommste einfach bei mir vorbei.«

Die Abende gehören mir. Und ich weiß auch schon, was ich aus ein paar Bogen weißem Zeichenkarton mache: ein kleines Buch mit Weihnachtsliedern. Querformat, nur postkartengroß. Mein Hintergedanke ist, dass es mir später vielleicht gelingt, einzelne Blätter durch die Zensur nach Hause zu schmuggeln. Wie schon für mein Buch mit den Gedichten, das übrigens auch hier in Karpinsk von Hand zu Hand geht, mache ich mir einen genauen Plan: Umfang, Seiteneinteilung, Satzspiegel, Titelseite. Wie sollen die Noten aussehen? Wie groß darf die Schrift werden? Gibt es Illustrationen? Farben? Schon damit habe ich einige Abende zu tun.

Und dann schneide ich mir den Zeichenkarton zurecht, spitze die Bleistifte, schleife eine Stahlfeder zu einer ½-Millimeter-Breitfeder, reibe im Porzellanschälchen die Chinatusche an, klappe den Aquarellkasten auf, lege einen dünnen Pinsel parat und fange an. Alles um mich herum versinkt, ich tauche ein in eine andere, in meine Welt. Langsam entsteht Seite um Seite. Anfang Dezember ist das Büchlein fertig.

Aber dann klopft es abends immer öfter an meiner Tür.

Zuerst ist es nur Dr. Greifenhagen, der auf der Bettkante sitzt, dem ich aus dem Topf auf der Ofenplatte einen Tee einschenke und der mit mir dankbar ist für die Stille meiner kleinen Behausung. Ob er noch jemanden mitbringen dürfe? An einem der nächsten Abende lerne ich Werner Haseroth kennen, der schon viel länger als wir in diesem Lager ist. Hat Germanistik und Slawistik studiert, promoviert und kann Puschkin im Original lesen. Dass er mit seinem klassischen Russisch als Dolmetscher an dem rauen Umgangston draußen in der Kohlengrube scheitert, ist allerdings kein Wunder. Man kann eben einen Natschalnik in der Sozialistischen Sowjetunion nicht mit »Gospodin« (»Bürger«) anreden wie einen Petersburger Beamten in der Zarenzeit ...

Haseroth bringt einen jungen, lebhaften Mathematikstudenten mit, der uns eines Abends – wir haben alle unsere Pelzmäntel angezogen – die Planeten und Sternbilder erklärt, die an diesem unvergleichlich klaren russischen Nachthimmel mit seinen Myriaden von Sternen stehen, einem Himmel, wie ich ihn vorher nie gesehen habe und mein Lebtag nicht wieder sehen werde. Schließlich taucht noch Dr. Gudelius auf, Gymnasialdirektor aus dem Sauerland und sicher zwanzig Jahre älter als ich, und bringt gleich seinen Freund mit, einen katholischen Pfarrer.

Es wird eng in der kleinen Stube. Aber jeder ist glücklich, dass er dem Massenbetrieb des Lagers und der Baracken entfliehen kann, und wenn es nur für eine Abendstunde ist.

Weihnachten steht vor der Tür. Die Leute in der Küche und der Bäckerei haben – wie in den letzten Jahren – mit ihrer Sparaktion angefangen, damit es wieder eine dickere Suppe, eine größere Portion Kascha und vielleicht ein Stück

Kuchen gibt. Und was ist mit dem Gottesdienst am Heiligen Abend? Ob man nicht statt zweien – getrennt nach Konfessionen – einen gemeinsamen machen könnte, frage ich. Man braucht den Russen doch nicht unter die Nase zu reiben, dass es bei den Christen auch noch zwei verschiedene Sorten gibt?

»Einen ökumenischen Gottesdienst also?«

»Nennt man das so?«

»Warum eigentlich nicht?« Gudelius ist gleich dafür. Hochwürden wiegt mit dem Kopf. Dafür müsste er eigentlich einen Dispens von seinem Bischof haben. Aber der sitzt in Paderborn, und Paderborn ist dreitausend Kilometer weit weg. Er seufzt.

»Also gut«, sagt er endlich, »ich nehme es auf mich. Wir sind in einer Ausnahmesituation.« Er lächelt. »Der Herr Bischof wird es mir wohl verzeihen.«

Die beiden beraten sich. Es gibt genug Gemeinsamkeiten. »O du fröhliche ...« können alle singen, und das eine oder andere Kirchenlied auch. Gudelius wird eine kurze Predigt halten, Werner Haseroth die Weihnachtsgeschichte lesen und Hans Berner, der katholische Pfarrer, währenddessen an dem weiß gedeckten improvisierten Altartisch die für Katholiken unverzichtbare heilige Messe zelebrieren. Ein Arbeitskommando wird von draußen einen Tannenbaum mitbringen und Karl, der Chemiker, der mich immer mit dem »roten« Farbpulver und Leim versorgt, verspricht uns ein Dutzend Kerzen. Die russische und die deutsche politische Führung werden informiert; sie haben keine Bedenken. Ich mache ein Ankündigungsplakat für das schwarze Brett im Speisesaal.

Heiligabend 1947. Im großen Versammlungsraum, in dem normalerweise die Meetings stattfinden und auf dessen Bühne auch ab und zu Theater gespielt wird, sitzen die Männer dicht an dicht und drängen sich an den Wänden. Die Lichter am Tannenbaum brennen. Hans Berner hat seine Stola um die Schultern gelegt. »Es begab sich aber zu der Zeit ...« Wir singen. »Gnadenbringende Weihnachtszeit ...« Eine Minute ganz fest an zu Hause denken. Mutter – ich rechne nach – ist im Oktober einundsechzig geworden, und Vater ist sogar schon fünfundsechzig. Ob sie auch einen Weihnachtsbaum haben? Und Kerzen? Wer von uns hier, ein paar tausend Kilometer von zu Hause weg, kann sich eine Vorstellung davon machen, wie es zwei Jahre nach Kriegsende im zerbombten und zerstörten Deutschland aussieht?

»Geht hin mit dem Segen des Herrn: Der Herr segne euch und behüte euch ...«

Danke, lieber Gott, dass du es so gut mit mir meinst: ein eigenes Bett in einer eigenen Stube. Nicht mehr jeden Morgen im Dunkeln hinaus in den Schnee und die Kälte, nicht mehr jeden Abend einschlafen mit der Angst, wie ich den nächsten Tag überstehen soll. Eine Arbeit haben, die mich ausfüllt, und einen kleinen Freundeskreis, auf den ich mich verlassen kann. Danke, lieber Gott, und lass es das letzte Weihnachten sein in diesem schrecklichen, eisigen Russland. Die Siegermächte haben es doch im April in Moskau beschlossen: Bis Ende 1948 sind alle Kriegsgefangenen zu entlassen. Dieses dritte Weihnachten ist unser letztes hier. Wir glauben fest daran.

Die Weihnachtsgeschichte lässt mich nicht los. »Es begab

sich aber zu der Zeit …« Lukas zwei, Vers eins bis zwanzig. Soll ich sie schreiben? Ein neues kleines Buch machen? Keine schlechte Idee für die Winterabende. Ich habe schon eine Vorstellung, wie es aussehen soll: ein größeres Format – Heinz Algermissen hat mir genügend weißen Karton dagelassen –, darauf ein ziemlich kleiner Satzspiegel, der viel weißen Rand lässt, eine schmale Fraktur, sieben Millimeter Zeilenhöhe. Die Ziffern am Anfang der einzelnen Verse rot, die ersten Zeilen auf jeder Seite doppelt so groß wie die Grundschrift, auch rot.

Ich schleife meine Feder, die ich für das Büchelchen mit den Weihnachtsliedern gebraucht habe, noch breiter, mache eine Schriftprobe, zähle ab, wie viel Buchstaben in eine Zeile gehen, und rechne mir aus, wie viel Seiten ich für das Ganze brauche. Ich spitze den Bleistift und liniere alle Seiten und entwerfe mir ein großes »E« als Initial für die erste Seite. Und dann sitze ich wieder abends unter dem Schein der Lampe und schreibe. So etwa – stelle ich mir vor – haben die Mönche im Mittelalter in ihren Klosterzellen ihre Bibeln geschrieben: geduldig, konzentriert, ohne Zeitgefühl.

Dabei mache ich eine Erfahrung, die mich später durch mein ganzes Berufsleben begleiten wird: Meine Ideen, Entwürfe und Konzepte sind in meiner Vorstellung fertig, ehe ich einen Bleistift in die Hand nehme. Ich brauche, wenn ich an die Ausführung gehe, kaum etwas zu ändern.

Ende Januar ist das schmale Buch fertig.

Eines Tages steht der russische Politoffizier aus der Kommandantur in meiner Werkstatt. Ich soll ihm ein Bild malen. Für seine Wohnstube, die ihm unsere Malerbrigade gerade so schön neu gestrichen hat. Für die Wand über dem Sofa. Ein richtiges Ölgemälde. So groß. Er zeigt mit den Händen. Vierzig mal sechzig Zentimeter Querformat. Er will mir auch zwei Brote dafür bringen. Zwei ganze Brote! Ich melde Bedenken an, weiß doch überhaupt nicht, wie man mit Ölfarben umgeht. Aber das beeindruckt ihn wenig. Ich bin doch der Chudoschnik, und ein Chudoschnik kann so etwas. Mit dem Schreiner hat er auch schon gesprochen. Der macht ihm einen schönen Rahmen. Kriegt auch ein Brot. Was denn auf dem Bild drauf sein soll, frage ich und weiß die Antwort schon im Voraus. Unsere Handwerker, die ja auch draußen in russischen Privathäusern arbeiten, haben es mir erzählt: Auf allen Bildern, die in der Wohnstube über dem Sofa hängen, haben sie das gleiche Motiv gefunden: eine Parklandschaft mit vielen Bäumen und einem Hügel, auf dem ein Tempelchen mit fünf Säulen steht. Im Vordergrund ein See mit drei Schwänen ...

In acht Tagen, meint der Kapitan, kommt er wieder und holt das Bild ab.

Jetzt wird's ernst. Ich finde hinten in der Ecke einen Holzrahmen mit einem Stück Betttuch bespannt und – zum Glück – schon grundiert. Die Tuben mit den Ölfarben sind ziemlich alt, meistens trocken und hart. Wie krieg ich sie weich? Mit Benzin? Mit dem Öl aus der dunkelgrünen Flasche? Oder besser mit dem braunen Öl aus der Wodkaflasche? Ob ich das farbige Pulver aus den Dosen und Gläsern auch zum Ölmalen gebrauchen kann? Ich muss es probieren. Keiner da, den ich fragen kann. Also los. Den blauen Himmel mit dem breiten Pinsel, die grüne Wiese, den blauen See. Das muss nun erst mal trocknen. Wie lange?

Hoffentlich keine ganze Woche. Haben die alten Meister deshalb ein halbes Jahr für ein Bild gebraucht, weil sie jedes Mal warten mussten, bis die letzte Lasurschicht trocken war? Und irgendwo habe ich doch einmal gelesen, dass die untersten Farbschichten »mager« gemalt werden müssen, also mit viel Benzin und wenig Öl. Erst zum Schluss darf man mit viel Öl arbeiten. Sonst gibt's später Risse. Das Tempelchen und die drei weißen Schwäne kommen zuletzt, denn beim Ölmalen kann man – anders als ich es vom Aquarell gewohnt bin – helle Farben auf den dunklen Grund setzen. Man muss sie nur ein bisschen dicker anmischen, dann decken sie. Und wie malt man Bäume? Meine sind grüne Wollknäuel. Ein bisschen sieht das fertige Bild schon nach »Naiver Malerei« aus ...

Der russische Offizier jedenfalls ist nicht begeistert.

»Plocha«, sagt er nur und dreht sich auf dem Absatz um.

Plocha. Schlecht.

Abends gucken sich die Freunde mein Werk an, lächeln dünn und meinen:

»Na ja. Is ja auch nich so doll.«

Ich habe ein dummes Gefühl im Bauch. Plocha rabotij. Schlechte Arbeit. Wenn mich der Kapitan nun ablösen lässt? So etwas geht ganz schnell in diesem sozialistischen System. Monatelang machst du draußen in der Kohle zweihundert Prozent und stehst als Bestarbeiter mit deinem Namen auf der Tafel am Appellplatz. Trotzdem brauchst du nur ein, zwei Wochen mit miesen zwanzig Prozent ins Lager zu kommen, weil sich irgendwelche Arbeitsbedingungen geändert haben, auf die du gar keinen Einfluss hast, und die Spitzenleistungen sind vergessen. Oder du hast einen viel beneideten Job in der Brotschneiderei oder in der Banja, den man dir zugeschanzt hat, weil du endlich Mitglied des Antifaschistischen Aktivs geworden bist. Eine unbedachte Äußerung im Meeting oder in der Antifa-Versammlung, und du findest dich bei einer der Brigaden wieder, die morgens eine Stunde unterwegs sind, um an ihren Arbeitsplatz zu kommen, der ganz weit draußen liegt, und abends als Letzte durchs Lagertor marschieren.

Düstere Aussichten. Aber auch die Freunde wissen, dass sie ihr abendliches Refugium verlieren, wenn ich meine Werkstatt räumen muss, den einzigen Ort, wo wir offen miteinander reden können im Vertrauen darauf, dass keiner aus unserem Kreis irgendeine Bemerkung nach außen trägt.

Schon am nächsten Abend bringt einer jemanden mit, der mit der Malerbrigade in den Privathäusern der Natschalniks Wände streicht und tapeziert. Ein großer, schlanker Mann, sicher zehn Jahre älter als ich. Er guckt sich meinen Ölschinken an, lächelt, schnappt sich die Palette und übermalt mit breitem Pinsel den großen Baum in der linken Bildhälfte dunkelgrün, fast schwarz. Dann fängt er an, sorgfältig mit einem feinen Breitpinsel in einem nur wenig helleren, aber immer noch dunkelgrünen Ton eine Strichlage neben die andere zu setzen, schräg nach links unten auf der linken Baumseite, senkrecht an der Vorderseite und schräg nach rechts auf der rechten Seite. Auf diesen Untergrund setzt er einzelne Partien in mittelgrünen Tönen, dann an einer Stelle immer hellere Striche bis zum leuchtenden Gelbgrün. Staunend verfolge ich seine Arbeit. Mein Wollknäuel Baum bekommt Leben, wird plastisch, man sieht, dass er aus sonnenbeschienenen und schattigen Partien besteht.

»Ich kann dir jetzt nicht den ganzen Baum malen«, sagt er und gibt mir den Pinsel zurück. »Aber so musst du's machen. Nicht vom Hellen ins Dunkle wie beim Aquarell, sondern umgekehrt: vom Dunklen ins Helle. Und Strukturen musst du schaffen. So ein Baum hat tausend Blätter. Diesen Eindruck muss man auch bei einem Bild haben. Auch die Wiese hier unten, guck, ist keine grün gestrichene Wand. Das sind Grashalme und Pflanzen und Blumen. Da muss Leben rein. Lasuren, also durchsichtige Farbschichten. Hier eine und dort eine. Und hier eine blaugraue für den Schatten unter den Bäumen. Macht natürlich Arbeit.«

»Danke«, sage ich, »vielen Dank. Hast mir viel geholfen. Kommst du mal wieder vorbei?«

»Gerne«, meint er, nickt den anderen zu und verschwindet.

Am nächsten Morgen stürze ich mich in die Arbeit. Zum Schluss, nach drei Tagen, sieht es richtig gut aus. Der russische Hauptmann kommt wieder vorbei und klopft mir auf die Schulter:

»Nu wod tak. Karascho.« Na also, er hat es doch gewusst, dass ich es kann. Klemmt das Bild unter den Arm und stapft durch den Schnee hinüber zum Schreiner. Auf meinem Tisch liegen zwei Brote.

Abends steht der lange Maler in der Tür. Ich will ihm als Dank für seine Hilfe ein halbes Brot geben. Aber er winkt ab:

»Nee, lass man. Hab genug zu essen. Wir arbeiten doch draußen in der russischen Siedlung hinter der Kohlengrube. Die Matkas – die Frauen – versorgen uns immer mit 'ner Suppe oder 'nem Stück Brot. Und der Natschalnik steckt uns schon mal 'ne Schachtel Papirossy in die Tasche.«

Ob er gelernter Maler sei, also Anstreicher, wie wir im Rheinland sagen? Er lacht:

»Nee, natürlich nicht. Aber brauchste hier auch nicht zu sein. Wir haben einen richtigen Malermeister in der Brigade. Der sagt uns, wo's langgeht. Das, was du hier brauchst, lernste schnell. Für die Russen sind wir alle Spezialisten.«

»Aber du verstehst was von Ölmalerei?«

»Klar, ich hab auf der Werkkunstschule Gebrauchsgraphik studiert.«

Jetzt wird's interessant.

Gebrauchsgraphik – was ist das? Was für eine Begabung muss man dafür mitbringen? Was lernt man auf dieser Werkkunstschule? Wo gibt's solche Schulen? Wie lange dauert die Ausbildung? Und dann? Kann man damit Geld verdienen? Im freien Beruf? Und wo kriegt man die Aufträge her?

Es wird ein langer Abend. Nachher liege ich noch lange wach. Wenn ich doch erst zu Hause wäre! Gebrauchsgraphik – wäre das der Beruf für mich?

Vielleicht ist an der Parole von der Gefangenschaft als »Schule des Lebens« doch etwas dran ...

Der Winter dauert ewig. Ab und zu schaufele ich den Schnee vor meinem Fenster weg, damit ich nicht den ganzen Tag das Licht brennen lassen muss. Manchmal sitze ich noch spätabends allein an meinem Tisch und zeichne oder schreibe einen Text auf einen Bogen Papier, der ans schwarze Brett im Speisesaal soll. Ich habe ja keine feste Arbeitszeit, und kein Mensch kümmert sich um mich. Hauptsache, die Sachen sind rechtzeitig fertig.

Die schwere Arbeit draußen in der Kohlengrube bei Schnee und eisigem Wind setzt den Freunden zu. Der Tag von morgens um sieben, wenn es noch dunkel ist, bis zum späten Nachmittag, wenn sie endlich wieder durchs Lagertor hereinkommen, ist lang und zehrt an den Kräften, zumal es in diesen zehn Stunden ja nichts zu essen gibt. Immer seltener klopfen sie dann noch an meine Tür. Meistens sind sie froh, wenn sie nach dem Essen im Speisesaal auf ihre Pritsche klettern können. Dann wollen sie nur noch schlafen.

Alle zwei Wochen ist drüben im großen Versammlungssaal eine politische Veranstaltung. Da empfiehlt es sich hinzugehen, denn es wird registriert, wenn jemand fehlt. Ab und zu wechsle ich ein paar freundliche Worte mit den Antifaleuten, damit nicht einer von den ganz Linientreuen auf die Idee kommt, die gelegentliche Abendstunde mit den Freunden in meiner Werkstatt zu kontrollieren. Was von der Bühne herab geredet wird, interessiert mich nicht – und den Großteil der Kameraden auch nicht. Es ist immer dasselbe: Arbeitswettbewerb, Resolutionen, Verpflichtungen zu noch mehr und noch besserer Arbeit. Ergebenheitsadressen nach Moskau. Die ehernen Thesen des Marxismus-Leninismus. Aufforderung zu Kritik und Selbstkritik. Wobei Kritik keine Chance hat, weil sie im Keim erstickt wird, während Selbstkritik bis zur völligen Selbstzerstörung exerziert wird. Neulich, als die Diskussion das Thema Mord und Totschlag, Raub und Diebstahl streifte, machte jemand aus der vierten Sitzreihe die Bemerkung, böse Menschen gebe es halt überall auf der Welt, nicht nur im kapitalistischen Amerika, sondern auch hier in der Sowjetunion. Das hätte er nicht sagen sollen. Der deutsche Politinstruktor – wie alle diese Leute ein in Moskau geschulter Emigrant – wies ihn sofort vom Podium herab zurecht:

»I-n der Sofiet-Hunio-n« – diese Leute haben alle denselben seltsam gedehnten und singenden Tonfall –, »i-n der Sofiet-Hunio-n giebt es keine schlä-chten Män-schen, weil es sie nicht geben ka-nn!« Gegen eine solche Logik ist natürlich kein Kraut gewachsen.

Die Gespräche um das leidige Thema Essen und Ernährung nehmen nun nicht mehr den breiten Raum ein wie noch vor einem Jahr. Manches hat sich gebessert in der allgemeinen Versorgung, wenn auch ein Zustand, wie er in unserer Soldatenzeit normal war, noch nicht erreicht ist. Aber wir haben gelernt, uns einzurichten. Wenn es morgens und abends nur Hirsebrei gibt, so wissen wir – und der Zivilbevölkerung geht es genauso –, dass auf dem Bahnhof ein Waggon mit Hirse steht und dass wir eben so lange Hirse auf unserem Blechteller haben, bis dieser Waggon leer ist.

Dafür wird die Diskussion um bevorstehende Heimkehrertransporte immer lebhafter. Wer wird auf der nächsten Liste stehen? Davon, dass das ganze Lager aufgelöst und nach Deutschland entlassen wird, ist keine Rede. In der Kohlengrube wird mit Volldampf gearbeitet, und ohne die deutschen Gefangenen scheint es nicht zu gehen. Wenn wirklich alle paar Wochen ein Transport zusammengestellt wird, handelt es sich um vierzig oder auch einmal achtzig Mann.

»Diesmal ist es ein Krankentransport«, sagt einer.

»Nein, nein«, widerspricht der andere, »es stehen auch fünf Bestarbeiter auf der Liste, die in der Ostzone zu Hause sind.«

Ein anderes Mal sind es zehn oder zwanzig Mitglieder des Antifa-Aktivs neben fünfzig anderen, von denen man nicht weiß, wie sie auf diese Liste gekommen sind.

»Die sollen in der sowjetischen Zone am Aufbau einer sozialistischen Gesellschaft mithelfen«, spöttelt einer.

»Aber drei von denen sind doch aus Bayern«, kontert ein anderer, »und fünf sind Rheinländer und werden in die französische Zone entlassen.«

Die russische Lagerleitung gibt immer neue Rätsel auf, ihr System ist undurchschaubar, und man munkelt, dass auch die deutsche politische Führung ihre Hand im Spiel hat. Wir selber kommen uns vor wie Spieler in einer Lotterie, die auf das große Los warten.

Im April endlich beginnt der Schnee auf den Dächern und zwischen den Baracken zu schmelzen. Eine Zeit lang steht alles unter Wasser, weil der Boden noch gefroren ist. Wackelige Lattenroste auf den Verbindungswegen können kaum verhindern, dass man ständig nasse Füße hat. Die Filzstiefel sind längst wieder auf der Kammer abgegeben, sie sind ja auch unbrauchbar bei Nässe. Aber so etwas wie Schuhwichse für die Lederstiefel gibt's natürlich auch nicht. Noch immer bin ich meinem Spieß dankbar, der mir in den letzten Wochen in Ostpreußen noch ein Paar nagelneue hohe Stiefel verpasst hat.

Aber jetzt gibt's Arbeit für mich: Der 1. Mai steht vor der Tür! Der Feiertag aller Arbeiter in der ganzen Welt und besonders natürlich in der Heimat aller Werktätigen, der großen Sowjetunion! Kommt gleich hinter dem 26. Oktober, dem Tag der großen, ruhmreichen Oktoberrevolution! Der deutsche Politchef bringt mir eine Aufstellung der neuesten politischen Losungen, die er gerade aus Moskau bekommen hat. Alle Spruchtafeln an der Lagerstraße und zwischen den Baracken müssen neu beschriftet werden. Na ja, der Winter mit Schnee, Regen und Wind hat sowieso viele unleserlich gemacht, aber Zeit für eigene Dinge bleibt jetzt nicht mehr.

Dann erscheint auch noch der russische Offizier mit einem Blatt voller russischer Losungen. Die soll ich draußen auf die Schilder an der Kommandantur schreiben.

Ich habe mir nie ernsthaft Mühe gegeben, Russisch zu verstehen oder gar zu sprechen. Mein Latein und Griechisch habe ich immer aus Büchern gelernt, und auch in Frankreich hätte mir Hören allein wenig geholfen. Hier gibt's natürlich keine Lehrbücher, und so ist es in den drei Jahren bei ein paar Brocken geblieben. Ras, dwa, tri, karoscho und plocha, spassiba und budit. Und den paar russischen Flüchen, die so obszön sind, dass man nicht wagt, sie unter zivilisierten Menschen ins Deutsche zu übersetzen.

Und jetzt soll ich russische Texte in kyrillischen Buchstaben, von denen nur einige mit den mir vertrauten griechischen identisch sind, auf große Plakatwände schreiben? Der Kapitan lacht. Wir haben ein ganz gutes, fast kumpelhaftes Verhältnis zueinander, seit die Geschichte mit dem missglückten Ölschinken am Ende doch noch gut ausgegangen ist. Er stellt eine große Dose mit richtiger roter Farbe auf den Tisch, die er sicher in Swerdlowsk besorgt hat, nicht das erdbraune Pulver, das ich unseren Politleuten immer als Rot verkaufe, haut mir auf die Schulter und meint, er sehe da kein Problem.

Irgendwie gelingt es mir, auch mit dieser Aufgabe fertig zu werden. Ich achte darauf, dass ich bei jedem Wort der Texte, deren Sinn ich nicht verstehe, sorgfältig die Buchstaben zähle, aus Sorge, mir könnte ein Fehler bei einem so »repräsentativen« Auftrag als »Sabotage« ausgelegt werden. Die Tafeln jedenfalls werden rechtzeitig fertig, und ich kann sogar einen Teil der kostbaren roten Farbe als heimliche Reserve ganz unten in meinem Schrank verschwinden lassen.

Eines Abends steht Theo in der Tür. Einen halben Kopf kleiner und sicher zehn Jahre älter als ich. Lebhafte, blitzende Augen.

»Du kommst doch sicher aus Hessen?«, frage ich nach der ersten Begrüßung.

»Aus Wiesbade.«

»Na siehste«, sage ich, »habe ich doch gleich rausgehört. Weißt du, meine Mutter ist doch ein Hessegritchen.«

Wir verstehen uns sofort. Er arbeitet auch draußen in der Malerbrigade, ist aber gelernter Schaufensterdekorateur. Lebhaftes Temperament, mit einem Kopf voller Ideen, immer gut gelaunt – und ein brillanter Techniker. Es macht ihm Spaß, bei mir zu sitzen und mir zu zeigen, wie man mit dem Pinsel schreibt, und zeichnet aus dem Handgelenk ein Mäanderband aus Akanthusblättern, als sei so etwas das Einfachste der Welt. Ich komme aus dem Staunen nicht heraus. Er kann alles zeichnen, Figur und Karikatur – mit ihm zusammen bin ich jeder Herausforderung gewachsen. Es dauert auch gar nicht lange, da brauche ich ihn wirklich. Der Leiter des Kulturaktivs erscheint. Seine Schauspielgruppe studiert ein Theaterstück ein, das in einem Rathaussaal spielt. Und nun brauchen sie für die Rückwand der Bühne ein gotisches Glasfenster mit einem Ehepaar in mittelalterlicher Tracht.

»Geht in Ordnung«, sage ich, »machen wir dir.«

Der Schreiner bastelt einen Holzrahmen mit einem Spitzbogen, von draußen bringt eine Brigade eine meterbreite Rolle mit Ölpapier – wer weiß, wo die Kerle die organisiert haben –, wir bespannen den Rahmen, der in der niedrigen Werkstatt fast bis zur Decke reicht, und Theo zeichnet mit Holzkohle die Figuren aufs Papier: den Ritter mit Harnisch, Helm mit hochgeklapptem Visier und Federbusch und mit einer Lanze in der Rechten, die Dame mit spitzem Tütenhut, langem Rock und einem Schlüsselbund am Gürtel.

»Morge male mer se an«, sagt er um halb zehn und verschwindet in seine Baracke.

Am nächsten Abend »malt er se an« und überzieht das Ganze mit einem Netz von schwarzen Pinselstrichen.

»Des is die Bleiverglasung«, meint er, »soll doch e Glasfenster sein. Un de Elektriker hat mer gesacht, er dät es von hinne beleuchte. Hier unne mache mer noch e paar Butzescheibcher.« Er tritt einen Schritt zurück und betrachtet mit schief gelegtem Kopf sein Werk.

»Gut, gell?« Er lacht.

»Jetz noch mi'm breite Binsel e bissje Kasseler Braun in die Ecke wische. Is doch e altes Fenster. So. Feddisch.« Dann, mit einem Augenzwinkern:

»Den Hans vom Kulturaktiv lässde awwer noch zwei Daach warte. Arbeit, die gleich feddisch is, is nix wert. Muss mer wisse.«

An den Sommer des Jahres 1948 in Karpinsk habe ich seltsamerweise fast gar keine Erinnerung. Das mag daran liegen, dass ich in meiner kleinen Werkstatt mit meiner Arbeit allein war. Wenn ich wirklich einmal durchs Lager ging, traf ich kaum einen Menschen. Die Brigaden waren schon längst zur Frühschicht ausgerückt, die Nachtschicht hatte sich nach der Morgensuppe zum Schlafen gelegt. Höchstens ein paar Männer von der Spätschicht saßen vor ihrer Baracke in der Sonne und drehten ihre Zigaretten. Außer den Freunden, die abends an meine Tür klopften, kannte ich keinen Menschen. Da ich nur in der ersten Zeit draußen im Gleisbau gearbeitet hatte, wusste ich auch nicht, wie die Arbeit in der Kohlengrube selbst ablief. Ich ahnte nicht, dass es nur ein paar Monate dauern würde, bis ich – nach dem Wechsel ins Gefangenenlager Woltschanka – als einfacher Rabotschik auch diese bittere Erfahrung noch würde machen müssen. Für die Freunde war diese schwere Arbeit ein Schicksal, dem man nicht ausweichen konnte, das aber nicht abendliches Gesprächsthema war. Wir sprachen über Gott und die Welt, über die Familie zu Hause und das, was in ihren Briefen stand, und darüber, was wir vor dem Krieg gemacht hatten. Wir waren ja alle Reserveoffiziere, also keine Berufssoldaten, und außer mir, der ich als Jüngster in der Runde gerade mit dem Studieren angefangen hatte, hatten alle schon ein abgeschlossenes Studium hinter sich und der eine oder andere gar den Doktortitel in der Tasche. Unsere Gespräche waren immer interessant, besonders wenn es darum ging, welche Zustände und Verhältnisse wir nach dem verlorenen Krieg in der Heimat antreffen und wie wir uns zurechtfinden würden, wenn wir endlich wieder auf uns selbst gestellt sein würden nach so langen Jahren als Soldaten und hier in der Gefangenschaft, wo wir den Anordnungen und Befehlen fremder Menschen gehorchen mussten.

Die Tage vergehen schnell – Gott sei Dank. Ich lerne immer neue Dinge, erinnere mich manchmal dankbar an die handwerklichen Tipps, die mir Heinz Algermissen in den wenigen Wochen, die wir zusammengearbeitet haben, gegeben hat, muss viel improvisieren, um mit primitiven Mitteln etwas Brauchbares zustande zu bringen, und empfinde das Alleinsein nach den Jahren in der Masse immer noch als großes Glück.

Auch hier in der Sowjetunion hat es im letzten Herbst eine Währungsreform gegeben, mit einer Abwertung eins zu zehn, sodass mir von den dreihundert Rubeln, die sich bei mir im Lauf der Zeit angesammelt hatten – wir Offiziere bekommen seltsamerweise auch hier eine Art Löhnung –, nur dreißig Rubel übrig blieben. Immerhin hat das Geld jetzt einen realen Wert, während es vor der Reform, als man selbst ein Stück Brot nur auf dem schwarzen Markt kaufen konnte, nur ein wertloser Papierfetzen war. Jetzt können unsere Leute, wenn sie außerhalb des Lagers einen guten Arbeitsplatz haben, an dem die Erfüllung der Norm nicht nur ein Glücksfall ist, und einen geschickten Brigadier, der sich mit dem russischen Natschalnik versteht, sogar ein paar Rubel verdienen.

Da ich hier im Lager arbeite, verdiene ich nichts, genauso wie die Schreiner und Schuster, die Leute in der Banja und in der Brotschneiderei. Ich muss auch auf die zweihundert Gramm Zusatzbrot verzichten, die eigentlich alle kriegen, wenn sie draußen in der Produktion ihre Hundertprozentnorm schaffen. Aber ich habe die Erfahrung gemacht, dass zweihundert Gramm Brot mehr am Tag den Kräfteverschleiß nicht aufwiegen, der mit einer schweren Arbeit verbunden ist.

Es fällt mir nicht schwer, mit dem zurechtzukommen, was mir als normalem Kriegsgefangenen zusteht. Etwas kaufen kann man nur draußen im Magazin, das für die Versorgung der Zivilbevölkerung zuständig ist. Einkaufsläden, wie wir sie von zu Hause gewohnt sind, gibt es nicht. Ich gebe dem Schreiner zehn Rubel, dafür macht er mir einen kleinen Koffer aus Sperrholz, damit ich die paar Sachen verstauen kann, die mir geblieben sind, wenn es auf die letzte große Fahrt nach Hause geht.

»Und an deinem Geburtstag«, sagt Theo, »gibt's Streuselkuche un Kaffee. Wie alt wirste eichentlich?«

»Siebenundzwanzig«, sage ich. »Das ist nun schon der vierte Geburtstag hier in der Gefangenschaft. Wo willst du denn Streuselkuchen herkriegen?«

»Lass mal. Mach ich schon. Aber sag den anderen nix.«

Ich krame ein paar Rubel aus meinem Brustbeutel. Damit kauft er im Magazin Mehl und Butter, Zucker und ein Ei. Und Bohnenkaffee. Der ist gar nicht so teuer, denn er wird wenig verlangt, die Russen trinken nur ihren Tee. Und natürlich hat Theo in der Bäckerei einen Kumpel, der ihm ein Blech mit Streuselkuchen bäckt.

Es wird eine richtige Überraschung für die Freunde an diesem 22. August 1948 und eine heitere Stunde in dem kleinen Raum. Man hat mir Blumen auf den Tisch gestellt und eine Geburtstagskerze angezündet.

»Dein letzter Geburtstag in diesem verdammten Land«, sagen die Freunde und drücken mir die Hand.

»Ganz sicher.«

Eine Woche später schwirren wieder Parolen durchs Lager. Transport budit. Wie oft haben wir das nun schon gehört. Nach Hause? Endlich? Es sind nur noch vier Monate bis zum Jahresende. Und da sollen doch alle Kriegsgefangenen entlassen sein. Etwas anderes kommt eigentlich auch gar nicht infrage. Ist doch sinnlos, jetzt noch fünfzehnhundert oder zweitausend Leute zum Arbeiten in ein anderes Lager zu verlegen. Dann können wir auch hier in Karpinsk arbeiten.

Oder gibt es wieder nur einen kleinen Transport? Ein paar Kranke, ein paar Funktionäre, ein paar Bestarbeiter?

Nein, diesmal sollen es ein paar hundert sein. Ein paar hundert? Ganz was Neues. So viel Kranke oder Funktionäre gibt's im Lager nicht. Und für die großen Heimkehrertransporte – das hat sich herumgesprochen – werden immer komplette Lager aufgelöst. Soll ich hoffen, dass mein Name auf der Liste steht, weil es vielleicht doch nach Hause geht? Oder droht wieder eine Fahrt ins Ungewisse, bringt uns die Eisenbahn nur in ein anderes Lager, irgendwo in diesem unendlich weiten Land? In ein Lager, wo ich nicht mehr der Chudoschnik bin, sondern wieder ein Arbeitstier unter vielen? Wieder jeden Tag hinaus mit der Hacke und dem Brecheisen? Jetzt noch, wo der nächste Winter vor der Tür steht? Haben die Machthaber im fernen Moskau überhaupt die Absicht, sich an den Beschluss der Konferenz zu halten? Und wenn sie uns irgendwo in diesem verdammten Sibirien verschwinden lassen?

Da ist sie wieder, die drohende graue Wand, das schwarze Loch. Die Angst, die nie aufhört.

»... und fahr'n wir ohne Wiederkehr, rauscht uns im Herbst ein Amen ...«

Mein Name steht auf der Liste.

Dann fällt das Wort Woltschanka. Woltschanka? Doch, schon einmal gehört. Liegt auch im Kohlegebiet, aber noch weiter im Norden.

Ich packe meinen Sperrholzkoffer, wickele mein kleines Buch mit den Gedichten, das andere mit den Weihnachtsliedern und das Heft mit der Weihnachtsgeschichte, dazu ein paar Blätter Zeichenpapier in einen großen Bogen Ölpapier ein, lege Heinz Algermissens Aquarellkasten dazu, außerdem einen Pinsel, Bleistift und Federhalter, den Stift mit der Chinatusche, einen Radiergummi. Hoffentlich nehmen mir die Russen bei der nächsten Filzung das alles nicht wieder ab.

8. September. Ich schließe die Tür meiner Werkstatt hinter mir zu und lasse den Schlüssel stecken. Ich drücke den Freunden, die hier bleiben, die Hand und weiß, dass ich sie nicht wieder sehen werde.

Draußen vor dem Lagertor steht der Zug mit den Güterwaggons. Gegen Abend verschließen die Wachtposten hinter uns die Türen. Der Zug rollt an. Wir fahren. Eine Nacht, einen Tag. Am späten Nachmittag marschieren wir wieder durch ein Lagertor.

Woltschanka.

Ein neues Kapitel.

Und noch ein Jahr

Das Lager sieht nicht viel anders aus als das, aus dem wir gerade kommen. Verteilung der Schlafplätze. Um mich herum lauter Unbekannte. Ein Bummel über die Lagerstraße. Auch hier – natürlich – rechts und links die Tafeln mit den politischen Sprüchen. Scheint also auch hier einen Chudoschnik zu geben. Aber ich bin nicht mehr der Lagermaler.

Inzwischen ist es November geworden. Jeden Morgen marschieren wir vom Lager über die Landstraße bis zu dem wuchtigen schwarzen viereckigen Turm, der das ganze Grubengelände überragt. Ohne Unterbrechung und mit mächtigem Getöse poltern hier die Kohlebrocken vom Laufband in die hochbordigen Eisenbahnwaggons. Wir biegen links ab aufs freie Feld. Jeder sucht sich einen Weg durch Schneematsch und Gestrüpp, ein Gewirr von Kabeln und Röhren, vorbei an verrosteten Eisenbahnloren, verbogenen Schienen, ausrangiertem Gerät und schräg liegenden LKWs ohne Reifen und mit offen stehenden Türen ohne Glasscheiben. Nur nicht in die Wasserpfützen tappen, in denen sich der bleigraue Novemberhimmel spiegelt: Die Filzstiefel dürfen nicht nass werden. Dann stehe ich mit den zwanzig Kumpels meiner Brigade am Rand der Kohlengrube. Willi, unser Brigadier, ein schmaler, wendiger Bursche, etwas jünger als ich, macht sich sofort auf die Suche nach dem russischen Schichtführer. Wir drehen die erste Zigarette.

Direkt vor uns fällt das Gelände steil ab bis zur Grubensohle, die sich als tiefes Tal von links nach rechts zieht, wo sie hinter einer Biegung verschwindet. Wie tief ist das Loch? Dreißig Meter? Vierzig? Oder fünfzig? Schwer zu schätzen. Ich komme mir vor wie Gulliver im Land der Liliputaner. Alles da unten sieht von hier oben wie Spielzeug aus: Das Netz der Schmalspurgeleise, die hin und her rollenden Züge mit den Kipploren und den kleinen Dampfloks, aus deren Schornsteinen weiße Rauchwölkchen in die kalte Winterluft steigen, die Traktoren und Bagger, die hier Hügel abtragen und die Erde woanders wieder aufschütten, die LKWs, die hoch beladen auf improvisierten Feldwegen dahinschaukeln. Und dazwischen Menschen, die, anscheinend ohne Sinn und Ziel, wie Ameisen hierhin und dahin laufen.

Drüben, an der gegenüberliegenden Talseite, steigt eine Wand bis zu unserer Höhe senkrecht empor: Kohle. Unten stehen die Bagger. Keine Riesendinger. Normale Bagger, mit nur einem Mann besetzt. Die drehen sich ohne Pause wie Brummkreisel und schaufeln die Kohlebrocken in die Kipploren. Nur ab und zu setzen sie ein paar Meter zurück, Sprengpatronen detonieren, und ein Teil der Kohlewand vor ihnen bricht mit Donnergetöse zusammen. Der Lärm dringt allerdings nur gedämpft bis hier herauf. Denn neben uns läuft das Förderband, das die Kohlebrocken heraufbringt. Natürlich nicht ein einziges Band, dafür ist der Weg viel zu weit. Ein ganzes System von Bändern hintereinander ist das, jedes auf stabilen Holzgerüsten montiert. Die stählernen Laufrollen quietschen in ihren Lagern, die Antriebsmotoren rattern, und wenn man gerade dort steht, wo die Kohlebrocken vom Ende des einen Bandes auf den Anfang des nächsten herunterdonnern, versteht man sein eigenes Wort nicht.

Und alles ist schwarz vom Kohlenstaub. Der Schnee ist dunkelgrau, unsere Klamotten sind dunkelgrau, und unsere Gesichter auch, wenn wir nach Schichtende wieder Richtung Lager trotten.

Willi kommt zurück und teilt seine Leute ein. Die Brigade arbeitet schon lange an dieser Stelle, die meisten Männer brauchen keine Einweisung, sondern wissen, wo sie hinzugehen und was sie dort zu arbeiten haben. Ich bin Neuling, verstehe nichts von Technik und weiß nicht, wie man mit einem Schraubenschlüssel einen Motor wieder zum Laufen bringt, der mal wieder streikt, weil der Baggerführer zu viel Kohle aufs Band gekippt hat. So bin ich eben Hilfsarbeiter – tschornij rabotschik, wie die Russen sagen –, was allerdings nicht bedeutet, dass meine Arbeit leichter wäre als die meiner Kumpels. Ich kann froh sein, wenn ich nicht dazu eingeteilt werde, zu zweit Eisenbahnschwellen von hier oben hinunter in die Grube zu tragen, aber manchmal erwischt es mich. Diese zentnerschweren Balken allein vom Erdboden auf die Schultern zu hieven ist eine Plackerei, aber das Schlimmste ist der Weg den steilen Hang hinunter, denn es gibt keine Treppen. Man muss sich seinen Weg suchen. Der Boden ist gefroren und vereist, mal geht es ein Stück durch Schneematsch, dann kommt eine Geröllstrecke. Immer hat man Angst, dass der andere ausrutscht und den schweren Stamm fallen lässt. Wenn man hinten trägt, merkt man's ja rechtzeitig, aber wenn man als Erster geht ... Und dauernd muss man aufpassen, dass die Filzstiefel nicht nass werden, wenn neben einem ein Wasserstrahl aus einem defekten Rohr spritzt. Denn die nassen Stiefel vereisen sofort, und man verliert jeden Halt auf dem gefrorenen Boden.

Wenn wir unsere Bahnschwelle endlich unten zu den kreuzweise gestapelten anderen abgelegt, an der Rückseite des Stapels außerhalb der Sichtweite irgendwelcher Aufsichtspersonen unsere Zigarette geraucht und schließlich den beschwerlichen Weg den steilen Hang hinauf hinter uns haben, ist eine Stunde vergangen. Ob es für eine solche Arbeit eine Norm gibt? Ob wir sie erfüllen? Wir wissen es nicht, und es ist uns auch egal. Willi wird schon dafür sorgen, dass wir wie die anderen in der Brigade unser Zusatzbrot kriegen. Dafür ist er Brigadier.

Wie und warum ich gerade in dieser Brigade gelandet bin, weiß ich auch nicht. Anders als damals bei der Ankunft unseres Offizierskontingents in Karpinsk wurde unser Transport hier in Woltschanka gleich auf die verschiedensten Brigaden verteilt. Ich fand mich in einer »Jugendbrigade« wieder. Zwar gehöre ich in jedem Lager zu den Jüngeren, aber ich vergesse manchmal, dass der größte Teil der Kriegsgefangenen schon fünfundzwanzig war, als der Krieg begann, wenn sie damals nicht sogar noch mit dreißig oder fünfunddreißig als Reservisten eingezogen wurden.

Hier in der Jugendbrigade bin ich allerdings der Älteste – und der einzige Offizier. Aber die Jungens nehmen mich sofort ohne Vorbehalte in ihren Kreis auf, und Willi, der als Brigadier natürlich Mitglied des Antifaschistischen Aktivs ist, behandelt mich mit einem ab und zu deutlich spürbaren Respekt. Die Brigade hat in der Kohlengrube einen guten und sicheren Arbeitsplatz an einer der zentralen Stellen der Kohleförderung, der eine hundertprozentige Normerfüllung, Zusatzbrot und ab und zu ein paar Rubel Verdienst garantiert. Ich kann zufrieden sein. Ja, es gibt Augenblicke, wo sich bei uns in diesem nun schon vierten Jahr unserer Gefangenschaft das Gefühl einschleicht, wir seien normale Arbeiter in einem Industriebetrieb, zumal wir uns inzwischen auch äußerlich kaum von den russischen Zivilisten unterscheiden. Erst abends oder nachts, wenn sich das Lagertor hinter uns schließt, werden wir uns unserer wirklichen Lage bewusst.

Dann erinnere ich mich daran, dass ich in meinem Holzköfferchen ein paar Bogen Papier, einen Bleistift und einen Farbkasten durch die Filzungen gebracht habe. Die räumlichen Bedingungen sind hier in Woltschanka deutlich besser als drüben in Karpinsk. Die Halle, in der meine Brigade untergebracht ist, hat mehr Luft und Tageslicht. Keine dreistöckigen Pritschenlager an den Längsseiten, sondern Doppelstockbetten in Viererblocks, dazwischen Platz für einen langen Tisch mit Bänken an den Seiten. Da kann ich in meiner freien Zeit sitzen und das schreiben und zeichnen, was ich mir draußen während der eintönigen Arbeit ausgedacht habe. Bald schaut mir der eine oder andere der neuen Kameraden über die Schulter, mein Buch mit den Gedichten macht wieder die Runde, hoch und heilig wird mir versichert, dass ich es unbeschädigt zurückbekomme.

Dann fragt mich jemand, ob ich ihm nicht eine Geburtstagskarte machen könne. Er hat einen Kumpel oder Freund, dem er an diesem Tag eine Freude machen möchte, und sonst gibt's ja nichts, was man schenken könnte.

»Ist gut«, sage ich, »mach ich dir. Was soll denn drauf sein?«

Nun ja, dies und das, und der Freund ist doch Lehrer und kommt aus Düsseldorf, und ob ich nicht etwas dazu zeichnen könne? Mir werde schon etwas einfallen. Er gibt mir auch seine Zusatzbrotportion dafür.

Bald spricht es sich herum, dass es dahinten in der Jugendbrigade jemanden gibt, der so etwas kann. Mir macht die Arbeit an den Karten Spaß, abgesehen davon, dass ich auf dem Weg zur Grube genug Zeit habe, mir etwas Passendes, vielleicht sogar Witziges auszudenken. Und die Auftraggeber ziehen zufrieden ab, weil sie ihren Freunden etwas in die Hand drücken können, was sonst keiner hat. Am besten funktioniert das natürlich in der Zeit, wenn ich mit meiner Brigade Spätschicht habe. Da bin ich vormittags ausgeschlafen und habe die Zeit zwischen zehn und zwölf Uhr für mich.

Es dauert nicht lange, da fragt mich Willi, ob ich nicht die Wandzeitung schreiben und zeichnen will.

Zwar gibt es seit 1946 eine in Moskau gedruckte »Zeitung für die Kriegsgefangenen«. Daneben aber ist die als Unikat geschriebene Wandzeitung eine unverzichtbare Institution in den Gefangenenlagern. Hier werden die Leistungen der besten Brigaden und die Namen der Bestarbeiter veröffentlicht, hier geht es um Resolutionen, Grundlagen des Marxismus-Leninismus und Lagerpolitik. Diese Art von Zeitung musste natürlich nicht erst für die Lager erfunden werden, es gibt sie in jedem sowjetischen Betrieb.

»Aber«, sage ich, »Wandzeitung ist doch Sache des Chudoschniks. Den habt ihr doch hier im Lager.«

»Schon«, meint er, »der schreibt aber nur die Zeitung drüben im Speisesaal. Für unsere hier in der Baracke müssen wir selber sorgen. Das Aktiv hat gesagt, ich soll dich fragen.«

»Also gut«, sage ich, »ich probier's. Aber ich brauche Zeit. Du weißt ja, ich habe nur die zwei Stunden am Vormittag.«

»Kein Problem. Wenn du es nur machst. Ich bringe dir die Artikel, die rein sollen.«

»Und bring einen großen Bogen Papier mit, damit ich anfangen kann, solange wir noch Spätschicht haben.«

Er nickt. Ich verstehe mich gut mit ihm. Tatsächlich bringt er weißes Papier, nicht nur einen Bogen, sondern gleich ein ganzes Paket. Im Aktivbüro scheint inzwischen kein Mangel daran zu sein. Für mich ist ein Bogen weißes Papier immer noch ein faszinierender Gegenstand, der meine Phantasie in Gang setzt. Was könnte man daraus machen? Ein neues Buch? Vielleicht darf ich ein paar Bogen behalten ...

Auch die Artikel kommen, ich fange an zu lesen und Zeilen zu zählen. Dann sitze ich jeden Vormittag am Tisch, zeichne und schreibe.

Schon am zweiten Tag, als Willi in der Kohlengrube die Brigade zur Arbeit einteilt, nimmt er mich beiseite und führt mich an einen etwas abseits gelegenen Platz. Hier ist seltsamerweise nichts zu spüren von der Kälte, die nachts auf minus fünfundzwanzig Grad absinkt. Kein Schnee. Der staubfeine graue Boden strahlt eine Wärme aus, die ich sogar durch die Filzstiefel hindurch spüre. Aus einem Schlauch rinnt ein dünner Wasserstrahl, der an der Stelle, wo er auf den Boden trifft, kleine Dampfwölkchen in die kalte Winternacht steigen lässt.

Unter uns muss ein Kohlenflöz brennen.

»Und was soll ich hier?«, frage ich.

»Brauchst nur ab und zu den Schlauch an eine andere Stelle zu legen. Und aufpassen, dass es hier oben nicht noch einmal anfängt zu brennen.«

Also heute keine Eisenbahnschwellen schleppen. Ich knöpfe den Pelzmantel auf und ziehe die Handschuhe aus. Sogar der Stein, auf den ich mich setze, ist warm. Geht's mir aber gut, denke ich. Und der Willi ist ein prima Kerl. Dass er mir eine so leichte Arbeit gibt, weil ich ihm in meiner freien Zeit die Wandzeitung schreibe. Über mir der Nachthimmel mit seinen unzählbaren funkelnden Sternen, vor mir dort unten die Grube, hell erleuchtet von Dutzenden von Scheinwerfern. Die Kohlenzüge, die von hier oben wie kleine schwarze Schlangen mit zwei gelb leuchtenden Augen aussehen. Die weißen Rauchfähnchen aus den Schornsteinen der Loks, die LKWs, die herumwuselnden Arbeiter. Die Bagger drüben an der senkrechten Kohlewand schwenken ihre Arme im Kegel der Scheinwerfer. Ein faszinierender Anblick.

Und da, in einigem Abstand von den Baggern, eine rot glühende Wand! Und ganz links noch eine! Da brennt die Kohle! Und sprüht gelbe und orangerote Funken in die Nacht! Welch ein Schauspiel! Und jetzt bricht die linke Stelle ab und stürzt wie ein Wasserfall aus glühenden Kohlebrocken in einem Funkenregen die dreißig, vierzig Meter hinunter auf die Talsohle!

Wie weit in den Berg hinein mag da drüben die Kohle brennen? Wie lange schon? Und wie lange noch? Wer soll diese Feuer löschen? Und unter meinen Füßen? Da brennt es doch auch? Und was soll der lächerliche, dünne Wasserstrahl bewirken, der da vor mir aus dem Schlauch plätschert? Jetzt weiß ich, woher die Redensart kommt: Ein Tropfen auf einen heißen Stein ...

Noch ein paar Vormittagsstunden, dann ist die Wandzeitung fertig. Den Zeitungskopf in der linken oberen Ecke mit dem Titel »Der Neue Weg« habe ich mir bis zuletzt aufgehoben. Ich will ihn anders machen als den der letzten Ausgabe, und ich weiß auch schon wie: Die Schrift soll, als sei sie auf eine Straße gemalt, in schmalen, fetten Groteskbuchstaben von der linken unteren Ecke perspektivisch verkürzt bis in die rechte obere Ecke laufen. Viel Arbeit, aber als es fertig ist, sieht es richtig gut aus.

Willi bedankt sich und zieht ab. Am nächsten Tag breitet er die Zeitung wieder auf dem Tisch aus:

»Prima. Gefällt denen allen gut. Bis auf den Titel.«

»Wieso?«, frage ich. »Was ist mit dem Titel? Habe ich einen Buchstaben vergessen?«

»Das nicht. Aber so, wie du ihn gezeichnet hast, entsteht der Eindruck, als komme der neue Weg aus dem Westen.«

Ich denke, ich höre nicht recht.

»Aber wir schreiben und lesen doch von links nach rechts«, sage ich.

Er schüttelt mit dem Kopf:

»Der neue Weg muss aus dem Osten kommen, aus der Sowjetunion, und in den kapitalistischen Westen führen. Ist doch klar, oder? Wie du das machst, ist dem Aktiv egal.«

Jetzt schüttele ich mit dem Kopf. Es ist mir unbegreiflich, wie man einer graphischen Lösung eine politische Tendenz unterstellen kann.

»Könnt ihr haben«, sage ich und zeichne schließlich einen neuen Titel, in dem das Anfangs-D klein links oben in der Ecke steht und das Schluss-G groß rechts unten. Es sieht etwas verrückt aus, aber politisch ist der Titel jetzt korrekt.

Das Jahr 1948 geht allmählich zu Ende, aber von »skorro damoi!« – bald nach Hause – ist immer weniger die Rede. Stattdessen erscheinen erste Artikel in der Kriegsgefangenenzeitung, dass die Sowjetunion die Güterzüge, mit denen die Gefangenen nach Hause fahren sollen, dringend zum Transport der Ernte in der Ukraine brauche und dass sie deshalb möglicherweise einfach technisch nicht in der Lage sein werde, ihr Versprechen fristgerecht einzulösen.

Das hat uns gerade noch gefehlt.

Eine Welle der Empörung geht durchs Lager. Seit einem Jahr kreisen unsere Gedanken um nichts anderes als um diesen Termin: Ende 1948. Und seit dem Sommer zählen wir die Monate: noch sechs, noch fünf, noch zwei. Wir beißen die Zähne zusammen: Winter, Schnee, dreißig Grad Kälte. Jeden Morgen im Dunkeln durchs Lagertor raus in die Kohlengrube oder um Mitternacht nach der Spätschicht endlich zurück, mit einem Kohlebrocken auf der Schulter, damit wir unsere Halle warm kriegen. Wir haben so viel ausgehalten, wir ertragen auch das noch. Hauptsache, das Ende ist abzusehen.

Und jetzt das. Die große, ruhmreiche Sowjetunion, Heimat der Werktätigen, Bannerträger des Fortschritts, von dem zu schwärmen unsere Propagandisten nicht aufhören können, dieses riesige Land mit seinen unerschöpflichen Ressourcen hat dreieinhalb Jahre nach Kriegsende keine Waggons, um die deutschen Soldaten nach Hause zu transportieren! Aber wenn die Sowjets diesen international vereinbarten Termin nicht einhalten, dann ist es völlig offen, wann wir nach Hause kommen. Und ob überhaupt. Das kann lange dauern, bis die Weltöffentlichkeit reagiert. Was kümmert den Westen das Schicksal der deutschen Kriegsgefangenen? Die Welt hat andere Sorgen. Transport budit? Ja, vielleicht. Am Sankt-Nimmerleins-Tag.

Da ist es wieder, das große schwarze Loch.

Die Propagandamaschine aus Moskau läuft schon. Wir müssten Verständnis haben, schreibt die Kriegsgefangenenzeitung, wenn es der Sowjetunion trotz ihres guten Willens nicht möglich sei, alle Kriegsgefangenen bis zum Jahresende zu entlassen. Nicht alle? Was soll das heißen? Zweitausend Lager gibt es hier in Russland, oder noch mehr. Wie viele davon werden aufgelöst? Tausend? Oder nur fünfhundert? Oder nur dreißig? Werden wir dabei sein? Und was passiert mit denen, die hier bleiben?

Aber »Verständnis zeigen« reicht den deutschen Antifa-Aktivisten nicht. Wir Kriegsgefangenen müssten mehr tun, fordern sie. Das fast vergessene Schlagwort von den »Faschistam ockupantam«, den faschistischen Eroberern, taucht wieder auf. Sind wir es nicht gewesen, die das russische Schienennetz in den Rückzugsschlachten im Sommer 1944 zerstört haben? Waren es nicht unsere Stukas, die Hunderte von Güterwaggons zu Schrott gebombt haben? Die Waggons, die jetzt fehlen?

Wieder beginnt der Druck der Meetings und Resolutionen. Die deutsche politische Leitung verlangt, dass wir uns freiwillig verpflichten, weiter unsere ganze Kraft für die

Wiedergutmachung einzusetzen, noch härter als bisher zu arbeiten und so unseren Beitrag zum Wiederaufbau der sowjetischen Wirtschaft zu leisten. Ein großformatiges Buch mit prächtigem Einband und einem – sicher in Moskau vorformulierten – Text liegt schon im Politbüro auf, und eine Brigade nach der anderen tritt geschlossen an, um die leeren Seiten mit Unterschriften zu füllen. Wer sich weigert, wird es zu spüren bekommen.

Die Feiertage kommen und gehen vorbei, still, traurig, ohne Trost und ohne Hoffnung. Das vierte Weihnachten in der Gefangenschaft und das schlimmste.

Das neue Jahr beginnt, wie das alte geendet hat. Morgens um halb sieben zur Frühschicht im Dunkeln durchs Lagertor –, acht Stunden Arbeit in der Kohlengrube. Nachmittags um vier, wenn es schon dämmert, zurück. Eisiger Januarwind, Pelzkragen hochgeschlagen, weißer Reif in den Augenbrauen des Nebenmanns. Oder durch die schwarze Nacht, halb schlafend vor Müdigkeit, einen Kohlebrocken auf der Schulter, den man sich irgendwo gegriffen hat. Einmal höre ich von meinem Strohsack aus, schon halb im Einschlafen, den Hallenältesten brüllen:

»Welcher Idiot hat denn da einen Stein mitgebracht?«

Ach, denke ich, deshalb war mein Brocken heute so schwer ...

Es ist uns alles so egal.

Und da passiert es: Wir warten nachts nach dem Schichtende oben neben dem quietschenden und rumpelnden Förderband auf Willi, der immer als Letzter von unten aus der Grube kommt, weil er den Normzettel noch unterschreiben lassen muss. Ich habe die rechte Hand oben auf die Kante der Holzwand gelegt, die neben dem Förderband herläuft, und döse vor mich hin. Da tut's einen Schlag. Ein Kohlebrocken kracht von oben herunter und trifft meinen kleinen Finger. Ich schreie vor Schmerz. Die Kumpels um mich herum sind plötzlich hellwach. Aber helfen können sie auch nicht.

Der Finger sieht schlimm aus, als ich ihn am nächsten Morgen dem Arzt zeige. Das letzte Fingerglied steht nach innen, der Brocken hat offensichtlich den Knöchel getroffen. Der Doktor zuckt mit den Schultern. Ein Röntgengerät gibt es nicht. Er pinselt Jod, macht einen Verband, gibt mir ein Dreiecktuch, damit ich den Arm in der Schlinge tragen kann, und schreibt mich ein paar Tage arbeitsunfähig. Mehr kann er nicht tun.

Es dauert lange, bis ich den Schmerz nicht mehr spüre. Den schiefen Finger habe ich als Andenken behalten.

Eines Abends trommelt Willi die Brigade zusammen. Die gilt als fortschrittlich, sogar als kommunistisch angehaucht. Nicht von ungefähr hat sie in der Grube so einen guten Arbeitsplatz. Aber auch hier ist die Stimmung schlecht. Die Hoffnung auf baldige Heimkehr schwindet immer mehr. Wenn ich in die Gesichter der Kumpels schaue, die rings um den langen Tisch sitzen, sehe ich nur eine Frage: Wie lange noch?

Willi da am Kopfende hat's nicht leicht, aber als Antifa-Mann muss er politische Arbeit machen. Also los: Marx, Lenin, Stalin, Sozialismus, die Geschichte der KPdSU, die SED, die drüben in der Ostzone gerade dabei ist, in die Fußstapfen ihres großen Vorbildes zu treten. Kampf gegen den Kapitalismus, Tod dem Faschismus. Wir kennen das. Nur wenige melden sich zu Wort. Dem Willi fällt auch nichts mehr ein, er guckt mich an:

»Fritz, sag du doch auch mal was.«

Ich winke ab:

»Was soll ich dazu sagen, Willi. Du hast es sicher schon gemerkt: Ich bin ein unpolitischer Mensch.«

»Aber du wirst dir doch auch deine Gedanken machen über das, worüber wir gerade gesprochen haben. Du bist Offizier, warst auf der höheren Schule. Mich interessiert, was du so denkst. Wir sind ja hier unter uns, kannst ruhig sagen, was du meinst.«

»Also gut«, sage ich, »aber nur ganz kurz. Es ist ja auch schon gleich neun, und wir sind müde. Also: Ich bin – wie wir alle hier in der Runde – in einer faschistischen Diktatur groß geworden. Wir haben das nur nicht mitgekriegt. Wir kannten ja nichts anderes. Unsere Eltern hatten noch den Kaiser Wilhelm und die Weimarer Republik erlebt. Wir bekamen nur zu hören, wie heruntergekommen und mies diese Art von Demokratie gewesen sei. Wir Jungen kannten nur eins: Führer befiehl, wir folgen. Das ging ja auch eine ganze Zeit lang gut. Erst am Ende des Krieges haben wir gemerkt, dass wir auf dem falschen Dampfer saßen. Seitdem sind wir dabei, innerlich mit dieser Katastrophe fertig zu werden, einzusehen, dass wir für ein verbrecherisches Regime gekämpft haben, und bemühen uns – mitgefangen, mitgehangen –, einen Teil unserer Mitschuld wieder gutzumachen.«

Willi nickt.

»Aber wir Deutschen«, sage ich, »sind auch seltsame Menschen. Wir wechseln von einem Extrem ins andere. Ich persönlich tu mich halt schwer, die Lehren des Marxismus-Leninismus als die einzig wahre Weltanschauung zu akzeptieren. Ich bin inzwischen zehn Jahre älter geworden. Mein Idealismus von damals hat Schiffbruch erlitten. Nun halte ich nicht mehr viel von Utopien, sondern frage: Was ist aus ihnen geworden, was haben sie bewirkt und wie sieht die Wirklichkeit aus in einem Land, das sich seit dreißig Jahren diesen Sozialismus auf die Fahne geschrieben hat. Keine Frage, dass es den russischen Arbeitern und Bauern besser geht als zu Zarenzeiten, als sie noch Leibeigene waren. Nur möchte ich selbst nicht in einem System leben, das in manchen Teilen eine fatale Ähnlichkeit mit der Diktatur zu haben scheint, die wir gerade überwunden haben, einem System, in dem Wahlen mit neunundneunzig Prozent für die Regierungspartei enden, einem System, in dem es keine parlamentarische Opposition gibt und in dem die Partei immer Recht hat.«

»Danke, Fritz«, sagt Willi und guckt auf die große Uhr am Kopfende der Halle, »war doch ganz interessant, was du so gesagt hast. Na ja, machemer Schluss für heute.«

Habe ich zu viel gesagt?, geht es mir noch durch den Kopf, als ich auf meinem Strohsack liege und gegen die Decke gucke. Bin ich zu offen gewesen? Bin ich am Ende doch auf eine Provokation hereingefallen?

Die Quittung bekomme ich schon am nächsten Morgen am Lagertor: Ich werde einer anderen Brigade zugeteilt. Mit einer so schnellen Reaktion habe ich allerdings nicht gerechnet.

Ob Willi befürchtet, dass ich mit meinen Ansichten einen negativen Einfluss auf seine Brigade ausüben könnte? Den ganzen Tag mache ich mir Vorwürfe, dass ich mich habe hinreißen lassen zu sagen, was ich denke. Denn welche Verschlechterung meiner Lage ich mir mit dem Wechsel der Brigade eingehandelt habe, erlebe ich gleich an diesem ersten Arbeitstag.

Schon der Weg zur Arbeitsstelle führt an der gesamten Kohlengrube vorbei. Er dauert eine Stunde und endet dort, wo die Straße in einen breiten Feldweg übergeht. Links und rechts meterhoher Schnee, aus dem junge Birken ihre kahlen Äste in den grauen Himmel strecken. Fünfzig Meter links vom Weg verläuft ein Tal mit ziemlich steilen Hängen. Und am Rand dieses Tals steht ein vorsintflutlich anmutendes Ungeheuer mit einer ganz seltsamen Konstruktion. Ein Abräumkran. Sein Gewicht – sicherlich an die fünfzig Tonnen – ruht auf einer riesigen, kreisrunden Bodenplatte aus Stahl. Zur Fortbewegung dienen zwei mächtige Ausleger an den beiden Seiten, die exzentrisch an einer Querachse hängen. Wenn diese Ausleger sich auf dem Untergrund abstützen, hebt sich die Bodenplatte mit dem ganzen Kran und senkt sich ein paar Meter weiter vorn wieder ab. Gar keine schlechte Idee. Der Arm des Krans besteht aus einer sicher zwanzig Meter langen Gitterkonstruktion, an der vorne der Baggerlöffel an Stahlseilen aufgehängt ist. Und dieser überdimensionale Löffel trägt Kubikmeter für Kubikmeter die Erdschicht ab, die sich in Jahrmillionen auf der Braunkohle abgelagert hat. Wann allerdings einmal so weit hier draußen mit dem Kohleabbau begonnen wird, steht in den Sternen. Ob man befürchtet, dass die Produktion in der jetzigen

Grube einmal eingestellt werden muss wegen der Brände, die vielleicht nie zu löschen sind? Wer weiß es. Wir zwanzig Gefangenen jedenfalls sollen dem Riesenbagger bei seiner Arbeit helfen. Bei jedem Standortwechsel des Ungetüms müssen wir die armdicken Elektrokabel nachführen und so viele Birkenstämme unter die Bodenplatte packen, dass der schwere Kran nicht im Untergrund versinkt.

Jetzt im Januar bei dreißig Grad Kälte und metertief gefrorenem Boden ist diese Gefahr nicht groß. Aber in den herbstlichen Regenwochen wurde viel Holz gebraucht. Von den Birken rings um den Kran stehen nur noch die Stümpfe, wir müssen mit der Lore ziemlich weit fahren und uns dann von dem Feldweg aus noch fünfzig Meter nach links und rechts einen Trampelpfad durch den hüfthohen Schnee bahnen, bis wir mit Beil und Säge darangehen können, Birken zu fällen, die Stämme bis zur Lore zu schleppen und zum Bagger zu transportieren.

Dann, nach zwei Touren, ist erst einmal Pause angesagt. Wir klettern über den Ausleger ins Führerhaus des Baggers. Das bietet Platz für uns alle. Hier ist es warm, denn der Baggerführer hat neben seinem Sitz einen Ofen mit glühender Kohle stehen. Wir ziehen die Pelzhandschuhe aus und halten die steifen Hände in die strahlende Wärme.

Die Brigade, in der ich ja ein Neuling bin, arbeitet schon seit Monaten hier, und ich merke gleich, dass sich zwischen unseren Leuten und dem einheimischen Baggerführer ein fast kameradschaftliches Verhältnis entwickelt hat. Aber das erklärt sich bald. Der Fritz – so heißt er – ist Wolgadeutscher, also einer von den Tausenden, die während des deutschen

Vormarsches im ersten Kriegsjahr aus ihrer Heimat hierher nach Sibirien in die Verbannung geschickt wurden, weil die sowjetische Führung befürchtete, sie könnten gemeinsame Sache mit dem Feind machen. Nun hat der Fritz sich hier emporgearbeitet, ein intelligenter, sympathischer Mann mit viel Verständnis für unser Schicksal. Er ist ein vorzüglicher Techniker und alleiniger und selbständiger Herrscher über seinen Riesenbagger, mit einem Spitzenlohn von sage und schreibe dreitausend Rubel. Nur dem guten Verhältnis zu diesem Mann verdanken wir unsere zweihundert Gramm Zusatzbrot, weil er unserem Brigadier hundert Prozent Normerfüllung auf den Narjad, den Arbeitszettel, schreibt für eine Arbeit, die in keinem Normbuch verzeichnet ist. Wenn wir hier am Ende der Welt auch keine Rubel verdienen können, so hat mein neuer Arbeitsplatz doch den Vorteil, dass der Wechsel zwischen Früh- und Spätschicht aufhört, der auf die Dauer doch sehr viel Kraft kostet.

Wir haben sogar eine Möglichkeit entdeckt, uns den langen Marsch zurück ins Lager abzukürzen: Wir klettern auf die voll beladenen Waggons der Kohlenzüge, die in kurzen Abständen vorbeifahren. Das ist nicht ungefährlich und nur in einer bestimmten Kurve möglich, wo die Züge langsam fahren müssen. Und es darf keiner zurückbleiben, weil sonst die beiden russischen Konvoisoldaten nicht mitmachen, die natürlich auch gerne möglichst schnell ins Lager zurückkommen wollen. Aber wenn wir alle hoch oben auf den Waggons durch die Gegend fahren, ist es fast lustig. Ein Hauch von Freiheit umweht uns; ab und zu werfen wir den Russenfrauen, die mit Säcken unten am Bahndamm stehen und uns zuwinken, ein paar Kohlebrocken hinunter und wundern uns über die kleinen, schwarz umrandeten Löcher in unseren Wattejacken, bis wir merken, dass sie von den rot glühenden Kohlestückchen herrühren, die aus dem qualmenden Schornstein der Lokomotive kommen.

Seltsamerweise habe ich meinen alten Schlafplatz behalten. Hin und wieder fragt mich einer der Kumpel aus der Jugendbrigade, weshalb ich jetzt an einer anderen Stelle arbeite. Ich zucke mit den Schultern.

Allmählich ist es draußen wieder länger hell. Ich hole meine Zeichensachen aus meinem Köfferchen und versuche, wenn keine Feierabendarbeit im Lager oder sonst etwas dazwischenkommt, wenigstens eine Stunde am Tag etwas für mich zu tun. Das ist nicht leicht, denn auf die Empörung und Enttäuschung über das gebrochene Heimkehrversprechen der Sowjetunion, auf Verzweiflung und Depression folgte eine Zeit der lähmenden Starre, der Lethargie, wo uns alles egal war. Immer von neuem hadern wir mit dem Schicksal, das uns ausgerechnet in dieses Land, in dieses unberechenbare System verschlagen hat. Der immer gleiche Ablauf des Arbeitstages hat etwas Betäubendes an sich, und nur manchmal wird uns bewusst, dass diese Tage nicht beliebige Arbeitstage sind, die wir nur an ungewohnter Stelle verbringen, sondern dass die Zeit hier unwiederbringliche Lebenszeit ist.

Wieder bittet mich der eine oder andere, ihm eine Glückwunschkarte zu zeichnen, die er einem Freund zum Geburtstag schenken will. Und da manche Brigaden in der Grube einen so guten Arbeitsplatz haben, dass sie am Monatsende ein paar Rubel ausbezahlt bekommen, und da sich unser Gesundheitszustand in der letzten Zeit so weit gebessert hat, dass Brot nicht mehr die einzige Währung im Lager ist, gibt man mir für jede Karte drei Rubel. So kann ich mir ab und zu in der Kantine etwas kaufen, etwas zu essen, Schreibpapier oder einen Bleistift.

Manchmal schreibe ich einen Text oder ein paar Verse nur für mich allein auf so ein Stück Karton in Postkartengröße. Meinen Konfirmationsspruch:

»Kämpfe den guten Kampf des Glaubens, ergreife das ewige Leben, dazu du auch berufen bist und bekannt hast ein gutes Bekenntnis vor vielen Zeugen.« Rote und schwarze Frakturbuchstaben, die Worte »Kämpfe«, »ergreife« und »berufen« groß herausgestellt.

»Schön«, sagt Kurt Wende, als er die fertige Karte sieht. Kurt, ein schmaler Mann mit einem Gesicht, das mich immer ein bisschen an Hermann Hesse erinnert, ist viel älter als ich und hat noch bei Theodor Litt in Bonn Theologie und Philosophie studiert. Auf dem langen Weg zur Arbeitsstelle versucht er mit viel Geduld, mich in die Grundlagen der Philosophie einzuführen.

»Schön«, meint er, »nur liegt die Betonung eigentlich nicht auf ›berufen‹, sondern auf ›du auch‹.«

»Ach so«, sage ich, »danke. Jetzt habe ich den Satz vierzehn Jahre lang verkehrt mit mir herumgetragen«, und fühle den Zeigefinger des Apostels Paulus direkt auf mich gerichtet.

Ein andermal sind's die Verse von Eichendorff, die meine innere Verfassung spiegeln:

»Du bist's, der, was wir bauen,
Mild über uns zerbricht,

Dass wir den Himmel schauen –
Darum so klag' ich nicht.«

Lieber hätte ich »hart« statt »mild« geschrieben, aber ob der alte Freiherr auf seinem Gut in Schlesien sich ein Leben in Sibirien hat vorstellen können?

Ich stecke die Karten in einen der Briefe, die wir seit einiger Zeit – zusätzlich zu den monatlichen Postkarten – einmal im Vierteljahr schreiben dürfen. Und ich habe Glück: Die Karten passieren unbeanstandet die deutsche Lagerzensur.

Erst im März oder April, als der Winter langsam zu Ende geht und der gefrorene Boden auftaut, wird unsere Arbeit am Bagger schwerer. Wasserlachen und Tümpel entstehen, der Boden wird sumpfig, von oben regnet es, wir sind nass wie die Katzen und frieren mehr als im Winter. Der Bagger braucht immer mehr Holz, um nicht im Boden zu versinken. Eines Morgens sehen wir es schon von weitem: Er ist abgerutscht und hängt bedrohlich schräg am Rand des Abhangs.

Es wird ein schlimmer Tag für uns alle. Fritz, sonst der Inbegriff der Ruhe und Selbstsicherheit, rennt aufgeregt um seinen Bagger und brüllt herum, unser Brigadier schickt die halbe Mannschaft zum Holzheranschaffen, die andere Hälfte packt eine Lage Stämme nach der anderen unter die schief hängende Bodenplatte. Fritz versucht, den langen Schwenkarm nach links zu drehen, die Elektromotoren heulen, der Teufel ist los. Immer wieder verschwinden ganze Packlagen von Stämmen und Ästen unter dem Gewicht der fünfzig Tonnen spurlos im weichen Boden. Letzte Rettung sind die Stahlseile, die wir von der Trommel im Führerhaus bis zu den Eisenbahngeleisen hinter uns herziehen und dort festmachen, damit Fritz seinen Kran zentimeterweise auf sicheren Boden manövrieren kann. Es wird Nachmittag, bis er die überlasteten Motoren endlich abstellt, von seinem Führersitz zu uns herunterkommt, sich den Schweiß von der Stirn wischt und die Schachtel mit den Papirossy herumreicht. Wir lösen die Stahlseile und stellen kopfschüttelnd fest, dass die Zugkraft der Stahlseile die Eisenbahnschienen völlig verbogen hat.

»Nitschewo.« Fritz nimmt das nicht tragisch.

Die Stunde bis zum Schichtende sitzen wir nur noch oben im Führerhaus, trocknen unsere nassen Klamotten am Kohlenfeuer und rauchen, ehe wir uns todmüde auf den Heimweg ins Lager machen.

Zwei Monate später, im Juni, schreibe ich nach Hause:

»Die Arbeit draußen – immer noch dieselbe wie im Winter – macht mir nicht mehr so viel Schwierigkeiten. Manchmal sitze ich abends noch bis um zehn mit Freunden zusammen, obwohl wir morgens schon kurz nach fünf aufstehen müssen. Das Wetter, das natürlich von nicht geringem Einfluss auf unsere Stimmung ist, hat sich noch nicht endgültig für »Sommer« entschieden. (Vorgestern Morgen hat es geschneit!) Im Mai hatten wir z. T. sehr schöne Tage, sodass wir mit bloßem Oberkörper arbeiten konnten. Es wird auch jetzt langsam grün draußen ... Hier ist von Heimkehr nicht die Rede. In den nächsten Tagen werden etwa fünfundzwanzig Mann fahren, fast durchweg Propagandisten und bewährte Antifaschisten. Außerdem finden in der letzten Zeit in verstärktem Maße politische Schulungslehrgänge statt (man kann sich dazu melden), deren Teilnehmer anschließend ebenfalls nach Hause fahren ...«

Ende Juni höre ich, dass der Lagermaler von seinem Posten abgelöst worden ist. Schlechte Arbeit? Nicht linientreu? Es gibt nur Vermutungen. Ich kenne den Mann gar nicht. Aber am nächsten Tag steht der Antifa-Chef vor mir und fragt mich, ob ich die Werkstatt übernehmen will. Ich bin ganz perplex.

»Wie kommt ihr denn auf mich?«, frage ich.

»Na ja«, sagt er, »wir haben Sachen gesehen, die du gemacht hast. Außerdem wissen wir, dass du schon drüben in Karpinsk Chudoschnik warst. Also?«

Ich schaue ihn an:

»Gut, ich mache es. Unter einer Bedingung: keine politische Arbeit, keine Mitgliedschaft im Antifa-Aktiv.«

»Nein«, sagt er, »brauchst du nicht. Uns ist nur wichtig, dass du deine Arbeit machst.«

Ich packe meine Sachen und ziehe in die Werkstatt, die geräumiger ist als die in Karpinsk. Den abgelösten Chudoschnik kriege ich gar nicht zu Gesicht. Er arbeite jetzt draußen auf einer Baustelle, heißt es. Dafür erscheint sehr bald der russische Politkapitan, ein Mann von gedrungener Statur mit einem breiten, offenen Gesicht. Er ist ein bisschen überrascht, einen neuen Mann vorzufinden.

»Dobry den«, begrüßt er mich, »nowi chudoschnik?«

Ich nicke mit dem Kopf.

»Kak familia?«, fragt er. Was für ein Familienname?

»Blankengorn«, sage ich. Die Russen kennen doch kein »h«.

»Jobtwojumat!« Er spuckt zur Seite und hat eine Falte auf der Stirn. So einen Namen kann er sich nicht merken.

»Kak imia?« Was für ein Vorname?

»Fritz.«

Sein Gesicht hellt sich auf. Er lacht und haut mir die Hand auf die Schulter:

»Karascho! Friitz!«

Die Deutschen sind sowieso die Fritzen hier in Russland. Das reicht zurück bis zu den preußischen Königen ... »Fritz« kann er behalten. Karascho. Er bringt auch gleich einen Auftrag mit. Plakate für die Kommandantur.

Ich bin wieder in meinem Element. Die Tafeln mit den »Losungen« an der Lagerstraße, Ankündigungen für Veranstaltungen, Wandzeitungen – meine Tage sind randvoll. Manchmal schütteln die Kumpels meiner alten Brigade den Kopf, wenn sie sehen, wie ich am Abend noch mit dem Kalkpinsel herumlaufe oder beim Schein der Lampe am Zeichenbrett sitze. Ich bin wieder mein eigener Herr, teile mir meine Arbeit selber ein, die Politleitung behandelt mich mit ausgesuchter Höflichkeit, und immer bringt mir jemand die Briefe, die von zu Hause kommen, eigens aus dem Büro herüber, sobald die Post sortiert ist.

Nur selten gibt es eine Unterbrechung meiner Arbeit – wie gestern Abend. Da erschien der Arbeitseinsatzleiter in meiner Werkstatt.

»Kannste morgen früh mal mit den Malern rausgehen auf die Baustelle?«, fragte er und, als müsste er sich entschuldigen: »Ausnahmsweise? Nur einen Tag? Da ist einer krank geworden.«

»Du meinst die Anstreicherbrigade?«, sage ich. »Klar, mach ich. Bloß: Das sind doch lauter Profis?« Er winkt ab.

»Spielt doch keine Rolle. Hauptsache, morgen früh stehn neun Mann am Tor.«

Also heute Morgen um halb sieben am Lagertor. Die Malerbrigade ist unter den Hunderten von Männern leicht an ihren kalkgesprenkelten Wattejacken und Mützen zu erkennen. Da stehen sie mit ihrem Handwerkszeug, Eimern und dicken Pinseln, die sie an Besenstiele gebunden haben.

»Du bist doch der Chudoschnik, der Fritz«, begrüßt mich der Brigadier, dem man an der Nasenspitze ansieht, dass er seine Meisterprüfung schon vor zehn Jahren drüben in Deutschland gemacht hat.

»Na ja«, meint er etwas zögernd, als müsse er erst überlegen, ob er mich überhaupt mitnehmen soll, »dann schnapp dir mal den Sack mit den Kalkbrocken.«

Wir landen in einer Siedlung am Rand der Kohlengrube. Die Tür des kleinen Holzhauses steht offen. Eine Küche, drei kleine Zimmer. Die Wände sind mit Lehm verputzt, der hier und da ein bisschen abgebröckelt ist, Kalkanstrich. Kein Mensch außer uns zu sehen.

»Gehört sicher einem von den Direktoren«, meint Hermann und stellt seinen Eimer auf den Holzfußboden. »Also, los geht's.«

Der »Chef« steht mitten in der Wohnstube wie ein Regimentskommandeur im Manöver und verteilt die Arbeit.

»Also. Die Küch machemer weiß, die klääne Zimmercher hellbeesch un et Wohnzimmer och weiß mit em feine Stich Hellblau. De Heinz un de Karl tun Löcher in de Wänd ausputze. Un de Fritz tut schon ma Kalk lösche.« Und mit einem Blick zu mir:

»Kannste dat?«

Kann ich. Hab ich doch letztes Jahr drüben in Karpinsk bei Heinz Algermissen gelernt. Der ist jetzt schon fast ein

Jahr lang zu Hause, denke ich. Und ich bin immer noch hier. Wie lange noch?

Ich hole Wasser aus dem Brunnen und werfe Kalkbrocken in die Eimer, ich rühre braune Farbe an, Farbe, die eigentlich nichts anderes ist als Lehm, den der Chemiker im Lager fein pulverisiert hat. Ich löse türkisblaue Bröckchen in Wasser auf, Kristalle, die der Meister in einem kleinen Beutel in seiner Tasche verwahrt und wie einen Schatz hütet. Ich schleppe Leitern und Eimer und stehe rum.

Um halb drei sind wir fertig. Kein Russe hat sich blicken lassen, leider auch keine Frau mit einem Eimer Suppe für die Mittagspause, wie ich es insgeheim gehofft hatte. Na ja. Die Fußböden sind blank geschrubbt, die Fenster geputzt.

»Soll'n mer net hier in der Wohnstubb noch e Schmuckleistche oberum mache?«, fragt einer. Der Chef legt den Kopf schief.

»Also gut. Hol emol die Schablone mit de Blümcher.«

Um drei erscheint der Natschalnik.

»Karascho. Otschin karascho.« Er strahlt und klopft dem Brigadier auf die Schulter, schreibt ihm hundertdreißig Prozent auf den Narjad und lädt alle zu einem Schnaps ein.

Drüben in der Kantine, die hinter dem Grubentor gleich auf der linken Seite liegt, stellt die Russin mit dem freundlichen Vollmondgesicht zehn Zahnputzgläser auf den Tisch, randvoll mit Wodka. »Stogramm« – hundert Gramm. Bei Wodka geht's nach Gewicht, und hundert Gramm ist Standard.

Ach du lieber Gott. Seit heute früh um sechs nichts gegessen und jetzt Schnaps.

»Na starowje!«

»Prost!«

Den Weg zurück ins Lager, den wir eine halbe Stunde später ohne Wachtposten hinter uns bringen, habe ich nur noch in nebelhafter Erinnerung.

Abends findet allmählich der eine oder andere aus meiner alten Brigade den Weg in meine Werkstatt. Manche sind echte Freunde geworden – wie die Freunde damals in Karpinsk vor ein, zwei Jahren, von denen ich nun wohl niemals mehr etwas hören werde. Kurt Bathe erzählt mir seine Story vom Dezember des letzten Jahres, die ich damals gar nicht mitgekriegt habe. Auch er sei mit seiner Brigade auf das Politbüro marschiert, berichtet er, und habe seinen Namen in das dicke Buch geschrieben, in dem sich die deutschen Kriegsgefangenen verpflichteten, weiterhin in der Sowjetunion Wiedergutmachungsarbeit zu leisten. Aber dann habe ihn sein Gewissen geplagt, und da sei er eben noch einmal in das Büro gegangen und habe darauf bestanden, seinen Namen wieder auszustreichen.

»Das gab vielleicht einen Wirbel!« Er lacht und haut sich auf die Schenkel. »Das schöne Buch so zu verunstalten! Aber mir war das blöde Buch doch egal. Ich hab nicht eher geruht, als bis ich meinen Namen durchgestrichen hatte.«

Eines Abends erscheint ein richtiger Kunstmaler. Paul ist eine echte Berliner Schnauze und hat schon einige Semester an der Akademie hinter sich. Der kommt mir gerade recht. Jetzt habe ich wieder jemanden, der mir vielleicht helfen kann, wenn ich allein nicht zurechtkomme. Und das passiert schon bald.

Gerd steht mir gegenüber, der »Kulturchef« und Leiter der Theatergruppe. Groß, schlank, sehr gut aussehend, sehr beredt, zehn Jahre älter als ich. Er will mit seiner Truppe in ein paar Wochen das Stück »Moskauer Charakter« auf die Bühne des Speisesaals bringen. Ich soll ihm dafür das Bühnenbild machen.

»Ich?«, frage ich. »Wie kommst du auf mich? So etwas habe ich noch nie gemacht.«

»Wer soll es denn sonst machen?«, fragt er zurück. »Du bist der Chudoschnik. Du wirst es schon können.«

Dann geht er in der Werkstatt auf und ab und erklärt mir mit weit ausholenden Gesten und der Attitüde eines Staatstheaterintendanten, wie er sich die Sache vorstellt. Ganz modern und Erwin Piscator und überhaupt keine Requisiten auf der Bühne. Nur sieben verschiedene gemalte Rückwände. Über die ganze Breite der Bühne und zweieinhalb Meter hoch.

Mir wird schwindlig.

»Und wie soll das funktionieren?«, frage ich.

»Ganz einfach. Ich habe schon mit der Tischlerei gesprochen. Die macht sieben lange Stangen. Darauf rollen wir die bemalten Leinwände und installieren sie hintereinander oben an der Rückwand der Bühne. Und das Bild, das wir gerade brauchen, lassen wir an zwei Schnüren rechts und links herunter.«

»Wo willst du den vielen Stoff herkriegen?«, frage ich und versuche, schnell im Kopf zu überschlagen: Sechs Meter Breite mal zweieinhalb Meter Höhe gibt fünfzehn, mal sieben macht über hundert Quadratmeter.

»Kein Problem.« Er winkt lässig ab. »Nähen die Schneider aus alten Laken zusammen.«

»Aber die müssen doch erst grundiert werden, ehe man darauf malen kann.«

»Wirst du schon machen. Wenn du Hilfe brauchst, sag Bescheid. Hier ist das Textbuch.«

Als die Tür hinter ihm zuschlägt, muss ich mich erst einmal hinsetzen. Hundert Quadratmeter! Aber mir wird auch klar, dass es hier im Lager großzügiger und lockerer zugeht als drüben in Karpinsk.

Also gut. Sollen sie mal genügend Kreide, Leim und Farbe heranschaffen. Und so, wie Heinz Algermissen mich damals aus der Produktion herausgeholt hat, werde ich Paule, den Berliner, loseisen.

Zunächst aber sitze ich Abend für Abend bis Mitternacht an meinem Tisch unter der Lampe, lese das Textbuch, schreibe Stichworte auf, mache Skizzen und habe endlich sieben farbige Entwürfe fertig. Interieurs mit einem Tisch, Stühlen, einem Glasschrank, einem Bild an der Wand, einer Kommode. Andere mit Fenstern und Türen, Kleiderständern, Garderoben. Ein großes Bürofenster mit Sicht auf das nächtlich beleuchtete Moskau. Eine Küche mit Gardinen an den Fenstern, einem Herd, Töpfen an der Wand, einem Besen in der Ecke, Putzeimer ...

Gerd ist begeistert.

»Genau so«, sagt er. »Vielleicht könnten wir« – er ist geschickt und sagt »wir«, wenn er »du« meint – »vielleicht könnten wir hier« – er zeigt mit dem Finger – »und hier noch ...«

»Klar«, sage ich, »kann man alles machen. Ist ja nur gemalt.«

»Die Rollen mit den Leinwänden sind nächste Woche fertig, hat mir der Karl versprochen«, bemerkt er nebenbei.

»Dann kannst du anfangen. Die Sache mit Paul geht in Ordnung. Hab ich schon geregelt.«

Und dann fangen wir an und grundieren die Leinwände mit einer dünnen Soße aus Knochenleim und Kreidepulver. Besser mehrmals streichen als nur einmal einen dicken Brei auftragen, der uns vielleicht beim Auf- und Abrollen bricht, denken wir. Natürlich muss jede Schicht erst einmal trocknen. Obwohl wir den Bühnenvorhang geschlossen halten, verbreitet sich der Gestank des Knochenleims im Speisesaal – das ganze Lager schimpft auf uns. Aber wir haben es richtig gemacht: Die Farben aus zig Töpfen und Eimern, mit Besen und dicken breiten Pinseln aufgetragen, stehen gut auf dem Grund, ohne abzublättern, und es gibt auch keine Risse, wenn man die Leinwand zusammenrollt. Auch die Perspektive stimmt, wenn man sich die Sache von der Saalmitte aus anschaut. Die Theaterleute staunen und klopfen uns auf die Schulter. Nur Gerds Konzept – »keine Requisiten« – geht natürlich nicht auf. Wie soll in der dritten Szene einer sich ein Glas Wasser eingießen, wenn die Flasche und der Tisch nur an die Rückwand gemalt sind? Also muss doch hier ein Tisch auf die Bühne und da ein Stuhl und dort ein Schrank. Zum Schluss steht die ganze Bühne voll mit Zeug, und ich frage mich, warum ich mir die viele Arbeit mit dem Malen gemacht habe.

Währenddessen wird fleißig geprobt. »Probiert« – so werden wir Maler belehrt – heißt das unter Profis, und als Profis fühlen sich alle hier. Wobei uns besonders die beiden hübschen Jungens in den Frauenrollen auffallen, die mit Perücke und BH auf hohen Absätzen über die Bühne stöckeln.

Gerd sitzt auf der Rückenlehne seines Regiestuhls, stützt das Kinn in die Hand und stürmt ab und zu nach vorne:

»Nein, nein, Jungens, so geht das nicht. Das muss überspielt werden!« Was immer er damit meint.

Thema das Stücks ist natürlich Kampf und Sieg der fortschrittlichen sozialistischen Gesellschaft über Reaktion und Bourgeoisie. Aber etwas anderes erwartet sowieso keiner, und so wird die Premiere ein großer Erfolg. Es gibt entsprechenden Beifall für die Akteure und Lob in der nächsten Wandzeitung.

Paul geht wieder mit seiner Brigade zur Arbeit, erscheint aber schon nach ein paar Tagen mit einer guten Nachricht: Ein Natschalnik hat bei ihm ein Bild bestellt und will ihm dafür siebzig Rubel geben.

»Parklandschaft mit Tempelchen?«, frage ich.

»Genau!«, sagt er.

»Und einem See mit zwei Schwänen?« Wir müssen lachen.

»Mach mal, du akademischer Maler«, sage ich. »Ist ja wohl kein Problem für dich. Da drüben steht ein Rahmen mit einer schon grundierten Leinwand und was du sonst so brauchst.«

Nun sitzt er abends bei mir und malt, tritt drei Schritte zurück und hält den Kopf schief. Als er fertig ist, schneidet er die Leinwand aus dem Rahmen, rollt sie zusammen und verschnürt sie.

»Mit dem Rahmen kriege ich das Bild nicht durch die Wache«, meint er, »ich nehme die Rolle lieber unter den Mantel. Das merkt keiner.«

Am nächsten Abend steht er wieder in der Tür, die Rolle unter dem Arm.

»Was ist?«, frage ich.

Fluchend wickelt er die Rolle aus.

»Ach du lieber Gott!« Ich schlage die Hände vors Gesicht. Die ganze Ölfarbe samt der Grundierung hat sich in großen Placken von der Leinwand gelöst und klebt auf der Rückseite des Stoffs.

Paul schimpft auf den Idioten, der die Grundierung gemacht hat, auf das Material und auf die Sowjetunion.

»Nimm's nicht so tragisch«, versuche ich ihn zu trösten, »kratz den Mist ab und mach's neu.«

Eine Woche später kommt er strahlend mit einer Tüte in der Hand an.

»Alles o.k. Der Natschalnik war janz weg. Hab jleich im Basar injekooft«, sagt er und holt aus der Tüte eine Packung mit Würfelzucker, zwei Schachteln Papirossy und eine Konservendose.

»Und was ist da drin?«, frage ich.

»Kandierte grüne Feigen.« Er grinst bis an beide Ohren. Ich schüttele nur den Kopf:

»Bist du verrückt? Weißt du nichts, was wir dringender brauchen als ausgerechnet grüne Feigen?«

Natürlich kann ich ihm nicht wirklich böse sein. Die Seelenlage eines richtigen Künstlers unterscheidet sich eben doch nicht unwesentlich von der eines preußischen Beamtensohns.

»Wir können ja ein paar Feigen aufheben bis morgen«, meint Paul etwas kleinlaut. Aber daraus wird natürlich nichts. Wir löffein die Dose aus, lecken den Löffel ab und stecken uns eine Papirossy an.

»Weißt du«, sage ich, »vielleicht hast du ja Recht. Meine Mutter hatte so einen schönen Spruch ...«

»Und der hieß?«

»Einmal gut gelebt, denkt mer sein Lebtag. Ist zwar grammatisch nicht ganz in Ordnung ...«

»Aber es stimmt«, sagt Paul.

Mitte September steht der Politkapitan wieder in meiner Werkstatt.

»Kak djela, Fritz? Karascho rabotitje?« Wie geht's, Fritz? Machst du gute Arbeit?

»Ich denke«, sage ich.

»Raboti nje nada.«

Habe ich ihn richtig verstanden? Arbeiten ist nicht mehr nötig?

Der Kapitan macht noch zwei Schritte auf mich zu. Wir stehen uns direkt gegenüber.

»Transport budit«, sagt er. Es gibt einen Transport.

Er blickt mir fest in die Augen:

»Damoi nada.« Ihr fahrt jetzt nach Hause.

Heimkehr

Wir fahren nach Hause. Alle. Das ganze Lager.

Ich kann es noch gar nicht glauben.

Aber der Kapitan hat es gesagt. Und so, wie er vor mir gestanden und mich angeguckt hat, bin ich überzeugt: Diesmal ist es keine leere Parole.

Wir fahren nach Hause.

Und ich bin der Erste im Lager, der es erfährt. Wieso ich? Weil es viel Arbeit für mich gibt, sagt der Kapitan, und ich soll gleich anfangen. Sitschass. Sofort.

Also, der Transport wird dreißig Waggons haben. An jedem sollen zwei große Transparente angebracht werden mit »Losungen«, politischen Texten. Außerdem soll ich für jeden Waggon drei Porträts malen: eins von Pieck, eins von Grotewohl und eins von Thälmann.

Der Kapitan klopft mir auf die Schulter und verschwindet.

Jetzt ist mir klar, warum er gesagt hat: »Raboti nje nada.« Er meinte meine normale tägliche Arbeit. Damit ist jetzt allerdings Schluss. Sechzig große Plakattafeln und neunzig Porträts ...

Zuerst muss ich die Schreinerei in Gang setzen, damit sie mir das erste Dutzend Rahmen macht und mit Dachpappe bespannt. Dann zu den Antifa-Leuten gehen und sie fragen, wann ich die Texte bekomme. Am 25. September schreibe ich in einem Geburtstagsbrief an meine Mutter:

»Du und Vater werden den Tag sicher froher begehen, wenn Ihr wisst, dass ich, wenn alles gut geht, an Deinem Geburtstag auf der Fahrt zu Euch, auf der Fahrt in die Heimat sein werde. Gestern Abend wurde uns auf einer Versammlung der 19. Oktober als Abfahrtstermin genannt. Noch ist es schwer zu begreifen, dass das alles hier wirklich einmal zu Ende sein soll. Ich selbst stecke fest in der Arbeit, Transportsachen, Plakate usw. Morgen geht die Post weg. So wäre dies die letzte Karte aus der Gefangenschaft. Wollen's hoffen ...«

Die ersten Rahmen stehen in der Werkstatt, die Texte sind da, Paul erscheint jeden Morgen, und für das Beschriften haben wir eine Art Fließbandtechnik entwickelt: erst auf dem weißen Grund alle Texte mit Holzkohle skizzieren, dann geht's mit dem Pinsel weiter. Erst alle Wörter, die in Schwarz geschrieben werden, zum Schluss die in Rot hervorgehobenen. Die Texte leben vom ewigen Dank an die ruhmreiche Sowjetunion, an ihren genialen Führer, Generalissimus Stalin, usw. Wir kennen das.

Das Problem sind die neunzig Porträts. Keine Ahnung, wie ich damit fertig werden soll. Aber Paul hat eine geniale Idee:

»Weeßte wat? Wir machen Schablonen! Ick male jeden Kopp einmal in drei Grautönen, hellgrau, dunkelgrau und schwarz. Dann schneiden wir für jeden Ton eine Schablone aus Dachpappe, und dann machen wir Fließbandarbeit.«

Paul hat schon in seiner freien Zeit manches Porträt von Kameraden – auch von mir – auf Postkarten in Aquarell gemalt. Und er macht das gut. In ein paar Stunden hat er die Fotos der drei Politgrößen in graue Flächen umgesetzt und vergrößert – immerhin sollen die Bilder siebzig mal neunzig

Zentimeter groß werden. Dann geht's los. Wir legen die Rahmen reihenweise auf den Fußboden und stupfen mit den dicksten Pinseln, die wir haben, aus großen Töpfen erst hellgraue, dann dunkelgraue und zuletzt schwarze Farbe auf die Schablonen. Allmählich tun uns das Handgelenk und der Rücken weh, aber drei Tage vor dem »Termin« sind wir mit unserer Arbeit fertig.

Unser Kapitan staunt Bauklötze. Er versteht nicht ganz, wie man in so kurzer Zeit dreißig absolut gleich aussehende Köpfe malen kann. Man erkennt sogar, wer Pieck und wer Grotewohl ist. Vielleicht, meint er im Weggehen, könnten wir sie ja noch etwas menschlicher machen ...

Wir fahren die hundertundfünfzig Tafeln mit dem LKW zu dem Zug, der schon draußen vor dem Lager auf den Gleisen steht. Einen Augenblick lang fragen wir uns, wo die Sowjetunion jetzt auf einmal die Waggons hernimmt, um Hunderttausende von deutschen Kriegsgefangenen nach Hause zu transportieren. Davon, dass die Waggons dringend für die Ernte in der Ukraine gebraucht werden, ist in diesem Herbst jedenfalls nicht die Rede. Wir nageln die Transparente an die Waggonwände. Es sieht aus, als sei ein Zirkus unterwegs.

An den letzten Abenden packe ich mein Köfferchen. Keiner von uns hat eine Vorstellung von den wirtschaftlichen Verhältnissen in Deutschland, ein Jahr nach der Währungsreform. Weil in den Kriegsjahren wegen der strengen Rationierungsvorschriften kaum Gelegenheit war, Geld auszugeben, müssten sich zu Hause auf meinem Konto etwa sechstausend Mark aus Wehrsold, Frontzulage und Gehalt angesammelt haben. Na ja, nach der Währungsreform sind davon nur noch sechshundert DM übrig geblieben. Was kann man damit anfangen? Schließlich muss ich ja erst mal etwas zum Anziehen haben. In dieser Wattejacke kann ich nicht herumlaufen. Und in meinem blauen Abitursanzug auch nicht. Und studieren will ich doch auch?

Am Horizont tauchen ganz neue Fragen auf. Ob ich Geld für Zigaretten haben werde? Ich packe zehn kleine graue Päckchen mit Machorka in den Koffer.

In spätestens drei Wochen, nach der ersten amerikanischen Zigarette aus der dunkelgrünen glänzenden »Collie«-Packung, werde ich das stinkende Zeug in den Mülleimer werfen.

Wichtiger aber als die Tabakpäckchen sind mir die Illustrationen aus dem schmalen Buch mit den Gedichten. Zusammen mit den Seiten der »Weihnachtsgeschichte« und den »Weihnachtsliedern« aus meiner Zeit in Karpinsk sind diese zwanzig Blätter das Einzige, was ich vorweisen kann, wenn ich mich an einer Werkkunstschule um einen Studienplatz als Gebrauchsgraphiker bewerben will.

Ich schwärze die Rückseiten der Illustrationen, wenn auch nur ein einziger Vers eines Gedichts darauf steht. Denn man hat uns dringend geraten, nicht zu versuchen, irgendetwas Geschriebenes mit nach Hause zu nehmen oder durch die Kontrollen zu schmuggeln. Die Russen sind misstrauisch und wittern überall Verrat und Spionage. Sie nehmen jedes beschriebene Blatt Papier weg. Deshalb nehme ich auch keine einzige Notiz über meine Jahre hier in der Gefangenschaft mit.

19. Oktober 1949.

Wieder einmal schließe ich hinter mir die Tür meiner Werkstatt, diesmal endgültig, für immer. Gegenüber, auf dem Dach des Speisesaals, leuchtet die zehn Meter lange Spruchtafel in der Herbstsonne:

»Als Kriegsverbrecher zogen wir aus, als Helden der Wiedergutmachung werden wir heimkehren!«

So einfach ist das?

Wir marschieren, das Holzköfferchen in der Hand, in Fünferreihen durch das Lagertor und begreifen immer noch nicht, dass es das letzte Mal ist. Wie in Trance klettere ich in den Waggon. Ich stehe in der offenen Waggontür, als der Zug anrollt, der Zug, der uns nach Hause fährt, nach Deutschland, in die Heimat, die noch zweitausend Kilometer weit weg ist.

Seltsam: So wie ich kaum eine Erinnerung an die Bahnfahrt von Ostpreußen nach Kasan habe, damals nach der Kapitulation im April 1945, so weiß ich auch nicht mehr, wie ich die zwölf Tage dieser Fahrt viereinhalb Jahre später von Sibirien bis zur deutschen Grenze verbracht habe. Ich sehe eigentlich nur noch die unendlichen Wälder vor mir, die Tag für Tag und Nacht für Nacht an uns vorüberzogen, wenn ich für eine Stunde oder zwei in der offenen Waggontür stand. Wald, Wald bis zum Horizont, nur ganz selten eine Lichtung, ein paar Felder, ein Dorf mit einem Dutzend Holzhäusern. Kaum ein Mensch auf der Dorfstraße. Vorbei. Wieder nur Wald, endlos. Dieses unvorstellbar große Land wollten wir erobern? Uns untertan machen?

Endlich Brest, die Grenzstation nach Polen. Hier endet das russische Eisenbahnnetz mit der breiteren Spur. Raus aus den Waggons. Rein in die Baracke. Starke elektrische Lampen an der Decke. Lange Reihen von groben Holztischen. Leibesvisitation. Alles ausziehen. Arme hoch.

Arme hoch? Noch einmal? Immer noch? Suchen sie schon wieder die eintätowierte Blutgruppe unter der Achsel, das Zeichen, dass jemand Soldat bei der Waffen-SS war?

»Gut gegangen?«

»Bis auf zwei.«

»Und was passiert mit denen?«

Schulterzucken.

Wir ziehen uns wieder an und treten an die langen Tische. Die letzte Kontrolle? Wie viele haben wir schon über uns ergehen lassen in diesen Jahren. Koffer auf. Viel ist nicht drin: die Holzsandalen, das Kochgeschirr, der »Pullover«, den ich mir damals im Waldlager aus einer halben Decke zusammengenäht habe. Die Machorkapäckchen. Obenauf habe ich die Blätter mit den Zeichnungen gelegt. Nur nicht versuchen, etwas zu verstecken.

»Sto ta koi?« Was ist das? Der Posten auf der anderen Seite des Tisches deutet auf die Blätter und runzelt die Stirn.

»Ja chudoschnik«, sage ich. Ich bin Maler.

»Nu ladna.« Na ja, meinetwegen. Er winkt mit der Hand nach rechts.

»Dawai.« Kannst gehen.

Die Fahrt geht weiter quer durch Polen. Wald, Wald, Stoppelfelder, Dörfer.

Am 31. Oktober erreichen wir Frankfurt an der Oder. Zum ersten Mal seit viereinhalb Jahren setze ich meinen Fuß wieder auf deutschen Boden. Hier rollen Tag und Nacht die Transportzüge mit deutschen Kriegsgefangenen aus der Sowjetunion an. Ich schicke ein Telegramm nach Hause, es sind nur fünf Worte:

»Gesund komme bald Gruesse Fritz«

Unsere Namen gehen durchs Radio. Auf dem Versammlungsplatz ist eine Bühne errichtet. An der Rückwand riesige Porträts von Pieck und Grotewohl. Musik aus dem Lautsprecher. Ein Mann mit verlebtem Gesicht springt aus den Kulissen, wirft die Arme in die Luft und schmettert das Lied aus der Operette:

»Freundä! Das Läben ist lääbenswert!«

Jaja, denke ich. Ist ja gut. Reiß das Maul nicht so auf.

Weiter geht es nach Eisenach. Im Personenzug.

In Herrleshausen ist die Grenzstation zum Westen. Amerikanische Uniformen. Entlausung. Zweimal wird per Knopfdruck Desinfektionspulver ins offene Hemd geblasen, fertig.

Die Reise geht Richtung Südwesten. Noch ist die gerade gegründete Bundesrepublik in drei Besatzungszonen aufgeteilt. Neuwied liegt in der französischen Zone, Entlassungsort ist Tuttlingen. Hier endlich bekomme ich meinen Entlassungsschein. Auf der Rückseite ein Stempel:

»Hat Anspruch auf Entlassungsgeld.« Und weiter unten noch einer: »Entlassungsbeihilfe von 50,– DM wurde gezahlt.« Unterschrift.

Wie haben wir als Soldaten manchmal gelästert:

»Der Dank des Vaterlandes ist uns gewiss«, sagte der erste.

»Er wird uns ewig nachlaufen«, fuhr der zweite fort.

»Aber uns nie erreichen«, schloss der dritte.

Es wird noch vier Jahre dauern, bis der Deutsche Bundestag ein »Kriegsgefangenenentschädigungsgesetz« beschließt, und noch weitere zweieinhalb Jahre, bis ich eine Antwort auf meinen Antrag bekomme. Bis dahin werde ich längst verheiratet sein, eine kleine Tochter haben und ein Graphikatelier in einem Düsseldorfer Verlagshaus leiten.

Für die ersten anderthalb Jahre der Gefangenschaft bis Ende 1946 gibt es gar nichts. Für jeden Tag der folgenden beiden Jahre kriege ich eine Mark. Und für jeden Tag des Jahres 1949 sogar zwei.

Fahrt nach München zu meiner Schwester. Sie empfiehlt mich Prof. Ege, den sie kennt und der eine Klasse für Gebrauchsgraphik an der Kunstakademie leitet. Aber leider ist seine Klasse voll. Den Umweg hätte ich mir sparen können. Da hätte wohl auch ein Telefonanruf genügt. Na ja. Irgendwo werde ich schon einen Platz finden. Gibt's nicht auch in Düsseldorf eine Werkkunstschule?

Und dann fahre ich nach Neuwied. Wieder stehe ich auf dem Gang des D-Zuges am Fenster. Der Rhein. Mein Heimatland. Bacharach, St. Goar, die Pfalz bei Kaub. Die Burgen, die Weinberge. Die Lastkähne auf dem Strom.

Immer habe ich gedacht, ich sei unempfindlich gegen Heimweh. Nun, da meine fast zehnjährige Odyssee schon fast zu Ende ist, kämpfe ich doch noch gegen die Tränen. Ich schaue nach links und rechts: kein Mensch in dem Gang des Wagens. Ich bin allein. Und plötzlich, von einem Augenblick zum anderen, ist es aus mit meiner mühsam bewahrten Selbstbeherrschung. Ich verliere völlig die Fassung und heule wie ein Schlosshund.

Nachmittags in Neuwied. Für eine Postkarte war es zu spät. So ist niemand am Bahnhof, um mich abzuholen.

Also gehe ich allein die Bahnhofstraße hinunter bis zum hellgelb gestrichenen Amtsgericht auf der linken Seite. Da oben hinter dem zweiten Fenster im ersten Stock hat der Vater fast dreißig Jahre lang gesessen und seine Akten bearbeitet. »Rechtspfleger in Strafsachen« stand in Schönschrift auf einem kleinen weißen Schild an seiner Tür.

Ich biege links auf den runden Platz mit den Blumenbeeten und gleich wieder rechts ab in die Friedrichstraße, die gerade hinunter zum Rhein führt. Ewig lang kam sie uns vor, damals, als wir mit dem Ranzen auf dem Rücken in die Schule trippelten. Wie kurz erscheint sie mir heute! Da vorne steht schon der große alte Lindenbaum an der Ecke, das Paradies unserer Kinderzeit. Die Rheinstraße. Das Haus Nr. 51. Keine Bomben abgekriegt, Gott sei Dank.

Die Haustür steht offen. Acht breite Steinstufen bis zum Hochparterre.

Bis zur sechsten Stufe stand hier im Frühjahr 1929 das Hochwasser nach dem strengen Winter, als der Rhein bei Kaub zugefroren war. Ich erinnere mich noch gut. Damals war ich sieben Jahre alt.

Vierzehn knarrende Stufen durch das dunkle Treppenhaus. Absatz. Noch acht Stufen bis zur ersten Etage.

Hier wohnte die feine, stille Frau Mack. Rechnungsratswitwe. Immer schwarz angezogen. Sonnenschirm aus dunkelgrauer Seide mit weißen Punkten.

Noch einmal dreizehn Stufen. Absatz. Die letzten acht Stufen bis zu unserer Etage.

Die Korridortür ist unverschlossen, wie immer. Ich drücke auf die Messingklinke und stehe im dunklen Flur. Hinter mir das Balkonzimmer, links die Tür zum Wohnzimmer. Gleich rechts an der Wand die Kommode aus Kirschbaumholz. An der linken Seite, hinter der Schlafzimmertür, die Garderobe. Auf dem Kästchen unter dem Spiegel liegt noch die Haarbürste, mit der mir der Vater an jedem Tag, bevor ich zum Gymnasium ging, über das Haar fuhr, immer mit der gleichen Frage:

»Ut, ne, cum regieren den ...?«

»Konjunktiv«, antwortete ich gehorsam.

Daneben der zierliche Schrank mit den geschwungenen Beinen, ebenfalls aus dem rötlich schimmernden Kirschbaumholz, den Mutter mit in die Ehe gebracht hatte, wie sie manchmal erzählte. Hinter den spiegelnden Glastüren mit den lindgrünen Vorhängen bewahrte der Vater, solange ich denken kann, seine unzähligen Bände mit Musiknoten auf. Einen Schritt weiter die Klotür auf der rechten Seite, die immer einen Spalt offen stand, weil sie sich so schwer schließen ließ. Dann die Tür zum Badezimmer, Mutters Speisekammer, die auch immer nur angelehnt war. Gegenüber, vor der Küchentür am anderen Ende des Flurs, das hohe Fenster zum Hof.

Ist das der ewig lange Flur unserer Kinderzeit, über den wir getobt sind? Immer den beschwörenden Ruf unserer Mutter im Ohr:

»Kinder, nehmt Rücksicht! Unter uns wohnt die alte Frau Mack!«

Sind doch nur wenige Schritte bis zur Küche, deren Tür auch jetzt offen steht. Da steht Mutter am Tisch vor dem Fenster, dem Tisch, der nie aufgeräumt war. Klein ist sie geworden.

Oder kommt es mir nur so vor? Jetzt dreht sie den Kopf zu mir und kneift ein wenig die Augen zusammen wie zu unseren Kinderzeiten, wenn sie die Korridortür ins Schloss fallen hörte und nicht gleich erkennen konnte, wer dahinten im dunklen Flur stand.

»Ich bin's, Mama, der Fritz«, sage ich, mache die paar Schritte zu ihr hin, stelle mein Köfferchen auf den Küchenstuhl und nehme sie in den Arm.

»Da bin ich wieder.«

Die Fotos in diesem Buch

haben eine eigene Geschichte. Vor Jahren entdeckte ich drei dieser Aufnahmen (Seite 139, 157 und 167) in dem Buch »Krieg hinter Stacheldraht« (erschienen 1981 im Verlag v. Hase & Koehler, Mainz) – und war aufs Höchste erstaunt, zeigten sie doch Situationen, die ich selbst erlebt hatte. Ich rätselte, wie solche Fotos unter den damaligen Umständen entstanden sein konnten. Hatten wir Kriegsgefangenen nicht unzählige »Filzungen« über uns ergehen lassen müssen? Wem war es gelungen – und es kam nur ein deutscher Gefangener infrage –, eine Kamera (und die Filme dazu) unentdeckt in seinem »Gepäck« zu haben, Fotos zu machen und die belichteten Filme durch alle Kontrollen nach Deutschland zu schmuggeln? Im Impressum des Buches fand sich nur der vage Urheberhinweis »Gründungsmitglieder«.

Was die verwendete Kamera anging, so war mir allerdings klar, dass es sich nur um die sagenhafte »Minox« handeln konnte, jenes Wunder an Technik, das ich selbst schon einmal während meiner Soldatenzeit in der Hand gehabt hatte: im Jahre 1938 von Walter Zapf erfunden, mit ihren Maßen von 80 × 27 × 16 Millimeter nicht größer als ein Feuerzeug, einem Negativformat von 8 × 11 Millimetern und nur 130 Gramm schwer – damals wie heute die berühmteste Kleinbildkamera der Welt.

Das Rätsel um die Identität des Fotografen hat sich für mich erst gelöst, als ich ein Buch aus dem Waxmann Verlag in die Hand bekam. Der Titel: »Bilder aus russischer Kriegsgefangenschaft«. Der Verfasser: Dr. Klaus Sasse. Ein Jahrgangskamerad von mir, der wie ich als junger Leutnant bei der Kapitulation von Königsberg in Gefangenschaft geriet und mit mir den gleichen Weg durch die Lager Jelabuga, das Waldlager Kosyltau und die Sperrholzfabrik in Selenodolsk gegangen ist, bis sich unsere Wege im Sommer 1946 trennten. Ich habe ihn nicht gekannt, und ich bewundere im Nachhinein seinen Mut, seine Verschwiegenheit und seine Klugheit, mit der es ihm gelang, zwei Jahre lang, immer in der Gefahr, entdeckt zu werden, über fünfzig Fotos zu machen, Fotos, die zu einer singulären Dokumentation des Lebens in sowjetischen Kriegsgefangenenlagern geworden sind, und wie es ihm gelang, die Filme, versteckt in der Prothese eines Kameraden, der aus dem Hospital von Selenodolsk in die Heimat entlassen wurde, nach Deutschland zu bringen. Allein drei Autoren beschäftigen sich in dem o. g. Buch mit dieser abenteuerlichen Geschichte und berichten von der schwierigen »Spurensuche« in den neunziger Jahren, bis sie endlich in dem sehr zurückhaltenden Dr. Klaus Sasse in Hamburg den Fotografen identifiziert hatten.

Ich bin dem Waxmann Verlag sehr dankbar, dass er mir die Abdruckerlaubnis für eine Auswahl von vierzehn Fotos gegeben hat, Fotos von Situationen, die ich selbst erlebt habe und die meinem Bericht Leben und Authentizität verleihen.

F. B.

Klaus Sasse, Bilder aus russischer Kriegsgefangenschaft. Erinnerungen und Fotos aus Jelabuga und anderen sowjetischen Lagern 1945–1949. Waxmann Verlag, Münster 1999.